BIBLIOTHÈQUE DE LA NATURE

LA VIE

AU

FOND DES MERS

LES EXPLORATIONS SOUS-MARINES
ET LES VOYAGES DU *TRAVAILLEUR* ET DU *TALISMAN*

PAR

H. FILHOL

Avec 96 Figures dans le texte et 8 Planches hors texte

dont 4 en couleurs.

PARIS

G. MASSON, ÉDITEUR

LIBRAIRE DE L'ACADÉMIE DE MÉDECINE

120, Boulevard Saint-Germain, en face de l'École de Medecine

LA VIE

AU

FOND DES MERS

BIBLIOTHÈQUE DE *LA NATURE*

volumes publiés le 1ᵉʳ Décembre 1885

Les Récréations scientifiques, par M. Gaston Tissandier (ouvrage couronné par l'Académie française), 4ᵉ *édition*, entièrement refondue, 218 figures dans le texte et 4 planches en couleur.

L'Océan aérien, par M. Gaston Tissandier, avec 132 figures, dont 4 planches hors texte.

Les Origines de la Science et ses premières applications, par M. de Rochas, avec 217 figures, dont 5 planches hors texte.

Les principales Applications de l'Électricité, par M. E. Hospitalier, 3ᵉ *édition*, avec 144 figures, dont 4 planches hors texte.

Les nouvelles Routes du globe, par Maxime Hélène, avec 92 figures, dont 4 planches hors texte.

Les Voies ferrées, par M. L. Baclé, avec 147 figures, dont 4 planches hors texte.

Excursions géologiques à travers la France, par M. Stanislas Meunier, avec 98 figures, dont 2 planches hors texte.

Les Races sauvages. Ethnographie moderne, par Alphonse Bertillon, avec 123 figures dans le texte dont 8 planches hors texte.

L'Étain, par M. Germain Bapst, avec 11 planches hors texte.

L'Électricité dans la maison, par M. E. Hospitalier, avec 158 figures.

L'Art militaire et la Science, par le lieutenant-colonel Hennebert, avec 85 figures dans le texte et 4 planches hors texte.

Curiosités physiologiques. Les hommes-phénomènes, par M. Guyot-Daubès, avec 65 figures, dont 2 planches hors texte.

La Vie au fond des mers, par M. H. Filhol, 96 figures dans le texte et 8 planches hors texte, dont 4 en couleurs.

Chaque volume est vendu :

Broché.. 10 fr.

Richement cartonné............................... 13 fr.

3974-85. — Corbeil. Typ. et stér. Crété.

LA VIE

AU

FOND DES MERS

LES EXPLORATIONS SOUS-MARINES

ET LES VOYAGES DU *TRAVAILLEUR* ET DU *TALISMAN*

PAR

H. FILHOL

Avec 96 Figures dans le texte et 8 Planches hors texte

dont 4 en couleurs.

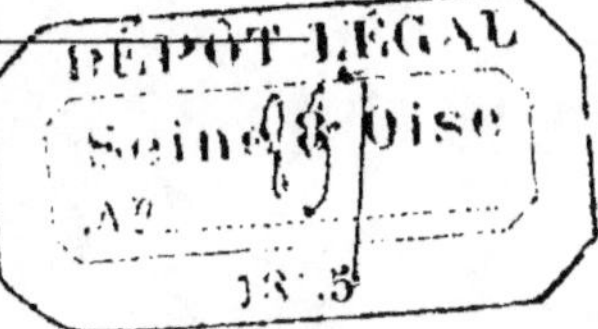

PARIS

G. MASSON, ÉDITEUR

LIBRAIRE DE L'ACADÉMIE DE MÉDECINE

120, Boulevard Saint-Germain, en face de l'École de Médecine

INTRODUCTION

La vue de la mer fait naître en nous deux sentiments successifs, de nature bien différente. Le premier se rattache à la majesté du spectacle s'offrant à nos regards, alors qu'au second correspond un puissant désir de connaître ce qui existe au fond de cette immense masse liquide, dont les mouvements, les palpitations incessantes, semblent être les manifestations d'un être animé. Qui n'a rêvé d'écarter les flots venant se briser sur la plage pour arracher leurs secrets aux océans? et qui n'a songé à entreprendre à bord d'un bateau sous-marin un long voyage au fond des abysses, voyage plein de surprises et riche en révélations? L'inconnu nous attire, et notre esprit a été conçu de telle sorte, qu'il se révolte à l'idée d'un problème insoluble, d'une difficulté impossible à vaincre. Si nous étions arrivés à connaître les lois régissant la marche des astres, si nous étions parvenus à découvrir la nature des mondes célestes, pourquoi, après avoir pénétré les mystères du ciel, n'aurions-nous pu éclaircir ceux des océans?

Au commencement du siècle, on considérait la vie comme limitée aux bords des mers, dont les parties lointaines auraient offert des gouffres incommensurables. Aujourd'hui nous savons que les êtres animés sont répandus partout et qu'il n'existe pas de profondeurs dont nous ne puissions mesurer l'étendue. Les recherches, qui se multiplient de jours en jours, nous font connaître le relief sous-marin, et elles nous instruisent sur les animaux vivant à la surface de plateaux ou peuplant de grandes vallées situées à six ou sept mille mètres de la surface.

Il est, tout au fond des abysses, des êtres chez lesquels, par suite de l'obscurité profonde due à l'absorption des rayons lumineux pendant leur trajet au travers des couches liquides, les yeux, n'ayant plus de rôle à remplir, se sont peu à peu atrophiés et ont fini par disparaître. La privation d'un des organes de relations les plus importants n'empêche pas ces animaux de connaître ce qui se passe autour d'eux. Le sens du tact compense le sens qui s'efface, et nous voyons se développer des antennes, organes d'exploration d'une sensibilité exquise, destinées à permettre à l'animal aveugle de se rendre compte du sol sur lequel il se meut. De même l'homme, ne pouvant songer à aller voir ce qui se passait au fond des mers, a dû avoir recours au toucher. Il a construit des organes d'exploration, des sondes, sortes d'antennes gigantesques, longues de plusieurs milliers de mètres, qu'il promène sur le fond des océans et qui lui révèlent des plateaux, des montagnes, des vallées, et cela avec une telle précision que d'ici à quelques années le relief sous-marin nous sera aussi parfaitement connu que le relief des continents.

Quant au monde animal vivant à plusieurs kilomètres de la surface, nous arrivons à l'observer, en envoyant jusques dans les plus grands fonds, des filets spéciaux qui nous en rapportent des représentants. C'est ainsi que nous sommes parvenus à découvrir des milliers d'espèces différentes peuplant les abysses qui, il y a cinquante ans à peine, passaient encore pour être inhabitées.

Ces magnifiques résultats ont été obtenus, surtout durant ces dernières années, à la suite d'importantes explorations sous-marines accomplies par diverses nations.

La France a tenu, comme les États-Unis, l'Angleterre, l'Italie l'Allemagne, la Suède, à avoir sa part de ces grandes découvertes. Aussi a-t-elle, depuis cinq ans, fait exécuter, sous la savante direction de M. A. Milne Edwards, quatre campagnes de dragages sous-marins, dont la dernière, accomplie à bord du *Talisman*, a été particulièrement riche en observations nouvelles.

Ayant fait partie de la commission scientifique embarquée sur ce dernier bateau, j'ai eu l'occasion d'assister à la découverte de ces populations sous-marines, qui semblaient devoir échapper éternellement à nos regards. L'abondance des êtres qui les composent, la variété et l'élégance d'un très grand nombre de formes constituent un spectacle surprenant et souvent admirable. Aussi j'ai pensé qu'il serait intéressant de faire connaître ces merveilles de la nature, et j'ai écrit ce livre sur la vie au fond des mers.

Je me suis surtout servi des documents réunis lors de la campagne du *Talisman* sur les côtes du Maroc, dans les parages des Canaries, des îles du Cap-Vert, des Açores, et pour ce qui concerne la distribution générale des êtres sous-marins, je me suis reporté aux investigations faites durant la croisière du *Challenger* autour du monde.

On trouvera figurés, avec beaucoup de soin, les types les plus curieux des habitants des abysses, intéressants à connaître par leurs formes étranges ou leurs singulières adaptations. Pendant longtemps on a cru que la lumière ne devant pas s'étendre au fond des océans, s'il existait des animaux, dans les grandes profondeurs, ils devaient être décolorés. L'observation est venue montrer, au contraire, que les animaux des grands fonds étaient parés de couleurs aussi vives, aussi variées que le sont celles dont la nature a orné les animaux de surface. Afin de permettre de se faire une idée de la richesse de ces coloris, j'ai fait établir diverses planches sur lesquelles on verra représentés des animaux avec les teintes qu'ils possédaient au moment où ils ont été capturés. Les dessins qui m'ont servi pour ces compositions ont été exécutés avec un soin extrême durant les campagnes du *Travailleur* et du *Talisman* par M. A. Milne Edwards, qui a bien voulu les mettre à ma disposition. Je prierai ce savant professeur et maître, auquel je suis d'autre part redevable de divers renseignements importants, de recevoir l'expression de ma vive reconnaissance. Les différents membres de la commission de dragages du *Talisman* m'ont également communiqué, avec une extrême bienveillance, dont je les remercie, tous les échantillons que je désirais faire représenter, et grâce à leur précieux concours, j'ai pu faire reproduire une foule de types animaux encore inconnus.

H. F.

LA VIE

AU

FOND DES MERS

CHAPITRE PREMIER

HISTORIQUE DES EXPLORATIONS SOUS-MARINES.

La découverte de l'existence d'une population d'animaux vivant dans les plus grandes profondeurs de la mer possède une importance considérable au point de vue de l'origine de la vie, de sa continuité et de sa distribution. Autrefois, on regardait la mer comme une masse d'eau salée s'étendant sur des espaces immenses, et on ignorait sa profondeur et ses limites. Parmi les animaux qui la peuplent, les espèces côtières seules étaient connues. Là où s'arrêtaient les engins de pêche, là s'arrêtaient les connaissances sur le monde sous-marin. Ainsi la mer, qui, par son immensité, ses colères, faisait naître dans le cœur de l'homme des sentiments d'effroi ou d'admiration, paraissait devoir rester inconnue alors qu'elle cachait peut-être dans son sein des trésors de vie et de richesse. Pourtant le rôle que cette grande créatrice a joué durant les diverses périodes d'existence de notre globe avait été pressenti. Les cosmogonies des peuples primitifs disent que la terre est fille des Océans, et c'est la vérité, car les continents se sont élaborés en grande partie au fond des mers qui occupaient autrefois des étendues plus vastes. D'autre part, les premières couches qui se sont constituées au moment du refroidissement de la masse en fusion formant à un moment donné notre planète, ont été attaquées, lorsque les vapeurs flottant dans l'atmosphère ont pu se condenser et donner naissance aux mers primitives. Plus tard les roches éruptives sorties, par suite de déchirements de l'enveloppe terrestre, des profondeurs du globe, ont subi l'influence destructive d'une partie de ces eaux abandonnant l'écorce terrestre, durant quelques instants, par suite du phénomène de la vaporisation, pour ne pas tarder à se précipiter sur elle à l'état de pluie. Les grès, les sables, les calcaires, les argiles, qui forment aujourd'hui une partie de nos continents, sont le produit de ces actes accomplis durant des époques dont la durée a été immense.

Mais si l'esprit de l'homme avait pu évoquer le rôle des Océans dans la création des continents, il était resté complètement ignorant de ce qui se passait au fond des abîmes. A l'étendue incommensurable des mers, il associait une profondeur incommensurable. Les anciennes opinions populaires proclamaient que les mers étaient sans fond, et au commencement du siècle dernier Marsigli, dans un ouvrage qu'il intitulait *Histoire de la mer*, décrivait la Méditerranée comme constituant un gouffre insondable.

Pourtant des hommes curieux de connaître les choses de la nature, des zoologistes, des mathématiciens, s'étaient préoccupés de savoir quelle pouvait être la profondeur moyenne des Océans. Buffon parle d'un auteur italien, dont il ne cite pas le nom, et d'après lequel l'Océan aurait une épaisseur de 230 toises, soit 440 mètres. Lacaille, dont les travaux astronomiques jouissent d'une grande célébrité, donnait à la mer une profondeur moyenne de 300 à 500 mètres, alors que Laplace, commettant une erreur dans la détermination de la hauteur moyenne des terres (1,000 mètres), supposait que la profondeur moyenne des mers était de 1,000 mètres.

Young paraît avoir été le premier auteur ayant cherché à tirer ses déductions de la théorie des marées, et il a attribué une profondeur de 5,000 mètres aux eaux de l'Atlantique, et une de 6 à 7,000 à celles des mers du Sud. Arnot Guyot, à propos de cette dernière évaluation, a fait observer que la profondeur de l'Atlantique serait dans ce cas celle du sillon qui serait formé par la continuation sous les flots des deux versants opposés de l'Amérique méridionale et de l'Afrique, entre la Bolivie et les monts Lupata. Mais cette dernière manière de calculer ne possédait aucune garantie de vérité, car si, comme on l'a fait justement observer, on venait à l'appliquer au Pacifique, en continuant à l'ouest et à l'est les versants de l'Amérique et de l'Asie, on trouverait une profondeur de 25,000 mètres. D'autres mathématiciens ont essayé de déterminer la profondeur moyenne par la vitesse de translation des vagues de marée. Ainsi ils ont évalué à 6,700 mètres environ la puissance moyenne de la couche d'eau dans l'Océan Atlantique entre le 50° de latitude australe et le 50° de latitude boréale. La profondeur moyenne étant de 4,000 mètres environ dans le bassin nord, elle se serait élevée à 9,000 mètres dans le bassin méridional.

L'astronome Airy a établi des calculs d'après lesquels toute vague de 30 mètres d'amplitude se mouvant sur une mer de 300 mètres de profondeur parcourt 6^m,80 par seconde, soit près de 25 kilomètres par heure, alors qu'une vague de 300 mètres d'amplitude parcourant une mer de 3,000 mètres de profondeur se déplace à raison de 21^m,85 par seconde, soit un peu plus de 78 kilomètres et demi par heure. Si on pouvait ainsi estimer la rapidité de progression d'une vague, son amplitude et la profondeur de l'Océan étant connues au point où elle se produit, il était facile d'effectuer une opération en sens inverse et de déterminer l'épaisseur de la couche d'eau d'après la marche des ondes à sa surface. C'est cette manière de procéder qui a été appliquée pour déterminer la profondeur du Pacifique entre le Japon et la Californie. En 1854 un tremblement de terre épouvantable détruisit plusieurs villes du Japon, Yeddo particulièrement. Les vibrations de la surface marine parcoururent en 12 heures un espace de 11,000 kilomètres. D'après cette observation, Franklin Bache calcula que la profondeur de l'Océan au niveau de la ligne suivie par ces vagues d'ébranlement était en moyenne de 4,285 mètres. Dans le Pacifique septentrional, entre la Californie et les Sandwich, on a trouvé par les sondages de 3,500 à 4,500 mètres, nombres qui concordent assez bien avec celui que nous venons d'indiquer.

Ce n'est évidemment qu'au moyen de sondages exécutés à l'infini sur la surface des Océans, que nous pourrons arriver à estimer, avec quelque probabilité de certitude, leurs profondeurs moyennes. Aujourd'hui, d'après ce que nous ont appris diverses expéditions scientifiques, nous savons que la profondeur de la mer n'est nulle part supérieure à 8,500 mètres, c'est-à-dire qu'elle est à peu près égale à celle des plus hautes montagnes de l'Himalaya.

Si, comme on vient de le voir, c'est à des observations récentes que nous devons de connaître les profondeurs extrêmes des mers, c'est également à des investigations remontant à peu d'années, que nous devons de savoir d'une manière indiscutable, que la vie se manifeste jusqu'au fond des Océans et qu'elle y acquiert en certains points un développement merveilleux. Les premiers faits constatés à ce sujet passèrent d'abord inaperçus, puis plus tard ils furent considérés comme n'offrant aucune garantie. Le plus ancien d'entre eux et certainement un des plus remarquables remonte à l'année 1818. John Ross exécutait à cette époque une campagne dans la mer de Baffin, à la recherche du passage du Nord-Ouest. « J'étais occupé, dit-il, à sonder et à étudier les courants et la température de l'eau. Le calme étant bien complet, j'eus là une excellente occasion de faire ces observations importantes. Le sondage s'opéra très complètement à 1,000 brasses, et ramena une boue délayée et verdâtre, laquelle contenait des Vers.; de plus, engagé dans la ligne de sonde à 800 brasses de profondeur, se trouva un superbe *Caput-Medusæ.* » L'*Asterias Caput-Medusæ* est une forme magnifique d'Étoile de mer. En même temps que cet animal on remonta, ainsi que le dit J. Ross, adhérents à la corde, qui avait pénétré profondément dans une boue molle, plusieurs exemplaires d'une Annélide.

Sir James Clarke Ross a raconté, dans un ouvrage publié en 1847 à la suite d'explorations entreprises dans les régions antarctiques, qu'il lui a été possible de s'assurer de l'existence d'animaux à de grandes profondeurs et il a dit, avec une netteté de vue admirable, qu'il était convaincu de l'existence de la vie sur tout le fond de l'Océan. Voici un passage dans lequel ce savant observateur prédit toutes les découvertes sous-marines accomplies durant ces dernières années. Il s'agit d'un dragage exécuté par un fond de 270 brasses (lat. 73°,3′ S. ; long. 176°,6′ E.). « Des Corallines, des Flustres, et plusieurs autres animaux invertébrés remontèrent dans le filet, prouvant une grande abondance et une grande variété de vie animale. Parmi les derniers existaient deux espèces de *Pycnogonum*, l'*Idotea Baffini*, que jusque-là on avait regardé comme appartenant aux mers arctiques ; un *Chiton*, sept ou huit *Bivalves*, une espèce inconnue de *Gammarus* et deux *Serpula* adhérant aux cailloux et aux coquilles. » A la suite de cet exposé de découvertes, James Clarke Ross ajoute : « Il était intéressant de reconnaître parmi ces animaux plusieurs formes que j'avais ordinairement rencontrées à des latitudes également septentrionales ; bien que cette opinion soit contraire à celle qui a généralement cours parmi les naturalistes, je ne doute pas que, de quelque profondeur que nous parvenions à ramener de la boue et des pierres du fond de l'Océan, nous ne les trouvions habitées par des êtres vivants ; l'extrême pression des plus grandes profondeurs ne paraît pas agir sur ces créatures. Jusqu'ici on n'a pu vérifier ces faits au delà de 1,000 brasses, mais de cette profondeur, plusieurs coquillages ont été remontés avec la boue du fond (1). » Ainsi, pour sir James Clarke Ross, la vie se manifestait partout au fond des abîmes, et en même temps ce savant observateur constatait l'extension de certaines espèces boréales sur des étendues immenses, fait d'une importance capitale au point de vue de la distribution des êtres dans les mers. Il semblait après de semblables remarques que le monde sous-marin, entrevu seulement jusques alors, allait être immédiatement étudié et connu dans ses moindres détails. Malheureusement il n'en a pas été ainsi. Les observations de J. Ross ont été considérées comme douteuses ; on a supposé que la ligne de sonde dont il s'était servi avait continué à se dérouler après que le plomb avait touché le fond. La profondeur de 1,000 brasses pouvait dans ce cas se réduire à 100 ou 200 brasses. Des recherches sous-marines faites par Forbes parurent à ce moment devoir confirmer les soupçons. Les travaux effectués par MM. Audouin et H. Milne Edwards, par Sars et par Forbes sur la faune marine, avaient permis de diviser le lit de la mer, dans le voisinage des côtes, en quatre zones principales :

1° La *zone littorale*, comprenant la partie du rivage soumise à l'action de la marée ;

2° La *zone des Laminaires*, ainsi nommée à cause du nombre considérable d'algues du genre *Laminaria* qui s'y rencontrent sur les côtes rocheuses, s'étendant jusqu'à 25 à 27 mètres ;

3° La *zone des Corallines*, autre famille d'algues, allant de 27 mètres à 92 mètres ;

4° La *zone de Coraux de mer profonde*, s'étendant de 92 mètres à 183 mètres.

Forbes en pratiquant des dragages multipliés dans la mer Égée avait constaté que le nombre des animaux vivant dans la quatrième zone décroissait très rapidement à mesure que la profondeur augmentait. Ses recherches s'étaient étendues à 420 mètres, et en raison de la loi de décroissance, qui paraissait découler de ses observations, il émit l'opinion qu'à une faible distance de

(1) Wyville Thomson. *Les abîmes de la mer*, traduction française, 1875.

cette limite extrême il n'y avait plus d'êtres animés. Mac-Andrew, d'autre part, en exécutant des sondages sur les côtes de la Norvège, n'avait pas trouvé de coquilles au delà de 365 mètres de profondeur. Enfin les recherches de Darwin, de Dana, de Löven parurent venir confirmer cette supposition, qu'à une certaine profondeur il y avait un zéro de vie animale. Les faits invoqués par Darwin avaient été recueillis dans des mers où le développement de la vie animale est le plus puissant, au milieu des récifs et des îles madréporiques. D'autre part cet illustre zoologiste a cité, comme les derniers représentants de la vie animale, un Gorgonien ramené de 160 brasses de profondeur, par le capitaine Beechy sur les côtes du Brésil, et quelques Bryozoaires qu'il avait lui-même recueillis à une profondeur de 190 brasses dans le voisinage du cap Horn. Quant à Dana, il n'avait observé que quelques Caryophilliens, c'est-à-dire quelques Coraux, à une profondeur de 200 brasses.

En 1860, au moment où on songeait à immerger au fond de l'Océan un câble télégraphique réunissant l'Europe à l'Amérique, un bateau anglais, *le Bulldog*, fut envoyé, sous les ordres du capitaine L. M'Clintock, exécuter une campagne de sondages dans les parages de l'Islande, du Groenland, de Terre-Neuve. Le Dr Wallich accompagna cette expédition en qualité de naturaliste, et il recueillit, durant le cours de la croisière, des observations très intéressantes sur la présence d'êtres animés dans les grandes profondeurs de l'Océan (1). Il signala particulièrement, comme un des faits les plus remarquables dont il fut le témoin, la prise de treize Astéries (étoiles de mer) ramenées de 1,260 brasses. Ces animaux étreignaient convulsivement, dit-il, « une portion de corde de sonde qui avait été mise à la mer, en surplus de la profondeur déjà reconnue, et qui avait séjourné au fond pendant un espace de temps suffisamment long

(1) *The Nord Atlantic sea-bed, comprising a Diary of the voyage on board H. M. S. Bulldog on* 1860 *; and observations on the presence of animal life, and the formation and, nature of organic deposits at great dephts in the Ocean.* G. C. Wallich, 1862.

pour permettre à ces animaux de s'y cramponner ». Le Dr Wallich, en tenant compte des nombreux exemples de vitalité au
fond des abîmes, dont il avait pu obtenir le témoignage, écrivit
un ouvrage de grande valeur. Il chercha à prouver, comme l'a
rappelé avec justice Wyville Thomson, que « le fond de la mer
n'est pas tel qu'il entraîne l'impossibilité de l'existence, même
pour les formes supérieures de la vie animale, et il réfuta en
détail et avec une grande habileté les arguments mis en avant
pour soutenir la thèse opposée ».

On ne tint pas plus de compte des observations de Wallich
qu'on ne l'avait fait de celles de John Ross et de James Clarke
Ross. Les partisans de l'existence d'un zéro de vie animale
objectèrent que souvent il avait été pêché des Astéries adhérentes aux cordes de sondes, et que rien ne démontrait qu'elles
eussent vécu à la profondeur où le plomb s'était arrêté. Mais
en 1860 un fait imprévu permit de résoudre définitivement cette
question.

A cette époque une rupture vint à se produire dans le câble
télégraphique immergé entre l'île de Sardaigne et Bône.
M. Fleeming Jenkin reçut l'ordre d'exécuter les réparations
nécessaires. Le câble était cassé en un point où la profondeur
était de 1,200 brasses. On constata avec surprise qu'il était couvert de Coraux et d'animaux marins se rapportant à des formes
très variées. Un fragment du câble fut remis à M. Hervé-Mangon,
qui le communiqua à M. A. Milne Edwards. Ce savant naturaliste constata que plusieurs polypiers et diverses coquilles étaient
fixés à sa surface. Les animaux étaient évidemment vivants au
moment de leur sortie de l'eau, car leurs parties molles étaient
préservées, et ils s'étaient sûrement développés sur place, car
leur base était moulée sur les inégalités existant à la surface
du câble au niveau du point de fixation. M. A. Milne Edwards
fit remarquer qu'un des Mollusques ayant vécu sous la pression
d'une colonne d'eau salée de plus de 1,500 mètres de hauteur
était une espèce d'huître (*Ostrea cochlear*) existant en des points
nombreux de la Méditerranée. On savait antérieurement que les

corailleurs amenaient souvent des exemplaires de cette même espèce, pris dans leurs engins par des fonds de 100 à 150 mètres.

En un autre point du câble, repêché d'une profondeur de 2,000 mètres, se trouvait fixé un petit *Pecten* assez commun dans la Méditerranée, le *Pecten opercularis*. M. A. Milne Edwards nota que sa coquille était fortement colorée, fait digne d'intérêt, si on songeait à l'obscurité devant régner au point où vivait ce Mollusque. C'est là la première observation de la présence de la couleur chez les animaux de grands fonds.

A côté du *Pecten opercularis* vivait un autre Mollusque du même genre, le *Pecten testa*, dont les valves sont ornées de stries très fines formant un élégant treillis. Filippi avait décrit cette jolie coquille comme se rencontrant à des profondeurs de 50 à 60 brasses, mais on n'avait jamais supposé qu'elle s'étendît à 2,000 mètres de la surface.

M. A. Milne Edwards trouva associés à ces trois espèces de Mollusques lamellibranches deux gastropodes, le *Monodonta limbata* et le *Fusus lamellosus*. La coquille de cette dernière espèce était d'une grande fraîcheur et « elle contenait les parties molles de l'animal encore parfaitement reconnaissables, de sorte que celui-ci avait certainement vécu là où on l'a trouvé et n'était mort qu'après avoir été retiré de l'eau avec le fragment de câble sur lequel il rampait (1). »

Les Coralliaires étaient représentées par de plus nombreuses espèces que les Mollusques. L'un des polypiers parut ne pas différer du *Caryophillia arcuata*, espèce rare signalée à l'état fossile dans le terrain tertiaire supérieur du Piémont, à Castel-Arquato, et qui a été trouvée aussi à Messine. « Une autre espèce du même genre et très voisine de la *Caryophillia clavus*, mais qui était nouvelle pour la science et qui a été désignée sous le nom de *Caryophillia electrica* (2), paraît être beaucoup plus commune dans la vallée sous-marine où reposait le câble télégra-

(1) H. Milne Edwards. *Rapport sur les progrès récents des sciences zoologiques en France*, 1877, p. 490.

(2) Cette espèce a été décrite sous ce nom par Duncan.

phique ; car M. A. Milne Edwards en a trouvé dix individus, qui tous portent des traces bien évidentes de leur développement sur ce conducteur. J'ajouterai que ce petit madréporaire ne diffère en rien d'un polypier fossile du terrain pliocène, que M. Deshayes a rencontré à Douera en Algérie (1). » La perpétuité au fond des mers actuelles de formes considérées jusqu'alors comme fossiles était ainsi démontrée pour la première fois.

M. A. Milne Edwards trouva également fixé sur la portion du câble immergée entre 2,000 et 2,800 mètres de profondeur, un petit polypier, inconnu jusqu'alors (*Thalassiotrochus telegraphicus*), ayant des affinités avec les *Ceratotrochus* par sa forme générale et son mode de fixation, et possédant en même temps quelques ressemblances avec les *Sphenotrochus* par la constitution lamellaire de la columelle.

Je citerai enfin, parmi les animaux trouvés sur la portion de câble examinée, deux Serpules renfermées dans leur tube calcaire, des Bryozoaires du genre *Salicornaria* et quelques Gorgoniens.

Les observations de M. A. Milne Edwards furent plus tard confirmées par celles du professeur Allman, qui avait également examiné une portion du même câble. Ce n'est que lorsque Wyville Thomson publia son ouvrage sur les Abîmes de la mer, que le résumé de ces investigations fut porté par ce savant zoologiste à la connaissance du public. Il en est de même d'une note extraite du journal particulier de Fleeming Jenkin dans laquelle il était dit qu'un exemplaire de *Cariophyllia*, un véritable corail (*Cariophyllia borealis*, Flee.) « avait été trouvé attaché au câble au point juste où il s'était cassé, c'est-à-dire au fond de 1,200 brasses d'eau ».

En présence de cette faune si variée dont les espèces avaient été rencontrées vivantes au moment où le câble, sur lequel elles s'étaient développées, avait été émergé, il ne pouvait plus exister de doutes au sujet de l'extension des formes animales à des

_____
(1) H. Milne Edwards. *Loc. cit.*, p. 491.

profondeurs de 2,000 à 2,800 mètres. L'opinion contraire, chaudement défendue par Forbes, devait disparaître. Ce savant naturaliste, auquel nous devons de si nombreux et de si importants travaux sur les animaux marins, avait choisi, en venant explorer la Méditerranée, un mauvais champ d'observation. Les expéditions faites depuis dans cette mer, celle du *Porcupine*, du *Travailleur*, ont montré que les abîmes n'y sont pas aussi peuplés que dans l'Océan. La vie paraît se manifester à peine passé une profondeur de 500 mètres. Cela tient à ce que les fonds sont couverts d'une couche uniforme de vase, condition défavorable au développement des espèces animales. Tous les animaux marins si nombreux qui vivent fixés ne trouvent nulle part de rochers, de graviers sur lesquels ils puissent s'établir. D'autre part la température invariablement de $+ 13°$ C., à partir de 250 mètres jusqu'à 3,000 mètres, doit être peu favorable à l'extension des espèces qui ne trouvent d'autre part dans de l'eau stagnante, mal aérée, que de déplorables conditions de vie. Enfin un courant profond, au niveau de Gibraltar, emportant les eaux de la Méditerranée vers l'Océan, constitue une barrière à l'émigration des espèces océaniques. Si Forbes, au lieu de limiter ses recherches à une mer intérieure, les avait étendues à l'Océan, il aurait observé aux profondeurs auxquelles il a cru pouvoir supposer la cessation de la vie, une faune d'une extrême richesse.

Les observations de M. A. Milne Edwards eurent un grand retentissement, car elles démontraient non seulement la présence d'animaux dans les grands fonds, mais encore elles dévoilaient l'existence d'espèces trouvées seulement à l'état fossile, et à partir du moment où elles furent publiées, l'attention fut dirigée d'une manière continue vers toutes les découvertes pouvant nous faire connaître la nature des êtres animés peuplant les profondeurs des Océans, leurs conditions de vie, leur antiquité.

En 1864, trois années après le relèvement du câble de la Méditerranée, M. Barboza du Bocage, directeur du Muséum d'histoire naturelle de Lisbonne, constata qu'il existait sur les côtes du Portugal, à une profondeur de 1,000 mètres environ, des éponges siliceuses appartenant au genre *Hyalonema*, signalé jusqu'alors seulement au Japon. Ces éponges avaient été ramenées par des pêcheurs de Requins exerçant leur industrie à Sétubal. Cette découverte tout à fait inattendue présentait un intérêt multiple, car elle venait à l'appui de ce que nous venions de connaître sur l'extension de différents types organiques à de grandes profondeurs et sur de vastes espaces, et ensuite elle nous révélait qu'au moment où les zoologistes discutaient sur l'existence ou la non-existence d'un zéro de vie animale dans les grandes profondeurs, des pêcheurs avaient, depuis des siècles peut-être, résolu ce grand problème.

Vers 1863 les Américains entreprirent les premières recherches méthodiques concernant la faune animale sous-marine (1). Ainsi en 1867 Pourtalès disait (2) que le professeur A.-D. Bache, surintendant du Coast Survey, avait donné des ordres pour que les animaux recueillis pendant le travail hydrographique fussent conservés. Huit à neuf mille spécimens avaient alors été réunis. Ils provenaient d'une région comprise entre le rivage et le bord antérieur du Gulf-Stream, et avaient été recueillis à des profondeurs approchant 1,500 brasses. Ces investigations furent interrompues par la guerre de la Sécession, qui prit fin en 1865, et reprises peu de temps après cette date par le professeur Peirce.

En 1867 la première campagne d'explorations sous-marines fut organisée. Elle devait s'accomplir entre Key West et la Havane à bord du steamer du Coast Survey, *le Corwin*. Malheureusement la fièvre jaune vint interrompre l'expédition. En 1868 les recherches furent reprises à bord du *Bibb*. Les régions explorées furent une section du Gulf-Stream de Sombrero au phare de Elbon, une section du canal Saint-Nicolas, une section du

---

(1) Le premier emploi de la drague dans le but de recueillir des animaux marins fut fait par Marsili et Donati en 1750. Ils se servirent d'une drague à huîtres pour explorer des eaux peu profondes. En 1779 Otho F. Müller fabriqua une drague spéciale qu'il utilisa par des fonds de 30 brasses sur les côtes du Danemark.

(2) *Museum of comp. Zoolog. of Cambridge*, t. I, p. 104.

canal de Santaren. C'est cette même année seulement que partit
la première expédition anglaise. Par conséquent l'honneur d'être
entrés les premiers dans la voie des explorations sous-marines
qui devait devenir si féconde en résultats, revient aux Américains,
et on s'explique difficilement comment Wyville Thomson, dans
son historique si complet des premières découvertes accomplies
au fond des Océans, ne mentionne ni les collections formées par
les ordres du professeur Bache et signalées par Pourtalès, ni la
campagne du *Corwin* (1). En 1868 le gouvernement anglais mit
à la disposition de Wyville Thomson et du Dr Carpenter le bateau *le Lyghtning*, pour exécuter des dragages entre le nord de
l'Écosse et les îles Faröer. La profondeur des fonds explorés ne
dépassa jamais 650 brasses, et les récoltes d'animaux marins, très
abondantes, fournirent de précieux renseignements zoologiques.
Encouragée par ce succès, l'Angleterre mettait durant les deux
années suivantes à la disposition des mêmes savants, auxquels
s'était joint Gwyn Jeffreys, le bateau *le Porcupine*. On explora
l'Océan au large des côtes Ouest et Sud de l'Irlande, on visita de
nouveau le canal séparant le nord de l'Écosse des Faröer, et enfin
le *Porcupine* vint explorer la côte de Portugal, pénétra dans la
Méditerranée et, après avoir suvi les côtes du Maroc, de l'Algérie et de Tunis, revint vers l'Océan après avoir franchi le détroit
de Messine. Les découvertes faites durant ces voyages, ainsi que
durant l'exploration méditerranéenne du *Washington*, de la
marine italienne, accomplie en 1881 sous la direction du professeur Giglioli, montrèrent qu'il y avait au fond des mers tout
un monde animal absolument inconnu, dont la connaissance
devait jeter un grand jour sur l'organisation et la distribution
de la vie, et permettre en même temps de se rendre compte des
conditions dans lesquelles avaient vécu certains animaux marins
dont nous trouvons les restes enfouis dans différents terrains
constituant notre globe.

Au retour du *Porcupine*, le gouvernement anglais s'occupa d'or-

____

(1) La réclamation de priorité de la part des États-Unis est consignée dans
le *American journal of science*, t. V. Mai 1873.

ganiser une grande campagne de dragages et de sondages autour
du monde. On arma dans ce but le *Challenger* (la *Provocante*),
corvette à hélice dont le commandement fut confié au capitaine
Narres. Wyville Thomson, accompagné d'un nombreux per-
sonnel scientifique, a parcouru durant les années 1873, 1874,
1875 et 1876, l'Océan Atlantique, la mer des Indes, le Pacifique.
A l'heure actuelle les collections formées durant cette mémo-
rable campagne donnent lieu à une série de publications de
grande valeur, dont j'aurai souvent à rappeler les conclusions
dans la suite de cet ouvrage.

Mais tandis que l'Angleterre s'engageait si franchement dans la
voie des découvertes sous-marines, l'Amérique, qui la première
avait organisé des recherches méthodiques, ne restait pas inactive.

En 1871 et 1872 le *Hassler*, sous la direction de Louis Agassiz, draguait sur les côtes de l'Amérique du Sud; en 1875 le
Blake, mis à la disposition de M. A. Agassiz, procédait à l'exploration de la mer des Antilles et les résultats des dragages donnaient immédiatement lieu à diverses publications. Pendant la
campagne du *Challenger*, les Américains procédaient avec le
Tuscarora à de nouvelles recherches. En 1874 les Suédois avaient
envoyé le *Voringen* étudier une partie des mers du Nord (1).

Ce n'est qu'en 1880, sur la demande de MM. H. et A. Milne
Edwards, qu'une expédition fut organisée en France pour explorer les fonds de l'Océan. Une commission présidée par
M. A. Milne Edwards s'embarqua à bord du *Travailleur*, et pro-
céda à de nombreux dragages dans le golfe de Gascogne (2).

---

(1) Nous devons encore mentionner l'expédition allemande faite à bord de
la *Gazelle;* les dragages des bateaux américains *le Knight Errant* et *le Triton*.

(2) La commission scientifique nommée par M. le ministre de l'instruction
publique pour diriger les dragages effectués à bord du *Travailleur* était composée de M. A. Milne Edwards, membre de l'Institut, président ; de MM. Vaillant et Perrier, professeurs au Muséum; de M. de Folin, directeur du journal
les Fonds de la mer; de MM. Marion et Sabatier, professeurs aux facultés des
sciences de Marseille et de Montpellier ; de M. Fischer, aide-naturaliste au
Muséum d'histoire naturelle, et de M. Viallanes, préparateur. La même commission effectua les voyages de 1881-1882. On lui adjoignit, en 1883, M. H. Filhol,

Les résultats eurent une telle importance que le gouvernement
décida de continuer les recherches. Le *Travailleur* fut de nouveau mis à la disposition de M. A. Milne Edwards et de la commission qu'il présidait. Il parcourut le golfe de Gascogne, visita
la côte du Portugal, franchit le détroit de Gibraltar et explora
une grande partie de la Méditerranée. En 1882 le même bâtiment entreprit une troisième mission dans l'Océan Atlantique
où il poussa jusqu'aux îles Canaries (fig. 1).

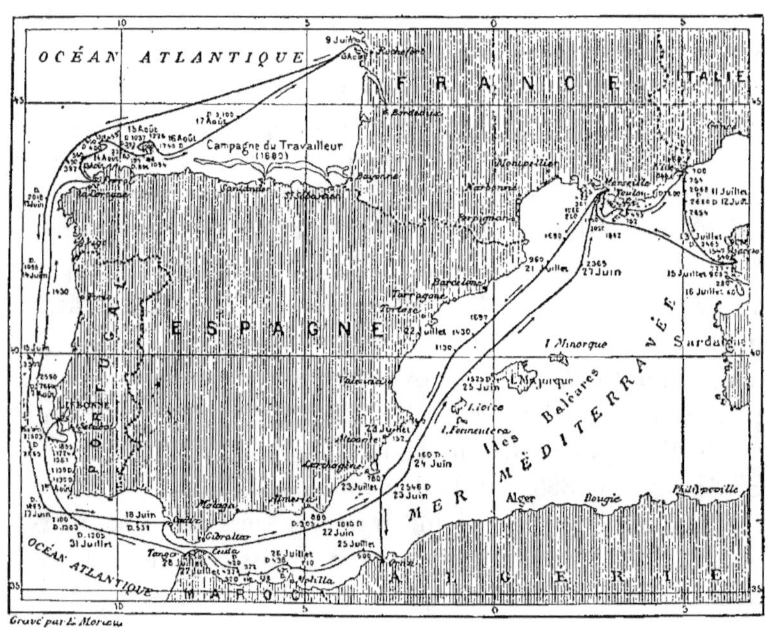

Fig. 1. — Itinéraire du *Travailleur* dans l'Atlantique et la Méditerranée.

En 1883, le *Talisman* fut armé et aménagé pour une nouvelle
campagne de dragages. Ce bateau était commandé par le capitaine de frégate Parfait, qui l'année précédente occupait le même
poste à bord du *Travailleur* (1). Il y avait à bord M. A. Milne

professeur à la faculté des sciences de Toulouse comme membre, et MM. Ch.
Brongniart et Poirault comme préparateurs.

(1) Durant les premières campagnes du *Travailleur*, ce bateau était commandé par M. le lieutenant Richard.

Edwards et la commission scientifique nommée par le ministre de l'Instruction publique. Le *Talisman* explora les côtes du
Portugal, du Maroc, se rendit aux Canaries et de là aux îles du
Cap-Vert. Il remonta ensuite vers la mer des Sargasses pour
aller aux Açores, d'où il effectua son retour en France (fig. 2).

Les collections formées durant cette croisière furent, grâce à
la perfection des appareils de dragage, d'une extrême richesse.
Elles ont été, quelques mois à peine après leur arrivée en France,

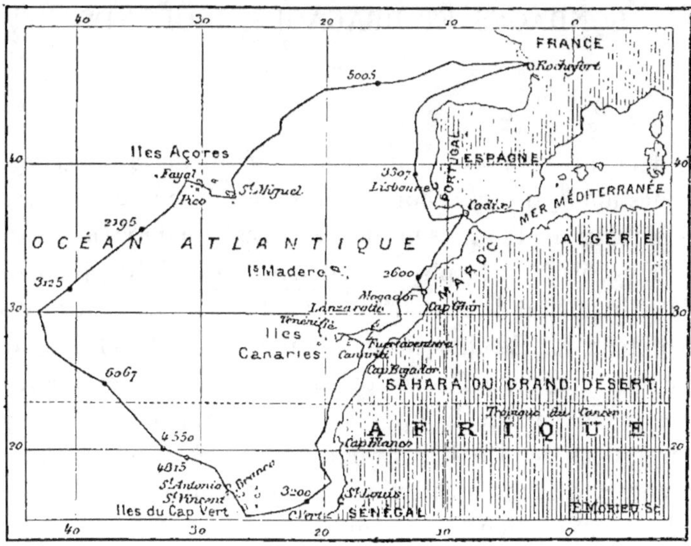

Fig. 2. — Carte du voyage du *Talisman* en 1883.

mises sous les yeux du public, et la variété des formes animales,
la structure si étrange de certaines d'entre elles, la coloration
brillante des animaux vivant par des fonds de 5,000 mètres, ont
causé dans le public un sentiment d'étonnement auquel a succédé un véritable enthousiasme. On retrouvera figurées dans la
suite de ce travail les formes les plus dignes d'intérêt qui aient
été récoltées durant cette campagne si féconde en résultats zoologiques.

CHAPITRE II

SONDAGES ET DRAGAGES PROFONDS.

La détermination exacte de la profondeur de la mer constitue une question ayant préoccupé depuis bien des années les savants et les industriels. Pour les premiers, il s'est agi de résoudre divers problèmes relatifs à la physique générale du globe ; pour les seconds, il importait de connaître le relief sous-marin sur un espace déterminé, avant de chercher à mouiller un câble télégraphique. En ce qui concerne les zoologistes, les recherches d'animaux marins au moyen de la drague ou du chalut doivent toujours être précédées de la notion exacte de la profondeur de la mer et de la nature du fond au niveau du point dont ils désirent entreprendre l'exploration. La connaissance de ces deux données est nécessaire, car c'est d'après elles qu'on envoie à la mer une drague ou un chalut d'une ouverture déterminée, qu'on traîne ces instruments plus ou moins longtemps sur le fond, et qu'on file une certaine longueur du câble auquel ils sont rattachés.

Quand il s'agit d'exécuter des dragages en eaux peu profondes, il est d'usage d'employer, pour sonder, une corde résistante, à l'une des extrémités de laquelle est fixé un poids consistant généralement en un morceau de plomb de forme cylindrique ou prismatique. L'extrémité inférieure du poids, devant venir heurter le fond, est enduite d'une épaisse couche de suif. La boue, le sable, les graviers, les roches constituant le lit de la mer, adhèrent à cette substance molle, laissent sur elle leur empreinte ou bien la pénètrent pour s'incruster dans son intérieur. Dans ce dernier cas elles sont ramenées à la surface avec le plomb de sonde. Pour connaître exactement et immédiatement la longueur de la ligne entraînée par le poids, on divise cette dernière en espaces de 5, 10 et 100 brasses au moyen de morceaux d'étoffes diversement colorés. La notion de l'arrivée du plomb sur le fond s'acquiert par le changement subit de vitesse dans la descente de la ligne. Au moment où cet incident se produit, en se rapportant au nombre de fragments d'étoffes entraînés, on arrive à être fixé sur la profondeur.

Les sondages, en des points où la profondeur est grande, ne sauraient être exécutés par ce procédé sans qu'on soit exposé à des chances d'erreur très considérables. En effet, il arrive souvent que le poids n'est pas suffisamment lourd pour entraîner verticalement la corde. Celle-ci, déroulée, offre une surface considérable à l'action des courants et alors, poussée par ces derniers, elle dérive. Il semblerait qu'il fût facile de parer à cet accident en se servant d'un poids très lourd, mais si on procédait ainsi, au moment de la remonte, la corde ne manquerait pas de se rompre sous l'influence de la traction du poids en même temps que sous celle de sa propre pesanteur. D'autre part, lorsque la profondeur est considérable, il est presque impossible de noter nettement le moment auquel le plomb frappe le fond, la corde continuant toujours à se dévider avec une grande vitesse sous l'influence seule de son poids.

Le sondage à la corde a été le seul procédé mis en usage par les diverses marines, jusqu'à ces dernières années, pour évaluer la profondeur des océans. Mais depuis qu'on a utilisé des appareils spéciaux pour ce genre de recherches, on s'est aperçu que les documents relatifs aux très grandes profondeurs étaient la plupart du temps inexacts par suite des diverses causes dont il vient d'être parlé.

Les sondages anciens accusaient, dans certains cas, des profondeurs énormes. Ainsi le lieutenant Walsh, de la marine des

États-Unis, avait exécuté un sondage de 34,000 pieds sans trouver le fond ; de même le lieutenant Beryman avait inutilement déroulé 39,000 pieds de corde au milieu de l'Océan. Le même fait s'était produit pour le lieutenant Parker avec 50,000 pieds de ligne. Or nous savons positivement aujourd'hui que dans l'Atlantique Nord, là où tous les sondages faisaient prévoir des fonds de 12,000 mètres et plus, la profondeur est de 6,000 mètres. Je rappellerai à ce sujet quelques-unes des erreurs relevées pendant la campagne du *Talisman*. Le 6 août, par 27° 10′ de latitude et 42° de longitude, là où les cartes portaient l'indication d'anciens sondages faits à la corde de 1,000 à 2,000 mètres, on a trouvé 4,965 mètres. Le lendemain, par 30° 17′ 30″ de latitude et 43° 07′ de longitude, on constatait 3,520 mètres de fond au lieu de 2,000 mètres.

Les premières tentatives faites pour perfectionner l'opération du sondage à de grandes profondeurs ont porté sur la transformation du plomb de sonde. Elles ont été surtout accomplies alors qu'on s'est occupé de déterminer la profondeur et la nature des fonds avant la pose des câbles sous-marins. A ce moment les explorateurs étaient désireux de posséder un instrument avec lequel il fût possible de saisir au fond de la mer un échantillon de la vase, des graviers ou des débris de roches qui le recouvraient.

Un des premiers appareils proposés fut le plomb de sonde à coupe (1), qui est représenté sur notre fig. 3.

Brooke s'occupa en 1854 de constituer un sondeur pouvant

(1) Cet instrument consiste en une masse de plomb en forme de cône tronqué rattachée à sa partie supérieure au moyen d'un anneau à la ligne de sonde. L'extrémité inférieure porte une tige métallique insérée au fond d'un entonnoir fermé. Une rondelle de cuir percée à son centre peut se mouvoir dans l'espace libre existant entre la base du plomb et le bord supérieur de l'entonnoir ou coupe. Durant la descente du plomb la rondelle appuyant sur les couches liquides reste soulevée. Quand le fond est atteint, la coupe s'enfonce dans le gravier, le sable ou la vase et se remplit. Pendant l'ascension les couches liquides pressant sur la rondelle de cuir l'appliquent étroitement sur l'orifice de la coupe. Cet instrument, qui théoriquement paraissait devoir être bon, revenait vide deux fois sur trois.

être débarrassé au fond de la mer d'un poids considérable, qui devait assurer sa descente rapide au milieu des couches liquides. L'idée de charger considérablement le sondeur et de l'alléger avant de le remonter (fig. 5) est la plus ingénieuse qui se soit produite, et comme nous le verrons plus loin, c'est elle qu'on a

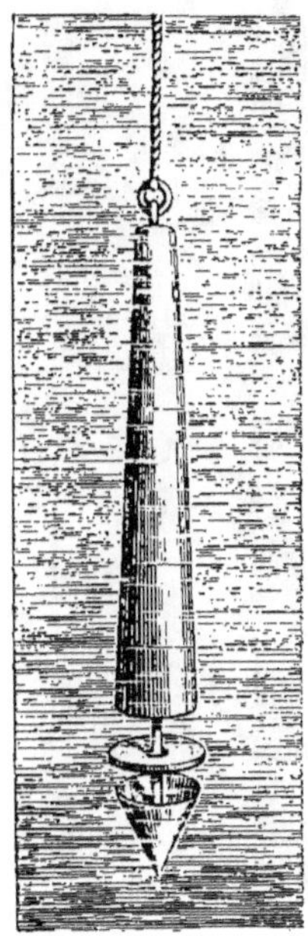

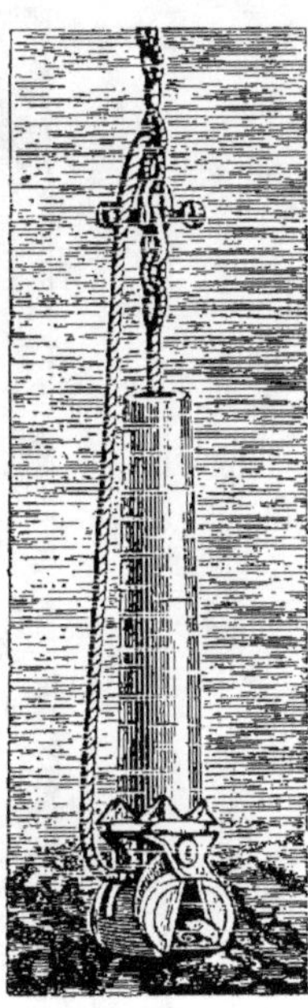

Fig. 3. — Plomb de sonde à coupe.
Fig. 4. — Sondeur du Bull-Dog.

appliquée pour construire les appareils dont nous nous servons aujourd'hui (1).

M. Steil, durant la campagne de sondages accomplie en 1860

(1) L'instrument de Brooke comprenait un gros boulet percé de part en part suivant un de ses diamètres, de manière à pouvoir facilement donner passage à une tige de fer profondément excavée à sa partie inférieure et portant à sa partie supérieure deux bras mobiles qu'on rattachait à la ligne de sonde. Le boulet enfilé dans la tige métallique était soutenu par des lacs dont l'extrémité libre en forme de boucle était accrochée aux bras. Quand l'instrument frappait le fond, les bras s'abaissaient, les boucles des lacs se décrochaient et le boulet tombait. L'extrémité inférieure du tube sondeur, qui était creusée, se remplissait d'un échantillon du fond.

par le *Bulldog*, proposa un instrument (fig. 4) qui n'était qu'une
modification de celui que John Ross avait utilisé en 1817 dans son
voyage d'exploration de la mer de Baffin, et qu'il avait appelé la
« pincette des mers profondes ». L'appareil, fort ingénieux, de
Ross consistait en une paire de pinces creusées en forme d'écuelle
et maintenues écartées par une cheville. Cette dernière partie

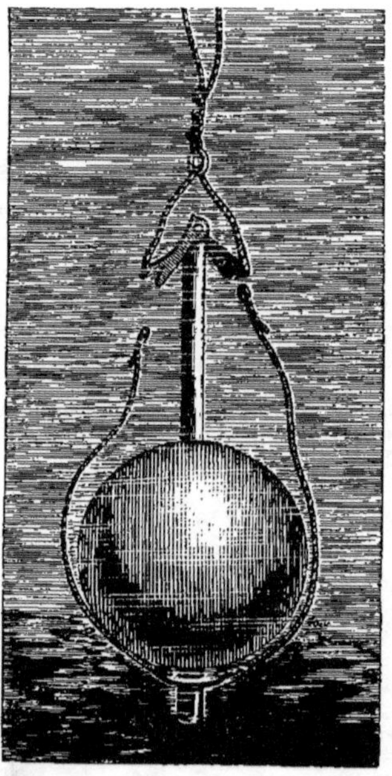

Fig. 5. — Sondeur de Brooke.

était placée de telle manière que, dès qu'elle frappait le fond,
elle se détachait, et alors un poids glissant sur un pivot venait
fermer les pinces dans la cavité desquelles pouvait être renfermé
un échantillon du fond pesant jusqu'à six livres (1).

(1) Le sondeur de M. Steil consistait en pinces creusées et maintenues écartées durant la descente par l'action d'un cylindre de plomb appuyant sur la
partie supérieure et un peu interne des bras. Le cylindre de plomb était maintenu par un anneau à des crochets sauteurs. La pince était rattachée par son
axe à la ligne de sonde. Le fond touché, la tension de la corde traversant le
cylindre cessant, les crochets s'ouvraient, la corde devenait libre et le poids

On s'est servi, durant la croisière du *Lightning*, d'un appareil qui, d'après ce que raconte Wyville Thomson, « n'a jamais manqué son but malgré qu'on l'ait employé par des temps déplorables et dans les circonstances les moins propices ». Il consistait (fig. 6) en une sorte d'écope à bec aigu pouvant être complètement fermée après qu'elle avait touché le fond (1). Wyville Thomson s'est d'autre part servi avec succès à bord du *Porcupine* d'un instrument utilisé antérieurement par les officiers du bateau anglais *l'Hydre*, qui avaient exécuté une série de sondages pour la pose du câble de l'Inde (2).

A bord du *Challenger*, on a utilisé ce même appareil (fig. 7), après lui avoir fait subir quelques modifications (3).

La corde soutenant les divers sondeurs, dont nous venons de rappeler la constitution, possédait forcément un volume assez grand offrant une vaste surface à l'action des courants. D'autre

tombait. Les pinces se fermaient sous l'action d'une épaisse bande de caoutchouc dont la tension était contenue jusqu'à ce moment par la pesanteur du cylindre de plomb.

(1) L'écope terminée par un bec aigu s'adaptait à une longue tige de fer chargée d'un poids à sa partie moyenne et percée d'un trou à son extrémité supérieure. Dans cet orifice s'engageait une dent taillée dans une barre transversale fixée en son milieu à la ligne de sonde. Une lame pouvant s'appliquer sur l'ouverture de l'écope et l'oblitérer complètement était assujettie à l'autre extrémité de la barre transversale. La tension exercée sur la barre transversale cessait au moment où le fond était atteint, ce qui avait pour résultat de faire décrocher la barre, à l'extrémité de laquelle était l'écope, de la griffe. Au moment où on exerçait de la traction pour remonter le sondeur, l'écuelle tournait et venait s'appliquer contre le couvercle.

(2) Tous les appareils dont je viens de parler ont été soigneusement décrits par Wyville Thomson dans son ouvrage sur les *Abîmes de la mer*.

(3) Cet appareil consistait en un tube dans lequel pouvait se mouvoir un piston. Le fond touché, le piston tiré par les poids descendait expulsant par des orifices latéraux l'eau renfermée dans le tube. Quand les dents auxquelles étaient rattachés les poids arrivaient, par suite de la pénétration de la tige dans le tube, à rencontrer le bord de la paroi supérieure du sondeur, les lacs se décrochaient et les cylindres de fonte tombaient sur le fond. Le jeu du piston avait pour but de retarder la chute des poids et de produire ainsi une pénétration plus profonde dans le fond. Des soupapes s'ouvrant de bas en haut permettaient l'entrée de la vase, du gravier, et s'opposaient à leur chute durant l'ascension.

part, l'arrivée sur le fond était seulement connue par un ébranlement perçu par la main posée sur le câble durant la descente.
Toutes ces conditions étaient évidemment défavorables.

La première modification apportée aux procédés de sondage a
consisté à se servir pour soutenir le sondeur d'un fil métallique
très fin au lieu d'une corde de chanvre. On diminuait ainsi

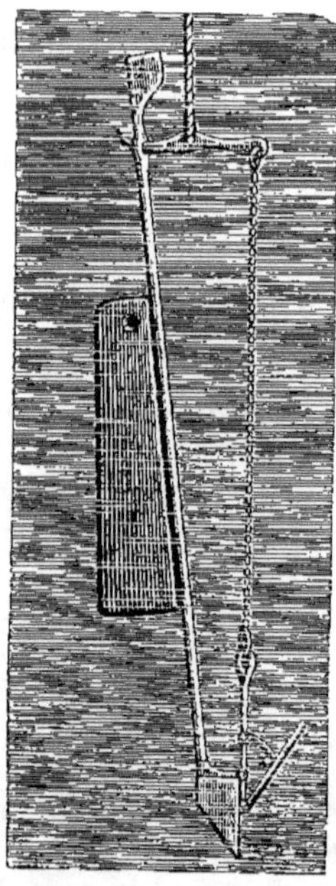

Fig. 6. — Sondeur du *Lightning*.

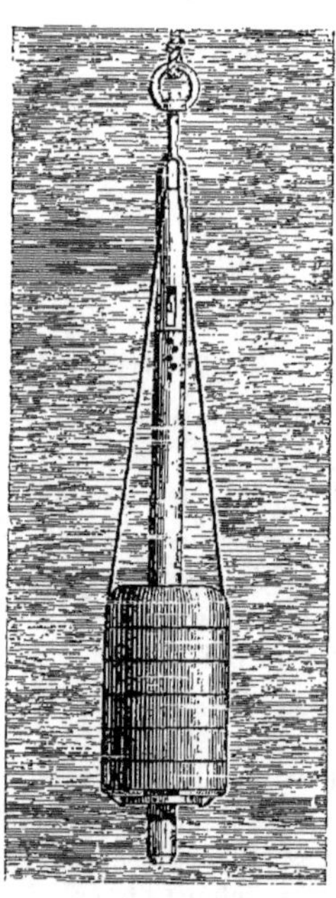

Fig. 7. — Sondeur du *Challenger*.

considérablement la surface offerte à l'action des courants et on
n'avait pas à se préoccuper de la pesanteur ayant pour effet
d'amener la ligne de sonde à se dérouler sous l'influence de son
propre poids. Cette heureuse innovation, due à **W.** Thompson,
a été appliquée pour la première fois à bord du *Tuscarora*.
Pendant la campagne du *Travailleur* dans la Méditerranée on
s'est servi des appareils utilisés en Amérique (1).

(1) « Un compteur, recevant le mouvement d'une vis excentrique à l'axe,
enregistrait chacun des tours de la bobine sur laquelle le fil était enroulé. Le

Lorsqu'il s'est agi d'armer le *Talisman*, M. Thibaudier, ingénieur de la marine, a construit, pour être installé à bord de ce bateau, un appareil de sondage avec lequel on a obtenu des résultats merveilleux.

Le fil employé pour maintenir le tube sondeur était un fil d'acier, désigné vulgairement par l'appellation de corde à piano. Son diamètre était de 1 millimètre, et sa résistance paraîtra sur-

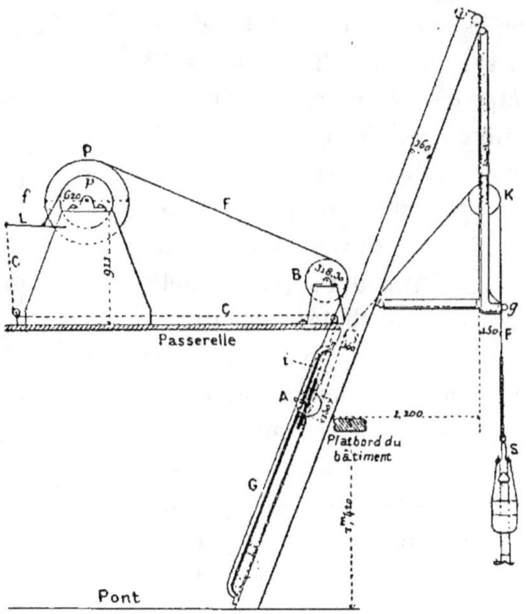

Fig. 8. — Schéma de l'appareil de sondage du *Talisman*.

prenante lorsqu'on saura qu'il était capable, avec ce faible volume, de supporter sans se rompre une charge de cent qua-

nombre des révolutions de la roue, multiplié par la circonférence moyenne des tours de fil d'acier, donnait la profondeur. C'est William Thompson qui, le premier, a imaginé cet excellent procédé de sondage; il a été employé d'abord par le capitaine Belknap, commandant le *Tuscarora*, de la marine des États-Unis, dans une série de sondages reliant San-Francisco au Japon, puis par le commandant Sigjsbei, à bord du *Blake*, où M. A. Agassiz faisait ses recherches zoologiques. » (A. M. Edwards. *Rapport sur l'expédition du Travailleur*, 1883.)

rante kilogrammes. Ce fil était enroulé sur une bobine et un appareil spécial, que nous avons fait représenter et dont, d'autre part, nous avons donné une vue schématique, enregistrait le nombre de mètres qui en étaient descendus dans la mer, alors qu'il indiquait automatiquement le moment auquel le plomb de sonde atteignait le fond (fig. 8).

Le sondeur Thibaudier se compose de la bobine sur laquelle étaient enroulés 10,000 mètres de fil d'acier de 1 millimètre de diamètre. De la poulie, le fil se rend sur une roue B ayant exactement un mètre de circonférence ; de là, il descend sur un chariot A mobile le long de bigues en bois, remonte sur une poulie fixe K et arrive au sondeur S après avoir traversé un guide g où il trouve toujours un petit réa sur lequel il peut s'appuyer quelle que soit l'inclinaison du bateau. La roue B porte sur son axe une vis sans fin qui met en mouvement deux roues dentées indiquant le nombre de tours qu'elle accomplit ; l'une marque les unités, l'autre les centaines (fig. 9). Cette dernière est graduée jusqu'à 10,000 mètres. Chaque tour de la roue B correspondant à 1 mètre, le nombre indiqué par le compteur représente la profondeur. Sur l'axe de la poulie d'enroulement est une poulie de frein p. Le frein f est manœuvré par un levier L à l'extrémité duquel se

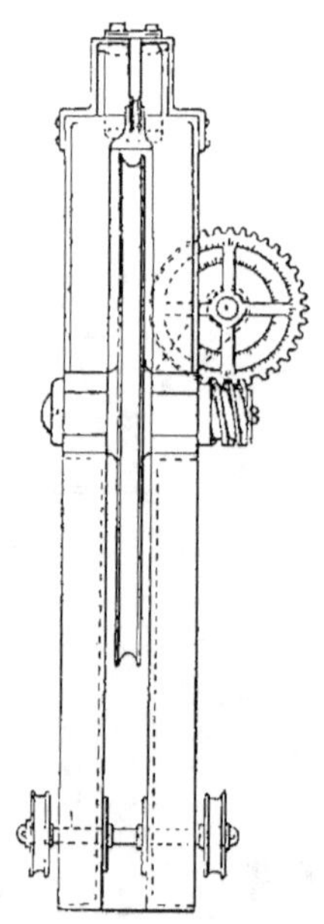

Fig. 9. — Compteur de la longueur dévidée du fil de sonde.

trouve une corde C qui vient s'amarrer sur le chariot A. Lorsque dans les mouvements de roulis la tension du fil d'acier supportant le sondeur diminue ou augmente, le chariot descend ou remonte légèrement le long des bigues ; dans ce mouvement, il agit plus ou moins sur le frein et il règle en conséquence la vitesse de déroulement. Lorsque le sondeur touche le fond, le fil se trouvant subitement allégé de tout son poids, qui atteint quelquefois 70 kilogrammes, s'arrête instantanément.

La manœuvre de cet appareil est facile à comprendre. On dispose à l'intérieur du bateau le sondeur et ses poids. Un homme appuie sur le levier L (fig. 8). Le compteur est mis à zéro. Tout étant ainsi disposé, l'homme lâche le frein et le déroulement s'opère jusqu'au moment où le fond est atteint.

Durant l'opération d'un sondage, le bâtiment est maintenu immobile au moyen de sa machine, de manière que le fil demeure aussi vertical que possible. Le fond touché, le déroulement cesse brusquement et on n'a plus qu'à lire l'indication au compteur différentiel, ce qui indique la profondeur.

Auprès de la poulie d'enroulement du fil est une petite machine auxiliaire M qu'on embraye alors avec l'axe de cette poulie et qui relève le sondeur débarrassé de ses poids d'après un procédé que je ferai connaître plus tard.

Nous avons cherché à rendre l'aspect offert par la passerelle du bateau au moment où on allait effectuer un sondage. On pourra avec ce dessin, établi d'après une photographie faite par M. Vaillant, membre de la commission, se faire une idée nette du sondeur Thibaudier et comprendre comment la roue, sur laquelle devait s'enrouler le fil de sonde dévidé, était mise en mouvement par une machine Brothcrood.

Dix mille mètres de fil d'acier étaient enroulés sur la bobine de l'appareil Thibaudier. L'extrémité libre du fil était reliée à une portion de câble en chanvre de 1 mètre de longueur soutenant à son extrémité inférieure le tube sondeur.

Ce dernier appareil dont nous avons fait reproduire un dessin (fig. 11) consistait en un long tube de fer, à parois épaisses, de forme cylindrique à ses deux extrémités. On peut le considérer comme comprenant deux chambres complètement indépendantes l'une de l'autre et superposées.

Dans la chambre supérieure est renfermée une tige métallique terminée par un anneau auquel se rattache la corde à laquelle fait suite le fil à sonder. Quand on vient à exercer une traction sur cet anneau, la tige métallique se dégage en partie,

un arrêt limitant sa course à une certaine étendue. Sur les
bords droit et gauche de cette tige sont entaillées des dents.

Lorsqu'on veut se servir du sondeur, on doit lui donner un
poids suffisant, non seulement pour assurer sa chute, mais

Fig. 10. — Vue d'ensemble de l'appareil de sondage à bord du *Talisman*.

encore assez important pour assurer sa descente dans de certaines limites. Afin d'atteindre ces deux buts, on le charge de
poids consistant en gros disques de fonte percés d'un orifice à leur
centre (fig. 11). La surface extérieure de ces disques est parcourue

par deux rainures profondes pratiquées suivant deux génératrices
opposées. On fait passer le corps du sondeur au travers des orifices perforant les disques, et le nombre de ceux-ci varie suivant
les profondeurs qu'on suppose devoir atteindre. La fixation de
ces éléments de surcharge se fait au moyen d'un fil métallique
présentant trois anneaux, un à sa partie moyenne, un à chacune
de ses extrémités. L'anneau moyen est introduit autour du tube
sondeur par son bout inférieur et conduit jusqu'à la face inférieure du dernier poids de surcharge. On ramène sur les côtés
droit et gauche les deux bras du fil et on les fait pénétrer dans
les rainures que nous avons dit exister sur les faces latérales des
disques. On leur fait prendre alors une direction ascendante et
on accroche les anneaux qui les terminent dans deux des dents
opposées existant sur la tige métallique dégagée de la portion
supérieure du sondeur. Cet arrangement se trouve représenté
sur notre figure 11. Pendant tout le temps de la descente de
l'appareil au fond de la mer, par suite de la résistance offerte
par le déroulement du fil de sonde à la traction du sondeur, la
tige métallique aux dents de laquelle sont suspendus les poids
reste dégagée. Lorsque le fond est touché, la résistance offerte
par le déroulement du fil cessant, les poids tirent alors sur la
tige métallique à laquelle ils sont accrochés et la font rentrer
dans l'intérieur du corps du sondeur. Dans cet acte, par suite
de la rencontre de la' fente dans laquelle pénètre la tige métallique, les anneaux du fil supportant les poids de surcharge sont
soulevés et décrochés. Les disques de fonte ainsi rendus libres
tombent instantanément et le tube sondeur allégé d'une quantité considérable de poids peut être rapidement remonté à
bord.

Les explorations sous-marines ne doivent pas avoir pour
unique but de faire connaître la profondeur de la mer au
niveau du point auquel on se trouve, elles doivent également
fournir un renseignement sur la nature du fond. Dans ce but,
on a disposé la partie inférieure du tube sondeur d'une manière
tout à fait spéciale. Son ouverture est pourvue de deux clapets

s'ouvrant en ailes de papillon de bas en haut et maintenus sou-
levés par un fil pendant tout le temps de la descente (fig. 11). Ces clapets, chacun pourvus d'un mouvement de sonnette, se ferment lorsque les ron-delles de fonte détachées, abandon-nant l'appareil, viennent en passant appuyer sur leurs bras, et ainsi les rapprocher. Quand le sondeur at-teint le fond, si ce dernier est peu résistant, il pénètre toujours assez profondément dans son intérieur. Par conséquent la partie inférieure du tube sondeur, en ce moment ou-verte par suite de l'écartement des clapets, se remplit d'une certaine quantité de vase ou de limon instan-tanément emprisonné par la ferme-ture de l'orifice succédant à la chute brusque des poids de surcharge. Cha-cune des branches des clapets est excavée de manière à constituer une sorte de petite cuiller dont la conca-vité est remplie de suif. Cette dispo-sition a pour but de permettre de rapporter des échantillons des fonds rocheux, du sable, du gravier, par exemple, et l'on supplée ainsi, d'une manière efficace, aux fonctions du tube sondeur, qui ne peut fournir de renseignements que sur les fonds assez peu résistants, pour lui per-mettre de les pénétrer.

La profondeur et la nature du fond connues au niveau du point

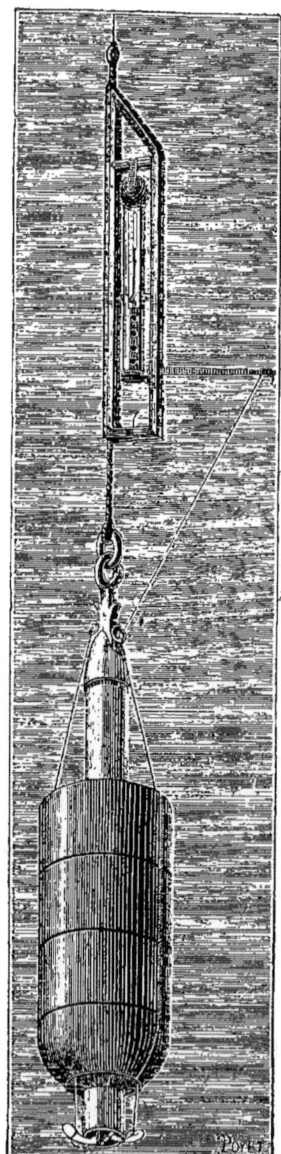

Fig. 11. — Sondeur du
Talisman.

où doivent avoir lieu des explorations, on s'occupe d'envoyer à la mer les engins de pêche, soit des dragues, soit des chaluts. Ces appareils sont rattachés à un câble dont la résistance doit être telle qu'il ne puisse être rompu durant le traînage sur le fond et durant l'ascension des filets souvent remplis d'une énorme quantité de vase ou de roches. A bord des bateaux anglais ayant effectué des dragages, on a toujours employé des câbles de chanvre (fig. 12, n° 1). Ces derniers avaient l'inconvénient de peser beaucoup et d'occuper un espace énorme. Les Américains, pour obvier à ces inconvénients, ont songé à se servir d'un câble en fil d'acier d'une circonférence de 0^m,028, ne se rompant que

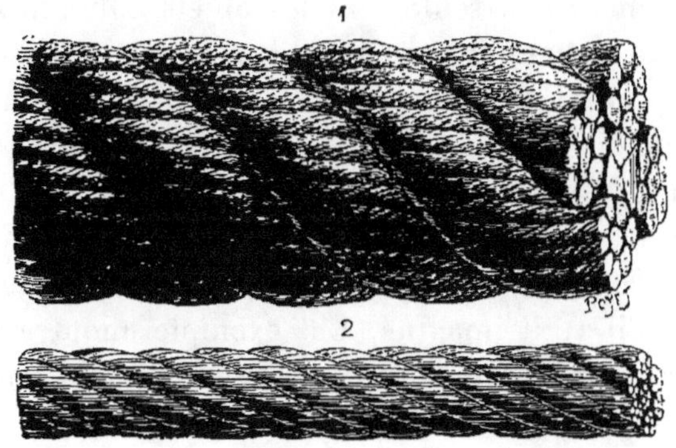

Fig. 12. — Câbles de sondage (grandeur d'exécution).

sous une charge de 4000 kilogrammes. Nous avons employé à bord du *Talisman* un câble de cette nature fabriqué par les usines de Commentry et Châtillon. Il était composé de quarante-deux fils d'acier (fig. 12, n° 2) réunis en six torons de sept fils chacun, tordus autour d'une âme en chanvre ; il n'avait que 0^m,01 de diamètre et il pouvait supporter sans se rompre une traction de près de 4500 kilogrammes. Le poids d'un mètre était de 344 grammes ; le prix était de 1^{fr},50 le kilogramme, c'est-à-dire de 0^{fr},62 le mètre. Huit mille mètres étaient enroulés autour d'une grosse bobine en fonte ; 4000 mètres étaient en réserve pour parer aux accidents. Ce câble, d'une grande flexibilité, pouvait être noué et ensuite redressé sans perdre ses qualités de résistance.

Le matériel de pêche employé à bord du *Talisman* se composait de dragues et de chaluts.

La variété de formes de dragues proposées pour les explorations sous-marines est très grande, mais on peut dire d'une manière générale, que ces instruments sont toujours composés d'un châssis de fer de forme rectangulaire présentant un appareil de suspension terminé par un anneau auquel s'attache le câble de dragage (voy. fig. 19). A ce châssis est adapté un sac fait d'un filet de cordelettes de chanvre présentant des mailles étroites. Les grands côtés du châssis, devant porter sur le fond de la mer, sont droits ou garnis de racloirs taillés et insérés sous un angle tel, qu'ils détachent non seulement les objets adhérents, mais encore qu'ils permettent de recueillir les plus petits échantillons déposés sur le sol. En parlant de la drague du Dr Ball, qui, pendant plus de dix années (1838-1848), a été employée par les savants anglais, Wyville Thomson dit qu'il vit un jour son inventeur répandre sur le plancher de son salon des pièces de monnaie et les relever avec la plus grande facilité au moyen de l'instrument qu'il avait imaginé. Cet exemple montre le rôle important que jouent dans un dragage les racloirs dont sont munis les grands côtés du châssis.

Pour préserver le filet de la drague, qui serait mis en lambeaux par les roches sur lesquelles il pourrait arriver qu'il fût traîné, on le renferme soit dans un premier filet en chaînettes de fer, soit dans un sac de toile à voile ou de cuir. Sa portion inférieure présente toujours une sorte d'empêche disposée de telle manière que les objets y pénétrant ne puissent s'échapper. L'avant de la drague est quelquefois muni d'un râteau destiné à fouiller, à labourer la vase ou le sable du fond, et à dégager ainsi les animaux qui y vivent. Lors des explorations du *Travailleur*, on s'est servi quelquefois de dragues construites d'après les indications de M. de Folin, qui, par suite d'une disposition spéciale, descendaient fermées et ne s'ouvraient que lorsqu'elles étaient rendues sur le fond. Mais, quel que soit le modèle de drague employé, les résultats obtenus sont toujours bien peu importants, car ces appareils se remplissent presque immédiatement de sable ou de vase qui, par suite de la présence du sac de cuir ou de toile à voile, ne peuvent être délayés et entraînés au dehors. Aussi généralement, lorsqu'on relève une drague, est-ce un plein sac de boue qu'on rapporte à bord. Les dragues, d'autre part, ont un très grand inconvénient, elles sont massives, elles appuient brutalement sur le fond chaque fois que, pendant leur traînage, elles viennent successivement à être soulevées et à retomber, et il en résulte que les échantillons sont souvent mutilés. Ces défauts avaient frappé depuis longtemps l'attention des savants qui se livraient à des explorations sous-marines, et on s'était préoccupé d'y remédier.

Durant l'une des croisières du *Porcupine*, Wyville Thomson avait remarqué que, tandis que l'intérieur de la drague ne renfermait que fort peu d'échantillons intéressants, de nombreux échinodermes, des coraux, des éponges, revenaient à la surface accrochés à l'extérieur du sac, et quelquefois même aux premières brasses du câble de dragage. « Cela nous fit, dit-il, essayer de plusieurs expédients, et enfin le capitaine Calver fit descendre, attachés à l'instrument, une demi-douzaine de fauberts qui servent au lavage du pont. Le résultat fut merveilleux. Les houppes de chanvre rapportèrent tout ce qui se trouva sur le chemin de hérissé et de non adhérent au sol, et balayèrent le fond ainsi qu'elles le font du pont du navire. L'invention du capitaine Calver a inauguré une ère nouvelle pour le dragage profond. » Il est certain que l'emploi des fauberts (voy. fig. 13), de ces gros paquets de cordes servant au lavage des bâtiments, et ayant la forme et la disposition d'une longue chevelure, donne de bons résultats, mais il présente également de graves inconvénients, que Wyville Thomson a été obligé de reconnaître. « Les houppes, dit-il, quelques pages après celles dont j'ai extrait le passage précédent, mettent en piteux état les spécimens qu'elles ramènent; et c'est toujours avec une première impression de chagrin que nous entreprenions la tâche ingrate et désespérante de détacher avec des ciseaux à courtes lames les dépouilles mutilées des Plumes de mer, les pattes de Crabes rares, les disques privés de membres, les bras détachés de Crinoïdes et d'Ophiures fragiles et délicats. Il faut chercher sa consolation dans le nombre, relativement petit, des animaux qui arrivent entiers, attachés aux fibres extérieures des houppes, et se dire que, sans ce mode un peu barbare de capture, ces spécimens seraient demeurés inconnus au fond des mers. » Le tableau précédent est d'une vérité absolue, et il faut avoir pu examiner l'état dans lequel se trouve être la presque totalité des échantillons ramenés par un faubert, pour comprendre le désespoir des naturalistes à la recherche, au milieu d'un mélange inextricable de fils de chanvre, de débris d'animaux rares, ou même le plus souvent inconnus. Aussi devait-on se préoccuper de trouver des procédés meilleurs pour recueillir et ramener à bord les animaux saisis au fond de la mer.

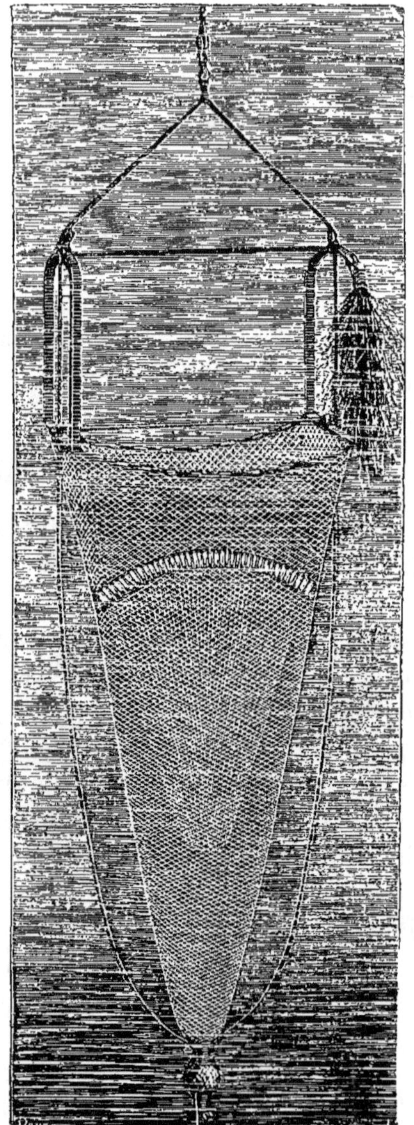

Fig. 13. — Chalut employé à bord du *Talisman*.

Durant la campagne que M. A. Agassiz avait accomplie dans

le golfe du Mexique, à bord du *Blake*, il s'était servi de chaluts, sorte de grands filets employés journellement sur nos côtes par les pêcheurs, et il en avait obtenu d'excellents résultats.

A bord du *Talisman* on a utilisé presque constamment des chaluts de deux à trois mètres d'ouverture, semblables à ceux dont on avait fait emploi à bord du *Blake*. Ce n'est que tout à fait exceptionnellement qu'on a eu recours aux dragues dont l'usage était réservé pour les cas où il s'agissait d'explorer des fonds de roche dont les arêtes vives eussent sûrement mis en lambeaux les filets des chaluts.

Les résultats, avec ces appareils, ont été merveilleux, et M. A. Milne Edwards a pu dire, dans une conférence faite devant la Société de Géographie, sur la campagne de dragages de 1883, que c'est aux chaluts qu'on devait les admirables récoltes accomplies. « Ils ne nous ont jamais fait défaut, a ajouté le savant président de la Commission des dragages sous-marins, et jusqu'à plus de 5,000 mètres, ils ont donné d'aussi bons résultats que ceux que nos pêcheurs obtiennent en traînant leurs engins à quelques brasses de profondeur. »

J'ai fait reproduire (fig. 13) un des chaluts du *Talisman*. En examinant notre dessin, on pourra se rendre compte de la disposition de l'armature du filet, qui était telle, que de quelque côté que l'engin arrivât au fond de la mer, on était toujours assuré de le traîner utilement. Le filet, fixé à l'armature de fer, était fait de cordelettes de chanvre d'une très grande résistance. Il comprenait deux poches emboîtées l'une dans l'autre. A l'extrémité de la poche extérieure, on amarrait un gros boulet de fonte de manière à ce que le filet s'étendît sur le sol. La poche interne, ouverte à son extrémité inférieure, constituait une empêche, ne permettant pas aux objets qui l'avaient traversée de revenir au dehors.

Durant le cours de la campagne, M. le commandant Parfait a songé à faire placer, tout à fait dans le fond du chalut, un de ces paquets de filins, un de ces fauberts servant au lavage du pont. Les résultats, qui ont suivi cet essai, ont été si remar-

quables, qu'on n'a cessé à partir de ce moment d'avoir recours
à cette innovation. Le succès était dû à ce qu'une foule de tout
petits animaux, des crustacés, des
mollusques, des échinodermes, etc.,
qui entraînés par le renouvellement de
l'eau dans l'intérieur du chalut, eussent passé au travers des mailles du
filet, se trouvaient être pris au milieu de la longue chevelure de cordes constituant le faubert. Un grand
nombre d'échantillons de petite taille
et délicats, qui échappaient antérieurement aux recherches, ont toujours
été amenés à bord à partir du moment où on a utilisé le procédé proposé par M. le commandant Parfait.

Les filets en fil de chanvre du *Talisman* possédaient une solidité extrême. Un exemple permettra de se
rendre compte de la résistance qu'ils
étaient susceptibles d'offrir. Le
27 juin, par 28° 35′ de latitude et
15° 39′ de longitude, le chalut avait
été coulé sur un fond situé à 905 mètres de profondeur. Lorsqu'il a été
ramené à bord, on a trouvé dans
son intérieur 250 kilogrammes de
roches, et aucune de ses mailles ne
s'était rompue sous la traction énorme
développée par ce poids. Un des blocs
de pierre remontés dans ce dragage, du poids de 135 kilogram-
mes, figurait à l'exposition des collections du *Talisman*.

Lorsqu'on voulait pratiquer un dragage, voici de quelle ma-

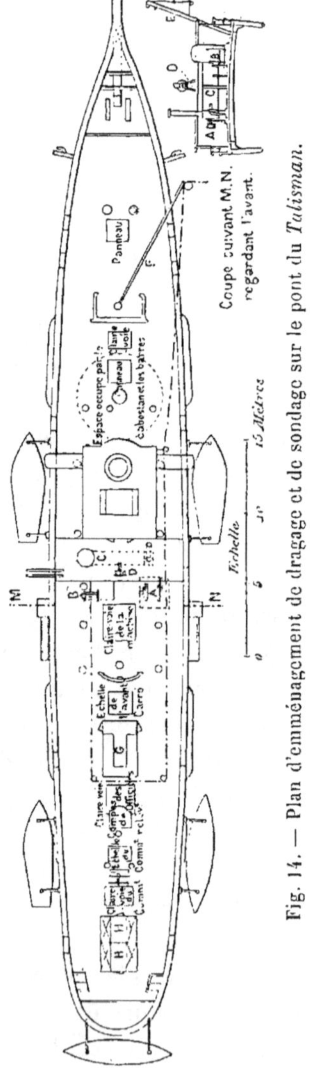

Fig. 14. — Plan d'emménagement de dragage et de sondage sur le pont du *Talisman*.

nière on utilisait les divers appareils dont nous venons de donner la description.

On faisait tout d'abord passer le câble, qu'on dévidait de la bobine sur laquelle il était enroulé, sur des poulies de retour, placées à plat sur le pont du bâtiment, en arrière du roufle dans lequel était établi le laboratoire. Cette disposition est représentée sur notre figure du plan du *Talisman* (fig 14). Puis on le ramenait vers l'avant et on lui faisait faire quelques tours sur la grosse

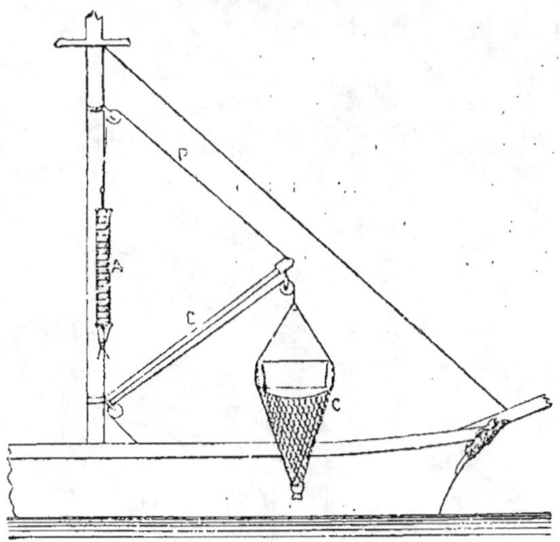

Fig. 15. — Schéma de l'accumulateur et du mode de suspension du chalut.

A, accumulateur. — E, espars. — C, chalut. — P, pantoire.

poupée du treuil de relèvement. On aperçoit encore cet arrangement sur la figure 16. Le câble était conduit ensuite sur deux poulies de retour de l'avant, qui lui permettaient de se relever le long du bord inférieur d'une sorte de mât de charge désigné par l'appellation d'*espars* (fig. 15). Les deux poulies de retour de l'avant se voient figure 14. Arrivé au sommet de l'espars, le câble était passé dans une poulie, dont nous aurons plus loin à indiquer le mode de suspension, et il était rattaché au chalut par une manille dont le bouton était solidement maintenu par une goupille.

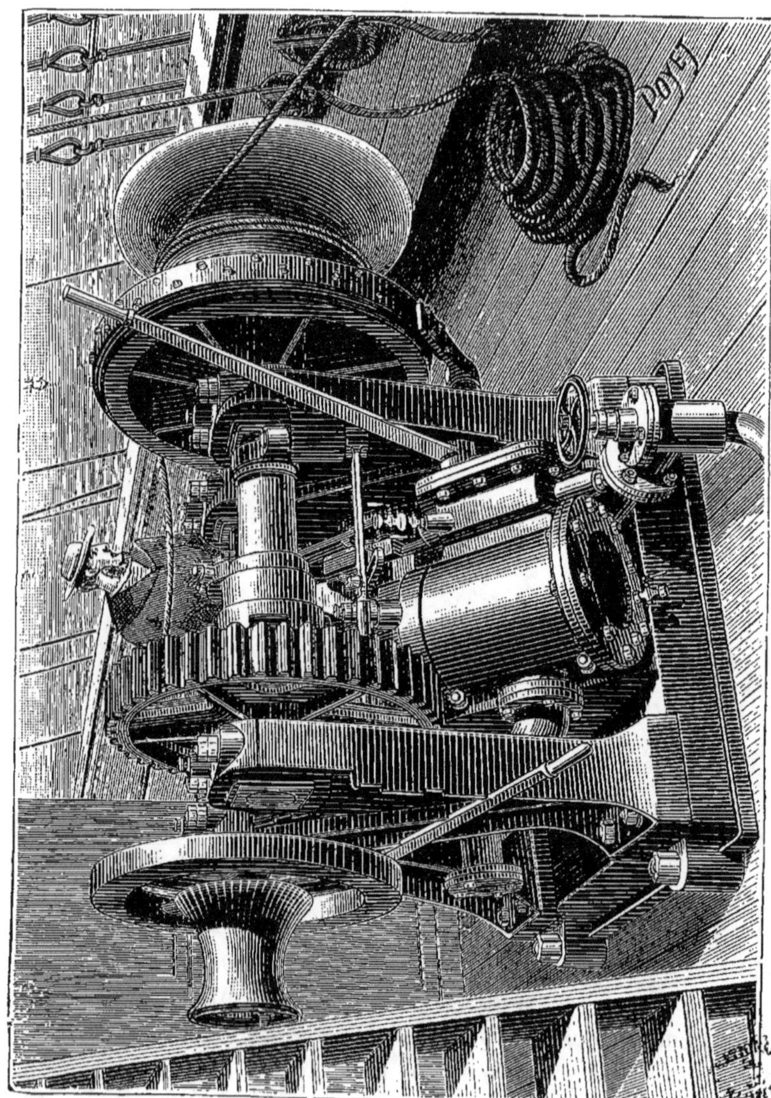

Fig. 16. — Treuil employé pour remonter les dragues ou les chaluts (d'après une photographie).

Durant l'opération d'un dragage, il est de la plus haute importance de savoir quelle est la traction supportée par le câble. Afin de posséder cette indication on avait disposé au niveau du mât de misaine un accumulateur. Cet appareil a été représenté schématiquement sur notre figure 15. Il se composait de disques de caoutchouc vulcanisé, empilés et séparés les uns des autres par des rondelles de tôle. Les disques de caoutchouc et les rondelles de tôle étaient perforés dans leur centre, de manière à livrer passage à une pièce métallique très forte, terminée inférieurement par un plateau. Sur ce plateau reposaient par conséquent les disques et les rondelles enfilés sur la tige métallique. Quatre tiges métalliques plus faibles, insérées à la rondelle supérieure, venaient aboutir à un deuxième plateau, placé au-dessous de celui de la tige principale portant un anneau devant servir à établir un point fixe. A l'extrémité supérieure de la tige métallique principale était solidement fixé un câble métallique, *une pantoire*, qui montait le long du mât de misaine, glissait dans une chape aiguilletée au-dessous de la basse vergue et arrivait au sommet de l'espars où existait un clan. La pantoire à ce niveau était amarrée très solidement à la poulie sur laquelle passait le câble d'acier relié au chalut. Par conséquent la dernière poulie, sur laquelle courait le câble métallique avant de descendre à la mer, n'était pas fixée au sommet de l'espars, mais bien rattachée à la pantoire faisant suite à l'accumulateur. De telle sorte que ce dernier appareil recevait l'impression du poids du chalut, du poids du câble d'acier déroulé, de la pression à laquelle étaient soumis ces objets, enfin de la traction exercée par le chalut raclant le fond. J'ai fait reproduire, figure 15, un dessin schématique, donné par M. le commandant Parfait dans le rapport qu'il a publié dans les *Annales d'hydrographie* sur le voyage du *Talisman* (1), permettant de saisir les

____

(1) On trouvera dans le rapport de M. le commandant Parfait, paru dans le n° 663 des *Annales hydrographiques*, tous les détails relatifs aux opérations exécutées à bord du *Talisman*.

rapports existant entre l'accumulateur et le câble d'acier maintenant le chalut (1).

Suivant la profondeur, qu'on doit explorer, et suivant également le temps qu'il fait, on utilise un chalut de 2 ou de 3 mètres d'ouverture. On peut dire, d'une manière générale, que par un beau temps il est possible de se servir d'un chalut de 3 mètres pour atteindre des fonds de 3,600 mètres. Passé cette profondeur, il est prudent de n'employer qu'un filet de 2 mètres. Quant à la surcharge à donner, elle était, à bord du *Talisman*, de 188 kilogrammes, passé les fonds de 3,000 mètres.

Lorsque tout est prêt pour l'envoi du chalut, on désembraye les machines et on laisse tout d'abord descendre le filet sous l'influence seule de son poids et du poids du câble qui le retient. Mais au bout de quelque temps, la vitesse s'accélérant beaucoup trop, on la modère en faisant agir les freins des treuils.

Pendant tout le temps de la descente du chalut, le bateau est amené vent arrière ou au moins grand largue, et il fait route avec ses focs et sa misaine goëlette. Il doit aller au moins 2 nœuds, et si, sous l'influence seule de la brise, il ne les parcourt pas, on accélère sa marche au moyen de la machine. M. le commandant Parfait a reconnu que cette vitesse de 2 à 3 nœuds était absolument nécessaire pour que le câble fût toujours tendu. Si cette tension n'avait pas lieu, il arriverait que le câble descendrait plus vite que le chalut, qu'il s'enroulerait sur le fond et que le filet viendrait enfin tomber sur le paquet ainsi constitué. Dans ces cas le câble se nouerait, formerait des coques sur une très grande étendue de sa longueur, quelquefois sur plus de 200 mètres, et on aurait beaucoup de peine, plus tard, à débrouiller cet enchevêtrement.

(1) Lorsqu'un effort agit sur l'accumulateur, les disques de caoutchouc sont comprimés par le plateau inférieur fixé à la tige centrale de l'appareil, et la série qu'ils constituent diminue de longueur. Normalement cette série a 1^m,90 de long ; sous une pression de 2,000 kilogrammes, elle n'a plus que 0^m,99.

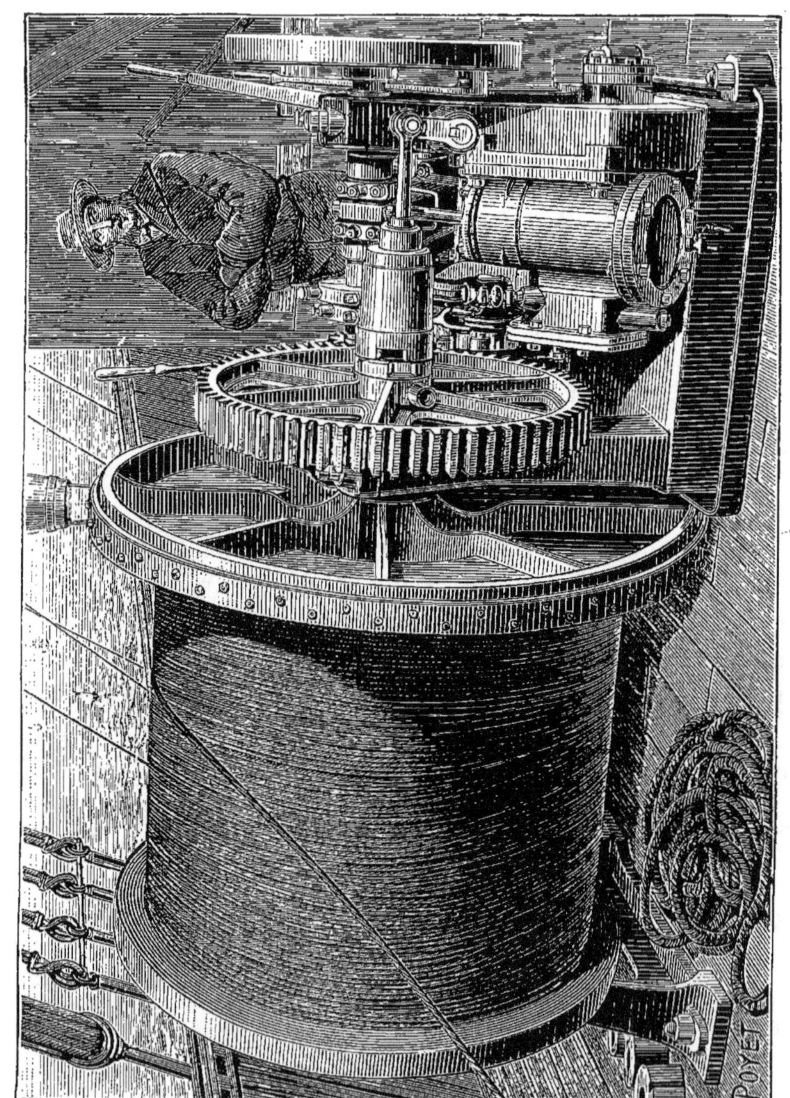

Fig. 17. — Treuil pour enrouler le câble d'acier (d'après une photographie).

Appareils spéciaux, emménagés à bord du *Talisman*, pour descendre ou remonter les dragues et les chaluts.

Un compteur annexé au treuil, sur la poupée duquel passe
le câble d'acier avant de descendre à la mer, permet de savoir
le moment auquel le filet doit être rendu sur le fond. Ce dernier

Fig. 18. — Vue d'ensemble de l'arrivée du chalut à bord du *Talisman*
(d'après une photographie).

atteint, on abaisse complètement les freins et le câble est alors
maintenu.

Pour assurer le traînage du chalut sur le fond, il est nécessaire de dévider une longueur de câble supérieure à la profon-

deur de la mer au niveau du point auquel on se trouve. Jusqu'à 600 mètres, on file le double de câble ; passé cette profondeur, on file 600 ou 800 mètres de plus que le fond.

Pendant que le chalut est traîné, le bateau est amené dans une position telle qu'il dérive lentement, c'est-à-dire qu'il aille doucement par le travers.

Le temps durant lequel le chalut était laissé sur le fond à bord du *Talisman* variait beaucoup avec la profondeur. Dans les dragages profonds on le traînait pendant trois quarts d'heure, quelquefois même plusieurs heures. Quand on supposait l'exploration sous-marine suffisante, on desserrait les freins et on mettait les treuils en mouvement. Le premier (fig. 16) agissait pour remonter le chalut, le second (fig. 17) servait à enrouler sur la bobine, au fur et à mesure qu'il arrivait, le câble amené sur le pont. Le déroulement du câble s'effectuait à une vitesse de 100 mètres à la minute, l'enroulement à une vitesse de 40 mètres dans le même temps. Lorsque le chalut était sorti de l'eau, on le hissait sur le pont du bâtiment et on le plaçait ainsi qu'on le voit sur notre figure 18.

Pour obtenir les animaux enfouis dans une vase épaisse, gluante, souvent enfermée dans le chalut, il faut tamiser celle-ci avec beaucoup de soin. On se sert pour cette opération d'une série de grands cadres métalliques superposés et montés sur galets. Il suffit de donner à ces cadres un mouvement de va-et-vient, pendant qu'on délaye la vase avec un jet d'eau lancé doucement, pour arriver à dégager sans les briser les plus petits animaux. C'est cette opération, dont on a cherché à donner une idée par la figure 18 établie d'après une photographie de M. Vaillant.

Durant le cours des premières expéditions, on utilisait simplement des tamis manœuvrés à la main. Notre figure 19 représente un des lavages de la vase recueillie par M. de Folin au fond de la Fosse du cap Breton. On y voit des matelots occupés à plonger dans de grandes bailles remplies d'eau des tamis aux mailles très fines, dans l'intérieur desquels des échantillons du fond à examiner ont été placés. A bord du *Travailleur*, on a employé

Fig. 19. — Le tamisage et l'examen des vases recueillies au fond de la Fosse de Cap-Breton.

dans le même but des sphères métalliques creuses, pouvant s'ouvrir et se fermer hermétiquement suivant un de leurs diamètres. Ces sphères percées de petits trous étaient remplies d'une certaine quantité de limon, puis plongées dans l'eau où on les agitait un certain temps. Les matières terreuses délayées s'échappaient par les orifices en même temps que l'eau les charriant. Une de ces sortes de boîtes est représentée sur notre figure 20 où on peut l'apercevoir placée sous une table à côté d'un tamis.

L'examen des mailles du filet et celui des fauberts nécessitent des soins extrêmes (fig. 20). Que de découvertes n'a-t-on pas accomplies au sein de ces derniers paquets, dont les brins délicatement écartés permettent d'apercevoir des animaux de taille réduite et d'une grande délicatesse de structure !

CHAPITRE III

DE L'EAU DE MER.

L'eau de mer recueillie dans les divers Océans paraît présenter une assez grande uniformité de composition, condition éminemment favorable à la dissémination des organismes. Dans les parties des hémisphères nord et sud au milieu desquelles s'accomplit la fusion des glaces, l'eau douce provenant de ce phénomène vient un peu diminuer le degré de salure. De même, dans certaines mers intérieures, la Baltique, la mer Noire, la quantité d'eau déversée par les fleuves est supérieure à celle perdue par suite de l'évaporation, fait qui a également pour conséquence d'abaisser la proportion en sels. Au contraire, dans d'autres bassins presque fermés, la Méditerranée, la mer des Antilles, la salinité est plus forte que dans les Océans, l'évaporation n'étant pas compensée par un apport proportionnel d'eau douce. Dans ce cas, par suite de la précipitation, les eaux de surface sont moins salées et moins denses que les eaux de fond, et il en résulte pour des bassins ouverts, comme celui de la Méditerranée, en communication avec un Océan, la formation de courants de directions déterminées. « Par conséquent l'équilibre des mers envisagées sur de grandes étendues, étant un équilibre de poids, tel que celui qui se présente dans l'expérience des vases communicants, le liquide le moins lourd se maintient au niveau le plus élevé. Il se produit par suite un courant de surface allant

Fig. 20. — A bord du *Travailleur*. Examen des filets et des fauberts (d'après une photographie).

du liquide le moins salé à celui qui l'est le plus. Si la cause qui
rend permanente la différence de la salure est constante, le courant lui-même est constant. » Ces faits ont des conséquences
très importantes, d'une part au point de vue de la différence de
niveau entre les mers intérieures et les Océans avec lesquels elles
sont en communication, d'autre part au point de vue de la propagation des animaux des Océans vers les mers intérieures. Ainsi
l'évaporation de la Méditerranée augmentant la salure de ses
eaux, il se produit un appel à Gibraltar, et il est naturel que la
hauteur de cette mer en un point de ses côtes, Marseille par
exemple, soit inférieure à celle de l'Océan. A Marseille la différence est d'un mètre. A ce sujet M. Bouquet de la Grye a dit, en
1875, que de deux séries d'échantillons d'eau de mer puisés dans
l'Océan et la Méditerranée, on pouvait conclure la différence de
ces deux mers à quelques centimètres près. L'analyse d'échantillons d'eau de mer recueillis durant la campagne du *Travailleur* dans la Méditerranée et l'Océan est venue pleinement confirmer cette proposition (1).

La propagation des animaux des Océans vers les mers intérieures est rendue très difficile dans les cas de salinité semblables à celui que nous présente la Méditerranée, lorsque la voie
de communication est étroite, et que les couches inférieures ont
une température élevée. Ainsi un courant profond, à une température de 13° C., entraîne au niveau de Gibraltar les eaux
inférieures de la Méditerranée vers l'Océan ; un courant en sens
inverse s'établit à la surface pour rétablir le niveau de la mer.
Par conséquent les animaux vivant à une grande profondeur
doivent avoir la plus grande peine à pénétrer de l'Océan dans
la Méditerranée. Ils ont à affronter un courant très fort et ils
quittent des eaux froides, des fonds rocheux pour des eaux
tièdes, mal aérées et des fonds de vase. Il ne faut donc pas
être surpris de voir, dans des mers semblables à la Méditerranée, la vie être représentée par un moins grand nombre de

____

(1) Bouquet de la Grye. *Compt. rend. de l'Acad. des sciences*, 1882.

formes animales ayant pu vaincre ces obstacles à leur propagation, et ayant pu s'adapter à des conditions biologiques fort différentes de celles dans lesquelles elles se trouvaient primitivement placées.

En moyenne l'eau de mer contient sur 1,000 parties 34,4 à 37,5 de sels dissous, parmi lesquels le chlorure de sodium entre pour 27 parties.

Des observations multipliées ont montré que la pesanteur spécifique de l'eau de mer variait un peu à la surface suivant le plus ou moins grand éloignement des côtes. La raison de ce fait doit être recherchée dans le mélange qui s'acomplit avec les eaux douces déversées. Il est à remarquer que, sous l'influence de fortes brises, la densité s'élève un peu au-dessus de la moyenne, ce qui paraît devoir être la conséquence d'une évaporation active.

La densité de l'eau distillée étant représentée à 4°C. par 100,000 M. Buchanam a trouvé que la densité de l'Océan à 15°,56 C. varie entre les extrêmes 102,780 et 102,400. Il a reconnu que la densité des couches superficielles de l'Atlantique Nord était plus élevée que celle des mêmes parties du même Océan, ce qui confirmait l'opinion émise par Wyville Thomson relativement à la circulation des eaux profondes de l'Atlantique qui, selon lui, était due à un excès d'évaporation entraînant une précipitation dans les régions Nord.

Les pluies continues déterminent des modifications de densité. Ainsi le *Challenger* mit dix-huit jours à effectuer la traversée de Montevideo à Tristan d'Acunha. Durant cette partie de son voyage neuf jours furent beaux, neuf pluvieux. La moyenne de la densité par le temps beau fut de 1,02639 et elle s'abaissa à 1,02591 par le temps de pluie.

La pesanteur spécifique des eaux profondes, après une réduction à 15°,56 C., serait, en moyenne, de 1,02601. La densité minimum observée dans l'Atlantique Sud est de 1,02580, et elle est de 1,02540 dans le Pacifique.

Les analyses des divers gaz contenus dans l'eau de mer ont

un grand intérêt pour les zoologistes, car elles leur permettent d'apprécier les conditions dans lesquelles vivent les animaux remontés de profondeurs diverses. Les gaz existant dans l'eau de mer sont l'acide carbonique, l'oxygène et l'azote.

Un des premiers faits et un des plus curieux qui aient été observés se rapporte à la plus grande proportion d'acide carbonique au niveau des fonds où la vie est abondante. L'excès de gaz provient en ce cas des combustions organiques. « Ainsi, dit M. Lant Carpenter, en traversant le large canal qui s'étend du Nord-Ouest de l'Irlande vers Rockall, où la profondeur est, sur une certaine étendue, de plus de 1,000 brasses, la proportion d'acide carbonique paraît avoir varié avec les résultats du dragage, tellement que le chimiste prédisait le plus ou moins de succès de la pêche avant même la réapparition de l'engin, d'après le résultat des analyses qu'il faisait des gaz de l'eau du fond ; le résultat est venu toujours justifier ses prévisions. » Lorsque le dragage était bon, on trouvait sur cent parties de gaz recueillis 35,08 à 39,86 d'acide carbonique ; lorsqu'il y avait au contraire insuccès, on n'observait que 31,15 du même gaz. Dans les cas où l'acide carbonique était abondant, il suffisait de prendre de l'eau à 60 brasses environ au-dessus du fond pour voir ce gaz revenir à des proportions normales.

Nos connaissances sur les quantités de gaz dissous dans l'eau de mer, puisée à diverses profondeurs, ont surtout été accrues par les analyses faites par M. Buchanam lors du voyage du *Challenger*. Nous devons seulement faire remarquer que les procédés de recherches employés par ce savant expérimentateur ne sont pas d'une exactitude parfaite. Le Dr Jacobsen de Kiel ayant reconnu que l'acide carbonique ne se sépare qu'incomplètement de l'eau de mer par l'ébullition dans le vide, M. Buchanam a pensé que ce fait dépendait uniquement de ce que les sulfates retenaient une partie de ce gaz, et il a institué une série d'analyses basées sur cette donnée. Il n'a pas tenu évidemment assez compte du rôle probablement prépondérant rempli par les bicarbonates.

La quantité d'acide carbonique croît dans l'eau de surface avec la densité.

Dans des eaux provenant de profondeurs intermédiaires ou du fond il y a plus d'acide carbonique que dans les eaux de surface. Mais si on tient compte de la température, on voit que la quantité d'acide carbonique est proportionnellement peu différente.

Les recherches accomplies par M. Buchanam, relativement à l'oxygène, ont montré qu'à la surface la quantité de ce gaz variait entre 33 et 35 p. 100. Le nombre le plus élevé a été constaté dans de l'eau recueillie dans le cercle arctique ; les nombres les plus faibles correspondent aux régions où soufflent les alizés. Dans les eaux de fond la quantité absolue d'oxygène est plus grande dans les régions antarctiques et elle diminue généralement vers le Nord. Wyville Thomson a appelé l'attention sur la présence d'une plus forte proportion d'oxygène sur les vases à diatomées et sur une diminution de ce gaz au niveau des argiles renfermant du peroxyde de manganèse.

Quant à ce qui est relatif à la répartition de l'oxygène suivant la profondeur, les expériences ont montré que dans l'eau de mer la quantité d'oxygène diminue jusqu'à une profondeur de 300 brasses et qu'à ce niveau il existe un minimum après lequel la quantité du même gaz croît progressivement.

Le tableau suivant permettra de bien apprécier l'importance de ce phénomène.

Profondeur (Brasses).	0	25	50	100	200	300	400	800	Entre 800 et le fond.
Oxygène.........	33,7	33,4	32,2	30,2	33,4	11,4	15,5	26,6	23,5.

En tenant compte de la faible quantité d'oxygène à 300 brasses M. Buchanam a supposé que la vie animale devait être surtout riche à ce niveau, ou du moins qu'elle était plus abondante qu'à une profondeur plus grande. Cette opinion, ainsi que l'a fait remarquer Wyville, Thomson, ne concorde pas avec l'expérience, et pour ce savant naturaliste, il existerait dans les eaux profondes une couche intermédiaire à la surface et à l'horizon reposant sur le fond, qui serait presque dépourvue d'ani-

maux ou du moins dans laquelle on n'observerait pas les manifestations les plus élevées de la vie.

Je rappellerai en dernier lieu que l'eau de la surface fouettée
par un vent violent abandonne une partie de son acide carbonique pour se charger d'oxygène.

La quantité d'azote varie peu, quelle que soit la profondeur à
laquelle on puise un échantillon d'eau de mer. Ainsi M. Lant
Carpenter a noté, sur 100 parties de gaz recueillis, 54,21 d'azote
à la surface, 51,82 dans les couches intermédiaires, 52,60 au
fond. Des matières organiques auraient été constatées dans tous
les échantillons d'eau de mer de quelque profondeur qu'ils proviennent et toujours en même quantité.

Une question qu'on pose bien souvent aux personnes ayant
participé à des explorations sous-marines est la suivante : Comment arrive-t-on à puiser de l'eau à des profondeurs atteignant
plus de six mille mètres? Les procédés employés sont bien simples
et ils sont en même temps, comme on va le voir, d'une sûreté
absolue.

A bord du *Talisman* on a utilisé des bouteilles à eau ayant
servi durant la campagne du *Travailleur*. Chacun de ces instruments consiste en un tube métallique, à parois très épaisses,
terminé à ses deux extrémités par un tronc de cône. Au-dessous
du tronc de cône inférieur se trouve être placé un robinet se
fermant au moyen d'un long levier se projetant en dehors de
l'appareil comme le fait celui servant à fixer les thermomètres à
retournement. Si on ouvre le robinet, ce levier se trouve prendre
une position horizontale; si au contraire on le ferme, il devient
vertical.

Le robinet est construit d'une manière toute spéciale. Quand
on vient à l'ouvrir, sa clef appuie sur une tige intérieure centrale à laquelle est adaptée une soupape de caoutchouc fermant
l'ouverture d'une cloison intérieure située au-dessous de lui. La
soupape se trouve alors être soulevée et l'eau peut entrer libre-
ment dans l'intérieur du cylindre. Si au contraire le robinet est
fermé, l'extrémité de la tige intérieure centrale se loge dans

une excavation pratiquée dans la clef du robinet. La soupape
obéissant à un ressort s'abaisse et ferme hermétiquement l'ouverture pratiquée dans la cloison intérieure.

Pour utiliser cet appareil, on procédait de la manière suivante. On chargeait d'un poids très lourd l'extrémité d'une
ligne de sonde en chanvre, disposée en plusieurs rouleaux, maintenus sur de grandes chevilles de bois fixées horizontalement
aux bastingages. On dévidait la ligne ainsi placée et on lui faisait faire, comme pour le câble métallique servant au dragage,
quelques tours sur la grosse poupée du treuil de relèvement, puis
au moyen de poulies disposées d'une manière spéciale, on
l'élevait obliquement au-dessus et en dehors du bateau. On
attachait à son extrémité, surplombant ainsi la mer, un poids
dont la force variait suivant les profondeurs à atteindre. On
fixait ensuite le long de la ligne une bouteille dont les robinets
étaient ouverts. Les bras de levier de ceux-ci se trouvaient avoir
par conséquent une position horizontale. Au-dessus de la bouteille à eau on attachait un thermomètre à retournement de
manière à savoir très exactement la température possédée par
l'eau recueillie. Ces dispositions prises, on laissait tomber les
appareils à la mer et on laissait se dérouler 500 mètres de ligne.
Comme la vitesse de descente s'accélérait de plus en plus et
comme elle pouvait devenir trop grande, on faisait agir le frein
du treuil et on régularisait ainsi le mouvement. Lorsque les
500 mètres de ligne étaient filés, on établissait une nouvelle
bouteille à eau, un thermomètre et on laissait encore se dévider
500 mètres de câble, après quoi on fixait de nouveaux appareils.
Par conséquent, les bouteilles à eau et les thermomètres qui
les accompagnaient, se trouvaient être étagés sur la ligne et
séparés verticalement les uns des autres par une distance de 500
mètres. Le nombre des appareils ainsi placés dépendait de
la profondeur existant au niveau du point auquel on se trouvait. Pendant toute la durée de la descente les robinets inférieur
et supérieur étant ouverts, il s'établissait un courant dans l'intérieur des bouteilles, l'eau entrait par l'orifice inférieur et sor-

tait par l'orifice supérieur. Lorsque les profondeurs voulues
étaient atteintes, on arrêtait le déroulement de la ligne et on
laissait séjourner quelque temps en place les appareils. Puis on
laissait tomber du bateau une lourde bague de fonte dans le vide
central de laquelle était passée la ligne supportant les bouteilles
à eau et les thermomètres. L'épaisseur de la bague et le diamètre de son vide central étaient calculés de manière à ce que cette
grosse masse métallique pût franchir chaque
thermomètre et chaque bouteille en abaissant les
leviers, sans qu'il y eût à craindre qu'elle restât
accrochée après eux. Le mouvement qu'accom-
plissaient les leviers amenait premièrement le
retournement des thermomètres et secondement
la fermeture des robinets (fig. 21). Au moment
où ceux-ci se fermaient, les tiges intérieures cen-
trales, inférieures et supérieures, se dégageaient,
et les soupapes qui étaient fixées après elles s'ap-
pliquaient contre les orifices intérieurs des bouteilles. La double fermeture ainsi obtenue, par
le robinet d'abord, par la soupape ensuite, avait
pour but d'empêcher, d'une manière absolue,
l'introduction du liquide qu'allaient traverser les
appareils durant leur retour à bord du bateau,
et en même temps elle devait s'opposer au mouvement d'expansion des gaz contenus dans
l'eau (1). Ces gaz devaient en effet tendre très
énergiquement à s'échapper. Mais le mouve-

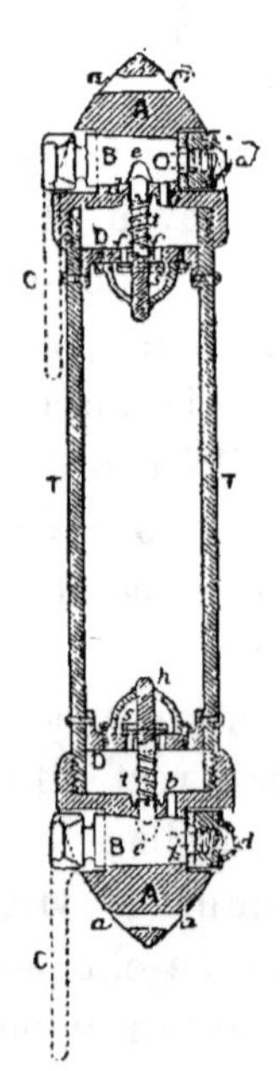

Fig. 21. — Bou-
teille à eau.

ment de dilatation ayant ainsi lieu dans l'intérieur des bouteilles avait pour effet, ainsi que le signalait M. Alphonse Milne

______

(1) A. Partie ogivale vissée sur le tube TT. Elle renferme :

1° Un canal aa, servant pour l'amarrage de l'appareil sur la ligne d'immersion.

2° Un logement pour la clef B d'un robinet. Cette clef B est manœuvrée à
l'aide d'un long levier C, qui peut être mis de la position verticale représentée dans la figure jusqu'à l'horizontale, c'est-à-dire de 90 degrés de bas
en haut et inversement. Un petit arrêt, fixé sur la partie ogivale A et qui n'est

Edwards dans son rapport sur la campagne du *Travailleur*, en 1882, « d'appuyer plus fortement sur les soupapes en caoutchouc et de fermer plus énergiquement les ouvertures ; aussi nous est-il arrivé bien souvent, au moment où nous retirions les bouteilles de la mer et où nous ouvrions le robinet, de voir un jet d'eau s'élancer au dehors comme d'une bouteille d'eau de Seltz et atteindre à plus d'un mètre et demi de distance ; de plus,

pas figuré ici, ne permet pas au levier C de dépasser la position horizontale.

3° Un conduit central pour le passage de la tige *t* de la soupape *s*.

4° Un petit canal *b* complétant le robinet et formant la continuation du canal de la clef B, lorsque le robinet est ouvert, c'est-à-dire lorsque le levier C est horizontal.

d est une crépine destinée à prévenir l'engorgement du robinet, dans le cas où l'appareil reposerait sur le fond.

La clef B est munie en *e* d'une cavité pratiquée dans le métal et formant une gorge dont les bords viennent se raccorder avec le corps de la clef, par une légère courbure. Sans entrer dans les détails de construction, on peut dire que la cavité *c* est disposée de telle sorte, que dans le mouvement du robinet elle se présente devant la tige *t* de la soupape *s*, dès que la fermeture du robinet est déterminée par le levier C.

T, T, corps de la bouteille, formé par un tube épais, fermé à ses deux extrémités par les plaques métalliques D, D.

Chacune de ces plaques porte une soupape *s* et est percée en sa partie centrale d'un conduit pour la tige *t* et de petits canaux *f*, *f*, que la soupape *s*, dans son mouvement, obture ou laisse ouverts.

Cette soupape *s* comprend :

1° Un petit dôme *h* servant de guide à la tige *t*. Ce dôme est fixé sur la plaque D.

2° Tige *t*.

3° Une rondelle de caoutchouc vulcanisé souple, appliquée avec une rondelle métallique faisant corps avec la tige *t*.

Cette rondelle de caoutchouc, lorsqu'elle est appliquée fortement sur la plaque D, produit l'obturation des canaux *f*, *f*.

4° Enfin un ressort à boudin *r* est d'une part fixé à la tige *t*, et d'autre part s'appuie sur la plaque D. On voit donc que l'effort du ressort *r* ferme la soupape *s*, lorsque la tige *t* est libre, ce qui a lieu quand le robinet étant fermé, la cavité *c* est vis-à-vis la tige *t*, quand, au contraire, le robinet est ouvert, la tige *t* n'étant plus en regard de la cavité *c* est repoussée par la clef du robinet et la soupape est ouverte malgré l'antagonisme du ressort *r*.

(Extrait de *la Nature*, 24 décembre 1881. A. M. Edwards : *Campagne de dragages du Travailleur*).

l'eau, versée ensuite dans un vase, laissait dégager une quantité de bulles de gaz.... »

Quand on recueillait ainsi de l'eau à de grandes profondeurs, on avait toujours soin d'en prendre un échantillon à la surface et de noter sa température afin d'obtenir un point de comparaison.

La prise d'échantillon d'eau à de grandes profondeurs était, comme on peut s'en rendre compte par l'exposé précédent, une opération nécessitant un emploi de temps assez considérable. Aussi s'est-on préoccupé, à bord du *Talisman*, de simplifier les manœuvres, lorsqu'on a voulu avoir de l'eau non pour l'étude des gaz qu'elle renfermait, mais simplement pour la recherche des germes pouvant être tenus en suspension. Voici quel était en dernier lieu le procédé adopté.

Des tubes de verre à parois épaisses, effilés à leurs bouts et fermés à la lampe d'émailleur, après que le vide y avait été préalablement fait, étaient attachés au tube métallique renfermant le thermomètre. Ils étaient fixés de telle manière, que lorsque le retournement de ce dernier avait lieu, une de leurs pointes effilées devait frapper la portion inférieure du cadre métallique portant le thermomètre. Sous l'action de ce choc, les pointes heurtées se brisaient, et alors l'eau se précipitait dans l'intérieur des tubes dont elle ne pouvait plus sortir, par suite du faible diamètre de l'orifice d'entrée. A chaque sondage on ramenait ainsi à bord un échantillon de l'eau du fond touché, et il était facile de le conserver en scellant immédiatement le tube qui le renfermait, à la flamme d'une lampe.

La température de l'eau de mer, depuis la surface jusqu'au fond, peut être notée de la manière la plus précise.

Les thermomètres dont on a fait usage pour ce genre de recherches présentent une solidité extrême, car ils ont à subir des pressions supérieures à trois cents atmosphères, c'est-à-dire dépassant trente tonnes, sur une surface de 1 décimètre carré. Ils sont formés de deux enveloppes de verre à parois très épaisses. On n'a pu songer à employer des thermomè-

tres ordinaires à maxima et à minima, car on n'eût pas été sûr
d'avoir la température du fond, les thermomètres ayant accusé
très probablement la température variable des couches au
milieu desquelles ils seraient passés. Les thermomètres utilisés possédaient un mécanisme tel que le tube métallique les
renfermant pouvait se retourner à un moment donné. La
colonne mercurielle se brisait alors en un point, situé au-dessus
du réservoir, où le tube présentait un rétrécissement. Il en
résultait que le mercure renfermé dans le tube tombait dans le
bout inférieur qui était gradué. Le thermomètre remonté à bord,
il était aisé d'apprécier, d'une manière exacte, la température
existant au moment où le retournement s'était accompli.
Nous avons fait reproduire sur notre figure 11 un de ces thermomètres construit d'après les indications de M. Alphonse Milne
Edwards, dans la position qu'il occupe au moment où il est
envoyé au fond de la mer. On voit qu'il est amarré sur la
corde reliant le sondeur au fil d'acier et qu'il est renfermé dans
un tube protecteur en métal supporté par un cadre également
métallique. Ce tube, perforé d'orifices nombreux, est maintenu
dans une position verticale par un crochet dont le bras, très
allongé, se projette transversalement. L'extrémité de ce bras
est rattachée aux poids de surcharge du sondeur par un fil de
chanvre. Lorsque les poids viennent à se détacher, ils pèsent,
par l'intermédiaire de ce fil, sur l'extrémité du bras du crochet
qui, cédant à leur traction, s'abaisse. Le tube métallique, devenu
ainsi libre, se trouve alors soumis à l'action d'un ressort qui le
fait basculer, et la boule du thermomètre vient occuper la
portion supérieure de l'appareil. Quant au fil de chanvre reliant
le bras du crochet au poids, il est assez fragile pour ne pas
tarder à se rompre sous l'influence de la traction croissante qu'il
subit.

Les résultats obtenus avec des thermomètres semblablement
disposés ont été très satisfaisants et de beaucoup supérieurs à
ceux fournis par des thermomètres construits d'après des
plans différents. MM. Negretti et Zambra avaient cherché à

amener le retournement du tube renfermant le thermomètre au moyen d'une hélice adaptée à l'appareil (fig. 22, 23, 24). Cette hélice présentait une disposition de ses ailes telle qu'elle ne pouvait se mettre en mouvement qu'au moment de l'ascension. Au bout d'un certain nombre de tours accomplis, le déclanchement avait lieu. M. Magnaghi avait un peu modifié cette dispo-

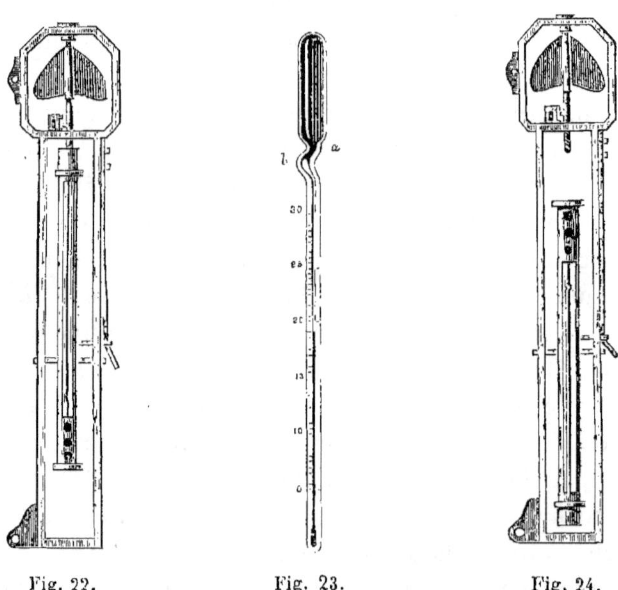

Fig. 22.   Fig. 23.   Fig. 24.

Thermomètre de MM. Negretti et Zambra. — Fig. 22. Appareil durant la descente. — Fig. 24. Appareil durant l'ascension. Le jeu de l'hélice a rendu libre le tube renfermant le thermomètre, qui a basculé et s'est retourné. — Fig. 23. Thermomètre après le retournement, permettant d'apercevoir la rupture de la colonne mercurielle et indiquant par la portion de cette dernière comprise dans la partie inférieure de l'appareil, tel qu'il est placé, la température.

sition de manière à ce que le déclanchement ne se produisît qu'au bout d'un nombre de tours d'hélice déterminé. Durant le cours des expéditions faites par le *Travailleur*, ces thermomètres avaient été utilisés et on avait observé que bien souvent l'hélice n'entrait pas en mouvement, soit que son jeu fût un peu dur, soit qu'un grain de sable ou un fil de chanvre fût engagé

dans le pas de vis, soit qu'on eût remonté un peu trop doucement le tube sondeur. Avec l'appareil imaginé par M. A. Milne
Edwards et disposé comme je l'ai indiqué, le retournement s'est
toujours parfaitement effectué (1).

(1) La densité de l'eau de mer de surface étant modifiée par l'évaporation
ou par l'apport d'eau douce, on peut diviser la surface du globe en cinq régions : deux correspondant aux parties où soufflent les alizés de N.-E. et de
S.-O., où l'évaporation est très active, une correspondant aux régions équa-
toriales où il pleut beaucoup, et deux situées, l'une au nord, l'autre au sud des
régions des alizés où il y a balancement entre l'évaporation et l'apport en eau
de pluie. Dans l'Atlantique nord les eaux de surface atteignent leur maximum
de densité entre le 22° de latitude N. et le 40° de longitude O. La densité
est plus faible sur le côté O. que sur le côté E. Mais, vers le centre, entre
le 15° et le 30° parallèle, d'après les observations faites à bord du *Challenger*,
elle est plus élevée que sur les deux rives. Dans l'Atlantique sud, le maximum
de densité correspond aussi à la région des alizés, mais il s'observe plus
près de l'équateur. Au cap de Bonne-Espérance, sur la côte de l'Atlantique,
la température et la densité sont plus élevées que sur la côte Ouest. Dans
le Pacifique, il n'existe qu'un bassin de concentration. Dans le bassin nord
les différences de salinité sont très faibles. Pour l'Océan Indien, la concentration dans la région des alizés, S.-E., n'est pas plus prononcée que dans le
Pacifique.

Les plus grands changements de salinité, suivant la profondeur, s'observent dans les régions tropicales durant les 200 ou 300 premières brasses. A
mesure que la profondeur augmente, le changement de salure devient de
plus en plus faible. La densité diminue, d'après les observations faites à bord
du *Challenger*, jusqu'à 800 ou 1,000 brasses, et elle s'accroît près du fond où,
dans le Pacifique, la densité varie entre 1,0254 et 1,0257. Dans l'Atlantique
sud la densité du fond est de 1,0258 à 1,260, et elle s'accroît dans l'Atlantique nord jusqu'à 1,0265, fait qui est dû au déversement des eaux très denses
de la Méditerranée.

Les naturalistes du *Challenger* ont fait remarquer que les organismes sé-
crétant de la silice étaient abondants dans les eaux dont la densité est faible,
et que c'est l'opposé qui a lieu pour les organismes fixant du carbonate de
chaux.

CHAPITRE IV

CONDITIONS DE VIE DANS LES GRANDES PROFONDEURS.

Les animaux existant sur le fond des mers se trouvent être placés dans des conditions d'existence tout à fait différentes de celles au milieu desquelles vivent les espèces côtières. A mesure qu'on observe des portions de plus en plus profondes des Océans, on constate que la pression s'accroît, que la lumière disparaît, et qu'enfin, à l'agitation des flots fait place un grand calme.

Les conditions de pression sont surprenantes. « A 2,000 brasses, dit Wyville Thomson, un homme supporterait sur le corps un poids égal à celui de vingt locomotives ayant chacune un long train de wagons chargés de barres de fer. Nous oublions cependant que l'eau étant à peu près incompressible, la densité de l'eau de mer à 2,000 brasses n'est pas accrue d'une façon très appréciable. A la profondeur d'un mille, sous une pression d'environ 159 atmosphères, l'eau de mer, suivant une formule donnée par Jamin, est comprimée à $1/144^e$ de son volume primitif, et à 20 milles, en supposant les lois de la compressibilité les mêmes, de $1/17^e$ de son volume, c'est-à-dire que le volume serait à cette profondeur les $6/7^{es}$ du volume du même poids d'eau à la surface. L'air libre en suspension dans l'eau ou contenu dans le tissu compressible d'un animal serait, à 2,000 brasses, réduit à une minime fraction de son volume primitif; mais un organisme soutenu de tous côtés, à travers tous ses tissus, intérieurement et extérieurement, à la même pression, par des fluides incompressibles, n'en serait pas nécessairement incommodé. Nous découvrons quelquefois en nous levant le matin que, par l'élévation d'un pouce du baromètre, un poids d'une demi-tonne a été transporté insensiblement sur nous pendant la nuit, sans que nous en éprouvions aucune gêne, mais plutôt une sensation d'allègement et d'élasticité, puisqu'il nous faut moins d'efforts pour faire agir notre corps dans un milieu plus dense. »

Les effets de ces pressions extérieures se manifestent, doublement, aux observateurs durant le cours des dragages sous-marins, tout d'abord en altérant certains des instruments dont ils se servent ; d'autre part, en amenant des mutilations très singulières chez les animaux capturés.

Chez un poisson, possédant une vessie natatoire, pris à une assez grande profondeur et ramené rapidement à la surface, les gaz renfermés dans cet organe étant décomprimés, ne cessent de prendre un volume de plus en plus considérable. Il résulte de ce fait, que la vessie natatoire finit, par suite de la dilatation qu'elle subit, par exercer une pression considérable sur la paroi abdominale. Cette dernière, cédant progressivement, perd peu à peu les écailles qui la revêtent. Lorsque la dilatation de la vessie natatoire est poussée à ses dernières limites, on voit son extrémité antérieure repousser l'estomac, dont elle se coiffe en quelque sorte, pénétrer dans l'intérieur de la bouche et venir faire saillie à l'extérieur. La pression qu'elle exerce alors sur la paroi supérieure de la cavité buccale est telle que cette dernière cède sous son effort et que les yeux finissent par être chassés de l'orbite. Nous avons cherché, par notre figure 25, établie d'après un échantillon ayant fait partie de l'exposition du *Talisman*, à montrer dans quel état arrivent à la surface les poissons pêchés à de grandes profondeurs.

Les pressions énormes auxquelles sont soumis les engins de pêche envoyés sur les grands fonds permettent d'être appréciées par suite de la déformation d'une de leurs parties constitutives.

Pour maintenir béante l'ouverture du filet du chalut, on dispose
dans l'intérieur de ce dernier une série de gros disques de liège
enfilés sur une corde. Ces disques, avant d'être utilisés, ont un
diamètre assez considérable. Mais après quelques jours d'emploi

Fig. 25. — Effet de la décompression sur un poisson : *Neoscopelus macrolepidolus*
(Joohns) pris à 1,500 mètres de profondeur et arrivant à la surface dans le chalut
(tiers de grandeur naturelle).

ils ne présentent plus que près de la moitié de leur volume primitif. Sous l'influence des pressions considérables qu'ils ont dû
supporter, leur tissu s'est tassé considérablement, et il a pris en

même temps la consistance d'un morceau de bois. Nous avons fait reproduire (fig. 26) deux de ces lièges, l'un a été employé tandis que l'autre ne l'a pas été. Les réductions ont été faites à la même échelle.

Une accoutumance graduelle à des pressions devenant de plus en plus fortes est nécessaire aux formes animales qui abandonnent les faibles profondeurs pour aller vivre dans les abysses. Nous savons d'autre part, par de très nombreux exemples, qu'une même espèce peut exister très loin et très près de la surface, et qu'il est par conséquent des organismes dont la structure permet une distribution bathymétrique illimitée. Ainsi une Holothurie, l'*Elpidia glacialis*, s'observe à partir de 50 jusqu'à 2,600 brasses, et un Ver, un Bryozoaire, le *Cribrilina monoceros*, abonde dans les différentes mers à partir de 6 jusqu'à 5,700 mètres. Mais si certains êtres, durant le cours de leurs migrations vers les grands fonds, ont pu, par suite de leur mode de constitution, ne pas souffrir des pressions croissantes auxquelles ils étaient soumis, il en est d'autres, au contraire, qui ne sauraient s'enfoncer dans l'Océan sans être gravement incommodés d'abord, puis tués s'ils persistent dans leur marche en avant. Par conséquent nous sommes conduits à reconnaître que la pression joue un grand rôle au point de vue de la distribution de la vie dans les mers. Durant le cours des dragages exécutés par le *Challenger* et par le *Talisman*, on avait remarqué que les derniers représentants des poissons de surface s'observaient aux environs de 1,500 à 2,000 mètres. M. Regnard (1) ayant institué une série de recherches sur l'influence des très hautes pressions sur les organismes vivants, a vu que des poissons, dont la vessie natatoire avait été préalablement vidée, pouvaient être soumis impunément à une pression de 100 atmosphères; qu'à 200 atmosphères ils étaient comme endormis, mais qu'ils se réveillaient vite, et qu'à 300 atmosphères ils mouraient. L'expérience d'accord avec l'observation résultant

____

(1) Regnard. *Comp. rendu hebd. de l'Acad.*, t. XCVIII, p. 745.

des explorations sous-marines nous indiquerait par conséquent d'une manière assez nette la limite en profondeur que ne saurait dépasser un organisme déterminé. Mais d'autre part, comme il existe des poissons jusqu'à 5,000 mètres, nous sommes conduits à reconnaître que ceux de ces animaux qui vivent par ce fond, ou que ceux qui, au milieu des couches des Océans, peuvent s'enfoncer de plus de 2,000 mètres, doivent posséder une organisation différente de celle des poissons de surface (absence de vessie natatoire et probablement composition différente du sang au point de vue des gaz qu'il contient).

Pour les invertébrés, la pression doit également jouer un grand rôle dans la distribution bathymétrique. Ainsi les Crustacés les plus élevés en organisation (les Brachyures) ne descendent pas

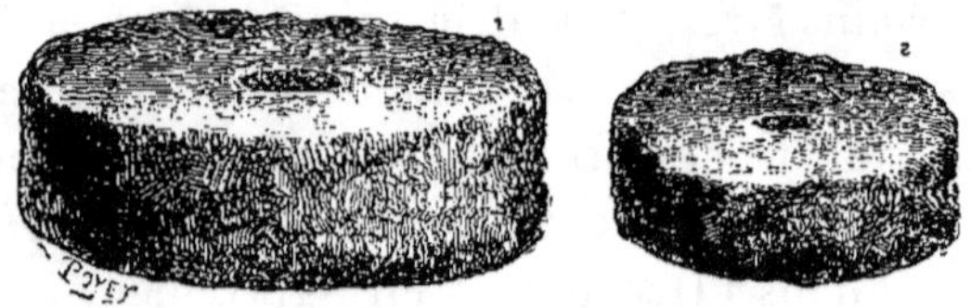

Fig. 26. — Lièges employés pour maintenir ouverte la poche du chalut.

1. Liège n'ayant pas servi. — 2. Liège ayant servi. (Réduction à la même échelle.)

à 2,000 mètres, alors que d'autres de ces animaux moins perfectionnés, appartenant à des groupes différents, s'observent jusqu'à 5,000 mètres. M. Regnard a soumis certains Crustacés, des *Gammarus*, des *Daphnies*, des *Cypris* à de hautes pressions, qui ont eu simplement pour résultat, poussées jusqu'à 600 atmosphères, de faire tomber l'animal qui les subissait dans une sorte de sommeil cessant environ un quart d'heure après la fin de l'expérience. Il est très probable que si M. Regnard eût fait supporter de hautes pressions à des *Brachyures* à la place de Crustacés inférieurs, il eût vu la mort survenir comme pour les Poissons sous une pression inférieure à 300 atmosphères.

La mort résultant de pressions exagérées entraîne après elle des phénomènes très curieux et inexpliqués. Les muscles, soumis à des expériences par M. Regnard, deviennent rigides et *augmentent de poids*.

La répartition de la chaleur, dans la mer, constitue une question du plus haut intérêt par suite de ses rapports avec la distribution des animaux. Pendant fort longtemps, on a cru que la température des grandes et des moyennes profondeurs, qui ne pouvait être influencée par les rayons solaires, présentait une grande uniformité et qu'elle devait atteindre + 4° C., température de l'eau douce à son maximum de densité (1). Des recherches récentes ont montré, dit Thomson, « que la température moyenne des grandes profondeurs dans les régions tempérées et tropicales est d'environ 0° C., point de congélation de l'eau douce. » Si on se rapporte au tracé des températures, relevées à bord du *Talisman* dans une des portions tropicales de l'Atlantique nord, on remarque que cette température de 0° n'a jamais été observée. Le minimum de température s'est approché seulement de + 2° C.

La présence d'eaux froides dans les parties profondes des Océans est due à la précipitation vers les pôles d'eaux chaudes de la surface entraînées par des courants. Par conséquent, il existe dans la mer une véritable circulation. Les eaux chaudes gagnent les pôles, tandis que les eaux froides se dirigent des pôles vers l'équateur. En certains points, il existe des courants intermédiaires, mais ceux-ci ne constituent qu'un simple accident.

La marche du courant froid est d'une grande lenteur, et je n'ai pas besoin de faire remarquer combien cette progression de la masse liquide facilite la dissémination des animaux de grands fonds sur d'immenses étendues.

« Dans certaines parties où la conformation des terres ou celle du fond de la mer circonscrit et localise les courants chauds et les froids, on trouve ce singulier phénomène d'une zone chaude avoisinant une zone froide, les deux se touchant sans se mélanger, séparées par une ligne parfaitement distincte, bien qu'invi-

(1) Il est curieux que les recherches de Despretz *sur le maximum de densité des dissolutions aqueuses* (1833) n'aient pas conduit plutôt à reconnaître cette erreur.

sible. Il existe un singulier exemple de ce phénomène, c'est la muraille glacée qui longe le bord ouest du Gulf-Stream, sur la côte des Massachussetts (1). » Un autre exemple de ce fait a été relevé durant la croisière du *Lightning*. La région étudiée comprenait le canal, large de 200 milles, compris entre la partie septentrionale du plateau de la Grande-Bretagne, et le bas-fond des îles Faröer. La plus grande profondeur en ce point n'atteint pas tout à fait 600 brasses. Le *Lightning* faisait porter d'autre part ses observations sur les parties de l'Atlantique situées à l'est et à l'ouest du canal. Dans ces points rapprochés la température de surface est la même, tandis que la température du fond est très différente. Dans le canal des Faröer, à 500 brasses, le thermomètre indique — 1° C., tandis qu'à la même profondeur, dans l'Atlantique, la température est de + 6° C. Par conséquent on trouve en certains endroits des Océans des régions voisines dont le fond présente des températures très dissemblables, ce qui doit nécessairement entraîner une différence dans la composition de la faune peuplant ces localités.

On peut dire d'une manière générale qu'à mesure qu'on examine des portions de plus en plus profondes des Océans, on trouve des températures de plus en plus basses. Nous ne parlons pas, bien entendu, des régions arctiques ou antarctiques dans lesquelles la couche chaude de surface peut être très mince ou même faire défaut. Les premières recherches de température, en procédant par intervalles égaux, ont été accomplies lors des voyages du *Lightning* et du *Porcupine*. Je rappellerai comme fournissant un exemple très net de la décroissance de la température, un sondage exécuté par le *Porcupine*, dans l'Océan Atlantique, par 47° 39′ de latitude nord et 11° 33′ de longitude ouest. Les intervalles étaient de 250 brasses.

(1) W. Thompson, *loc. cit.*, p. 31.

TEMPÉRATURES OBSERVÉES.

Surface......................	$+$ 17°,08 C.
250 brasses..............	10 ,28
500 —	8 ,08
750 —	5 ,17
1000 —	3 ,05
1250 —	3 ,17
1500 —	2 ,09
1750 —	2 ,61
2090 — (fond)...........	2 ,04

On remarque dans cette série de sondages que la température s'abaisse rapidement entre 0 et 250 brasses, puis lentement entre 250 et 1,000 brasses, et puis qu'elle devient presque régulière à partir de ce point jusqu'à 2,090 brasses. Dans un autre sondage exécuté plus au nord de l'Atlantique, également par le *Porcupine*, on constate que les températures basses apparaissent bien plus près de la surface.

Surface......................	$+$ 11°,08 C.
50 brasses..............	9 ,02
100 —	8 ,04
150 —	8 ,
200 —	7 ,05
250 —	3 ,05
300 —	— 0 ,08
384 — (fond)...........	0 ,06

Entre la surface et 200 brasses, on ne voit se produire qu'une différence de 4°,3, puis brusquement, entre 200 et 250 brasses, le thermomètre s'abaisse de 4 degrés, alors qu'une nouvelle chute presque égale se produit entre 250 et 300 brasses.

En comparant ces deux séries de sondages, on remarque que dans le premier la température de $+$ 3°,5 s'observe à 1,000 brasses et dans le second à 250 brasses seulement. Or, comme la température est un des facteurs les plus importants, susceptible d'agir dans la distribution de la vie animale, nous sommes conduits à supposer que, comme les zones d'égale température sont sensiblement continues au fond des mers, les mêmes formes animales

peuvent être rencontrées en des points du globe près de la surface et en d'autres points dans de très grandes profondeurs. Ce
que l'observation physique permettait ainsi de prévoir s'est vé-
rifié, lorsqu'on a pratiqué des dragages multiples. Des espèces
animales vivant dans les mers du Nord à 50, 100 ou 200 mètres
par une température déterminée se retrouvent sous l'équateur à
3 ou 4,000 mètres avec la même température. Dans cette condition, la dissémination de certaines espèces, pouvant supporter
des pressions de plus en plus fortes, n'a pour ainsi dire pas de
limites; le temps seul intervient alors au point de vue des migrations sous-marines, car les formes animales qui descendent aux
plus grandes profondeurs ont une très grande extension géographique, et ce sont en même temps, dans la majorité des cas,
celles dont nous constatons la présence durant les temps géologiques les plus anciens.

L'abaissement de l'eau du fond de la mer à une température
inférieure à 0° C. n'entraîne pas après lui la disparition de la
vie. Ainsi avec —3°,5 C. de froid, on a observé dans les régions
du nord de l'Atlantique de nombreux animaux. Par conséquent
la vie ne saurait, nulle part, être limitée par le froid dans les
Océans; elle s'arrête seulement là où les espaces glacés des pôles
arctiques et antarctiques constituent une barrière infranchis-
sable. W. Thomson a fait remarquer « que les animaux doués
de l'organisation la plus compliquée et la plus délicate, tels que
les *Siphonophores*, les *Salpes*, les *Méduses cténophores*, suppor-
taient parfaitement ce froid rigoureux ».

La température du fond de la mer, en un point déterminé,
ne subit pas, observée à de longs intervalles, de modifications importantes. En 1870 M. Gwyn Jeffreys, faisant des études à l'entrée de la Manche, reconnut que les températures correspondaient exactement à celles notées l'année précédente. La température du fond à 358 brasses était de + 10° C., et en 1869,
sensiblement au même endroit et à la même profondeur, la
température était de + 9°,8 C.

La distribution de la température, dans les mers intérieures ou dans des bassins assez fermés, est tout à fait différente de celle qui existe dans les Océans. Dans la Méditerranée, dont la profondeur atteint fréquemment 1,500 brasses, « le degré auquel la température de l'eau est arrivée à 100 brasses est celui auquel elle se maintient jusque dans les plus grandes profondeurs connues (Carpenter). » Les nombres suivants relevés durant la croisière du *Porcupine* permettent d'apprécier la décroissance de la température pendant les 100 premières brasses.

Surface......................	25°,00 C.
5 brasses..................	24 ,05
10 —	21 ,06
20 —	16 ,04
30 —	15 ,05
40 —	14 ,01
50 —	13 ,06
100 —	13 ,00

Ces premières observations ont été confirmées par les recherches entreprises durant la campagne du *Travailleur*. Je transcris le résultat d'une expérience faite entre la surface et 2,400 mètres de profondeur :

Mardi 12 juillet 1881, 7 heures du matin. Entre la France et la Corse :

Température de l'air..............	+26°,00 c.
— de la mer à la surface.	+21 ,00
— à 100 mètres........	+14 ,70
— à 150 —	+13 ,80
— à 1000 —	+13 ,00
— à 2400 —	+13 ,00

J'ai déjà eu l'occasion de faire remarquer combien, dans des conditions semblables, la propagation des animaux des Océans vers les mers intérieures devait être rendue difficile (1).

______

(1) M. A. Milne Edwards a d'autre part fait observer que les animaux ayant pu pénétrer dans la Méditerranée ne s'y développent pas avec autant de puissance que dans l'Océan; ils restent de petite taille et jamais on ne les rencontre en grande abondance. C'est ce qui a été constaté pour les

La Méditerranée n'est pas la seule mer présentant une température élevée dans ses profondeurs. Des observations faites dans la mer Rouge ont montré qu'il régnait sur certaines parties du fond, à 600 brasses, une température de $+ 21°$ C. Dans d'autres portions plus abaissées de la même mer on retrouve d'une manière constante une température de $+ 13°$ C., semblable à celle existant dans la Méditerranée.

A ces conditions de pression et de température, devant jouer un grand rôle dans la dispersion de la faune animale, vient s'en joindre une autre d'une très grande importance, l'absence de lumière.

La lumière est un des facteurs les plus puissants qui agissent sur la vie à la surface du globe ; mais à mesure qu'elle pénètre dans l'eau elle est absorbée, de telle manière qu'à une certaine profondeur elle finit par disparaître complètement. MM. H. Fol et E. Sarasin ont entrepris une série de recherches dans le but de déterminer la profondeur à laquelle les rayons lumineux solaires s'éteignaient dans les eaux de la mer (1).

Nous pouvons, d'après leurs expériences, considérer la profondeur de 400 mètres comme étant la dernière limite à laquelle une plaque, aussi sensibilisée que le permettent les moyens actuels d'expérience, subit l'influence de la lumière. Certaines conditions doivent évidemment faire varier cette limite, et cela quelquefois dans de grandes étendues. La transparence de l'eau doit tout d'abord jouer un grand rôle ; les couches superficielles et profondes peuvent ne pas avoir la même transparence par suite de la présence de particules en suspension ; d'autre part, l'éclairage varie suivant un temps clair ou couvert, ou suivant l'époque de l'année. Mais toutes ces conditions défavorables ne feraient que rapprocher de nous la limite de la pénétration,

---

Brisinga, le *Cymonomus Thomsoni*, l'*Ethusa granulata*, la *Munida tenuimana*, le *Lophogaster typicus*, etc. ; il est aussi à remarquer que généralement les animaux occupent dans la Méditerranée un niveau supérieur à celui auquel ils vivent dans l'Océan.

(1) *Compt. rend. hebd. de l'Acad. des sc.*, t. C, p. 992.

tandis qu'une seule, la translucidité exagérée, pourrait l'éloigner.
Or, dans le cas des observations de MM. Fol et Sarasin, les eaux
de la Méditerranée paraissaient jouir d'une grande transparence,
ce qui doit faire regarder le résultat obtenu par ces savants ex-
périmentateurs comme touchant de très près à l'exactitude la
plus absolue. Maintenant ne se ferait-il pas qu'une partie de la
lumière non perceptible à nos yeux, et non susceptible d'impres-
sionner des plaques telles que nous les préparons, chemine plus
longuement vers les abysses ? Les rayons chimiques ne joue-
raient-ils pas également un grand rôle dans les perceptions des
habitants des grandes profondeurs? Nous ne pouvons actuellement
que poser ces questions, car nous n'avons aucun élément qui nous
permette d'essayer de les résoudre. Mais je crois que l'avenir,
à ces différents points de vue, nous réserve de grandes surprises. Tous les yeux ne sont pas faits de la même manière, et
il ne faut pas chercher à comparer nos impressions oculaires à
celles de même ordre, perçues par des organes d'une structure
toute différente. Il est évident que pour certains habitants des
mers il fait nuit dans les grands fonds, mais pour d'autres il
n'en est pas ainsi. Chez les premiers, les yeux ne fonctionnant
pas tendent à disparaître ; chez les autres, comme ils peuvent
être utilisés, ils conservent leur développement normal.

Les yeux qui ont été préservés semblent, d'après ce que
nous connaissons actuellement, devoir être influencés par une
lumière phosphorescente émise par le corps de l'animal auquel ils appartiennent, ou bien par une lumière de même nature exhalée en quelque sorte de tout le corps ou de diverses
parties du corps d'organismes environnants. Mais si tous les yeux
fonctionnaient de la même manière, cette lumière devrait suffire
à tous les êtres sous-marins et nous ne devrions pas en trouver
d'aveugles. Par conséquent, il semble démontré que certains
animaux sont incapables de percevoir des sensations visuelles, de
quelque nature qu'elles soient, alors qu'ils pénètrent dans les
abysses, tandis que d'autres ont des organes construits de telle
manière qu'ils peuvent être impressionnés par des lueurs phospho-

rescentes ou peut-être même par une lumière inconnue à nos sens, cheminant au travers des couches de la mer jusqu'à son fond. Je ne vois pas comment on pourrait comprendre autrement l'existence d'animaux marins aveugles ou non aveugles, car je ne pense pas qu'on veuille admettre que la phosphorescence se soit produite chez certains animaux, alors que déjà l'obscurité avait amené la disparition des organes oculaires chez d'autres formes animales.

Il est certain que la phosphorescence, dont sont doués les êtres sous-marins, remplit un grand rôle au point de vue de leurs relations, et j'aurai souvent durant le cours de ce travail l'occasion de signaler des animaux très remarquables pouvant émettre de la lumière de façons fort différentes.

L'absence de lumière solaire à partir d'une certaine profondeur entraîne nécessairement après elle la disparition du règne végétal. A 150 brasses on trouve les derniers représentants des Nullipores. Ceci conduit à rechercher comment s'accomplit la nutrition des animaux dans les grandes profondeurs. A la surface de la terre, ou par des fonds faibles, là où il y a des végétaux, ces derniers décomposent les matières inorganiques, dont les animaux ne sauraient se nourrir et ils groupent leurs éléments de telle manière qu'ils constituent des composés organiques utilisables pour l'alimentation. Les substances susceptibles de nourrir les animaux sont donc élaborées par les végétaux. Il devient dès lors bien difficile de comprendre comment peut être soutenue la vie de la multitude infinie d'êtres qui peuplent le fond des mers. Walich, préoccupé de résoudre cette question, a pensé, et cela croyons-nous avec raison, que certains organismes très inférieurs avaient le pouvoir de décomposer l'eau, l'acide carbonique et l'ammoniaque et de combiner, sans que l'action de la lumière intervienne, les différents éléments de ces corps en composés organiques. W. Thomson a pensé, au contraire, que les organismes les plus inférieurs fixaient par absorption des matières tenues en dissolution dans l'eau de mer. « Toutes les rivières renferment des matières organiques en solution et en suspension

en quantités considérables. Toute côte est bordée d'une frange
d'algues rouges et verdâtres qui mesure en moyenne un mille
de largeur. Il existe, au niveau de l'Atlantique, une immense
prairie marine (la mer des Sargasses), qui s'étend sur trois mil-
lions de mètres carrés. La mer est pleine d'animaux qui sans
cesse meurent et se décomposent. La somme de matière organique produite par ces causes et par d'autres encore peut s'apprécier. L'eau de mer a été soumise à l'analyse pendant les différentes croisières du *Porcupine*, et chaque fois la quantité de matière organique a été appréciée et démontrée ; la proportion a été
trouvée la même partout et à toutes les profondeurs. Presque
tous les animaux aux profondeurs extrêmes (et même tous les
animaux, car le petit nombre de ceux qui appartiennent aux
formes élevées se nourrissent des inférieurs) appartiennent à
une sous-division, les Protozoaires, dont le trait distinctif consiste en ce qu'ils n'ont aucun organe spécial de nutrition, mais
qu'ils absorbent la nourriture par toute la surface de leur corps
gélatineux. La plupart de ces animaux sécrètent d'imperceptibles squelettes, quelques-uns formés de silice, d'autres de carbonate de chaux. Il n'y a aucun doute qu'ils n'extraient ces
substances de l'eau de la mer, et il paraît être plus que probable
que la matière organique dont sont formées leurs parties molles
est tirée de la même source (1). »

M. l'abbé Castracane, à qui a été confiée l'étude des Diatomées
recueillies durant le voyage du *Challenger*, pense que ces organismes sont susceptibles de vivre à de très grandes profondeurs
et qu'ils doivent jouer comme les algues un grand rôle au point
de vue de l'économie vitale. Il en a observé de bien préservées
dans le tube digestif d'holothuries prises par près de 2,000 brasses.
Les débris de ces végétaux inférieurs caractérisent, il est vrai,
certaines parties du fond des mers, mais je ferai observer qu'ils
font absolument défaut dans d'autres. Leur action par conséquent ne saurait être que locale. D'autre part, il semble néces-

_____

(1) W. Thompson, *loc. cit.*, p. 39.

saire d'entreprendre de nouvelles observations avant de pouvoir affirmer que les Diatomées vivent bien sur les fonds où on les trouve. Leurs débris pourraient provenir de la surface, ou de couches intermédiaires, ou avoir été entraînés par des courants profonds. Les faits signalés par M. l'abbé Castracane n'en sont pas moins très intéressants et ils nécessiteront certainement des recherches toutes particulières lors des prochaines expéditions scientifiques.

A la suite des croisières du *Travailleur* et du *Talisman*, M. Certes a repris cette question à un point de vue absolument opposé. « D'après tous les observateurs, dit-il, la drague ne ramène jamais des grands fonds ni plantes, ni animaux en décomposition. Comment expliquer ce fait? N'y aurait-il pas au fond de la mer des microbes analogues à ceux qui, sous nos yeux, travaillent journellement à la transformation de la matière organique en matière inorganique? » Si cela était vrai, on voit tout de suite quelle terrible concurrence ces êtres microscopiques feraient aux Protozoaires auxquels Thomson accordait un si grand rôle au point de vue de l'absorption des matières organiques. M. Certes a été conduit par ses expériences à conclure « qu'il était légitime d'admettre que dans les grandes profondeurs de l'Océan, l'eau et les sédiments renferment des formes qui, malgré l'énorme pression qu'elles ont à supporter, ne perdent pas la faculté de se multiplier, lorsqu'on les place dans des conditions de milieu et de température favorables (1) ». Seulement, M. Certes ne nous dit pas si ces êtres microscopiques détruisent les matières animales.

Il résulte de cet exposé que trois facteurs principaux doivent influer sur la constitution et la dispersion des animaux vivant dans les grands fonds : la pression, la température et l'absence de lumière. Chacun a une importance considérable, souvent indépendante, et il n'est pas juste de donner à l'un d'entre eux, comme l'a fait M. Fuchs, une prépondérance sur les autres (2).

(1) *Compt. rend. hebd. de l'Acad. des sc.*, t. XCVIII, p. 690.
(2) Fuchs. *Faune des grandes profondeurs. Ann. sc. nat.*, 1882.

D'où provient la faune des grandes profondeurs? Les espèces que nous rencontrons près de la surface dans les régions froides ou tempérées sont-elles remontées des grands fonds ou sont-ce leurs représentants qui sont descendus dans les abysses? D'après le résultat actuel des investigations sous-marines, nous pouvons sûrement répondre que la faune profonde est due à l'émigration des formes animales littorales. Seulement ces formes à mesure qu'elles ont pénétré plus profondément dans les Océans ont rencontré des conditions de vie différentes. Certaines d'entre elles ont pu s'avancer très au loin sans se modifier; d'autres, au contraire, ont dû, pour pouvoir progresser, subir des adaptations toutes particulières, en un mot se transformer. L'aspect nouveau qu'elles ont ainsi revêtu les a rendues tout à fait différentes des formes dont elles ont tiré leur origine, et il se pourrait que ces dernières persistassent encore sur nos côtes.

L'émigration des formes littorales vers les profondeurs s'est-elle faite seulement des régions froides arctiques ou antarctiques, ou bien a-t-elle eu lieu sur tous les points du globe à la fois? Certains zoologistes ont accepté la première manière de voir; mais à l'heure actuelle, d'après ce que nous ont appris les explorations sous-marines, il semble démontré que le peuplement des abysses a dû s'effectuer par des animaux descendus de toutes parts des rivages de la mer.

CHAPITRE V

POISSONS

Les poissons vivant dans les grands fonds nous étaient presque
totalement inconnus, il y a quelques années. Cela tenait à ce
que les engins dont on se servait pour les explorations étaient
constitués d'une manière absolument impropre à la capture de
ces animaux. La drague, l'unique instrument auquel on eût
recours, avait une ouverture trop étroite pour leur permettre de
se précipiter dans son intérieur sans qu'ils s'aperçussent du danger qu'ils allaient courir. D'autre part, lorsqu'il arrivait d'explorer un fond de vase, cette substance remplissait totalement
au bout de quelques minutes la poche de l'appareil, et alors il
n'y avait plus de place pour une capture quelconque. Durant
les premières croisières accomplies, la prise d'un poisson était
considérée comme un véritable événement. Pendant le voyage du
Challenger, grâce à l'emploi du chalut, il a été pêché un nombre
assez élevé d'espèces différentes de poissons. Lors de la campagne du *Talisman*, nous avons utilisé ce même appareil, après
lui avoir fait subir quelques modifications, et nos captures ont été
très variées et abondantes. Le nombre des poissons dont nous
nous sommes emparés a correspondu dans certains cas à un
chiffre élevé. Ainsi dans l'Atlantique nord, par 16°52′ de latitude et 27°30′ de longitude, le chalut envoyé à 450 mètres de
profondeur a ramené à bord, en une seule fois, 1,031 poissons.

Antérieurement aux pêches du *Challenger* et du *Talisman* on ne connaissait qu'un petit nombre d'espèces des grands fonds. Il était quelquefois arrivé à des pêcheurs de trouver à la surface de l'Océan des poissons de forme très étrange, qui gonflés par des gaz surnageaient comme l'eût fait une vessie remplie d'air. La présence de ces animaux a pu être expliquée d'une manière simple. Ces poissons, vrais habitants des abysses, en poursuivant ou en étant poursuivis par d'autres poissons, avaient quitté trop brusquement la zone dans laquelle ils vivaient et dans laquelle ils étaient équilibrés. En commettant l'imprudence de remonter vers la surface, ils s'étaient décomprimés d'une manière trop rapide, et alors les gaz renfermés dans leur intérieur avaient pris une expansion énorme et les avaient entraînés vers la superficie. Les premiers exemplaires du *Melanocetus Johnstoni*, du *Malacosteus niger*, dont nous donnons des reproductions (fig. 27 et 28), ont été trouvés, le premier aux environs de Madère, le second sur les côtes des États-Unis, probablement à la suite d'un semblable accident.

Les poissons vivant par 2,000 mètres et au delà ont un aspect singulier. Leur organisation, à part l'absence de vessie natatoire, est pourtant semblable à celle des animaux analogues habitant sur les côtes ou dans des eaux peu profondes. Les appareils de la respiration, de la digestion, de la circulation, ne présentent aucune particularité remarquable. Ainsi, comme l'a dit M. Vaillant, « sous des pressions énormes, les mêmes systèmes organiques, que nous connaissons chez des êtres habitant les zones les plus superficielles, suffisent pour l'accomplissement des réactions délicates que nécessitent les échanges gazeux, la modification des substances alimentaires et les autres phénomènes de la vie (1) ». Par conséquent, en venant habiter le fond des Océans, les poissons n'ont fait qu'adapter leur organisme à des conditions d'existence toutes particulières.

(1) L. Vaillant, Campagnes scientifiques du *Travailleur* et du *Talisman*. — *Compte rendu de la Soc. de secours des amis des sciences*, 1884.

Fig. 27. — *Melanocetus Johnstoni* (Günth.). Moitié de grandeur naturelle.

Nous savons, depuis longtemps, que des poissons vivant dans une obscurité profonde perdent l'usage de la vue. Ainsi, il existe dans un lac situé au fond de la caverne du Mammouth, dans le Kentuky, un poisson fort bizarre, l'*Amblyopis spelæus*, chez lequel le sens de la vue a cessé d'exister. Les organes de la vision ne fonctionnant plus, la peau s'est avancée au-dessus d'eux et les a recouverts. En présence de ce fait on devait s'attendre à voir les poissons d'une certaine profondeur être également aveugles. Il n'en a pas été ainsi; les poissons pêchés à 5,000 mètres de profondeur ont présenté des yeux absolument normaux. Une modification singulière s'observe, chez les poissons vivant d'une manière continue dans des fonds où peuvent encore pénétrer quelques rayons lumineux; les yeux prennent un volume considérable et offrent par suite une plus grande surface sensible. Cette disposition rappelle celle que nous observons sur les oiseaux crépusculaires, dont les organes de la vision sont également très développés. Chez les poissons de très grands fonds, on n'observe pas cet accroissement du volume des yeux qui conservent leurs proportions normales.

La seule transformation importante relative à la structure des yeux a été notée sur un poisson, l'*Ipnops murragi* (Günth.), pêché dans l'Atlantique Sud, à 400 milles dans l'ouest de l'île Inaccessible, par un fond de 1,600 à 1,900 brasses. Le corps est allongé, subcylindrique, plus étendu dans sa partie caudale que dans sa partie abdominale. Les écailles sont larges, les nageoires régulièrement développées. La tête est longue, déprimée et terminée par un museau s'élargissant en forme de spatule. La bouche est large et le maxillaire inférieur qui se projette en avant est armé de dents très fines.

« La structure des yeux, dit M. Günther, est absolument unique. Ces organes apparaissent comme une sorte de cornée aplatie, divisée longitudinalement en deux moitiés, recouvrant toute la surface supérieure du museau. Les fonctions de cet organe sont difficiles à déterminer. D'après l'examen de M. Moseley's, il semble que ce soit un organe de vision modifié

et non un appareil lumineux comme on l'a cru tout d'abord. »
M. Moseley's dit, après avoir de nouveau examiné les yeux de
ce poisson à la suite de préparations faites par M. Murray :
« La structure de ces organes est absolument unique ; ils sont
aplatis sur une très grande étendue, étroitement unis l'un à
l'autre le long d'une ligne droite parcourant la ligne médiane
du museau. Chaque œil est couvert par une membrane plane,
transparente, représentant probablement la cornée ; au-dessous
d'elle et séparée par une chambre remplie de liquide est la
rétine dont la structure est très remarquable. La rétine s'étend
sur tout l'espace couvert par la cornée ; elle est composée de
curieux bâtonnets disposés en couche, sans qu'il existe, autant
qu'on peut le découvrir, de cônes. Les bâtonnets, qui se brisent
avec la plus grande facilité en disques transversaux, ont leur
extrémité libre tournée vers la choroïde. Une très mince couche
de fibres nerveuses, s'interposant, représente probablement les
couches ordinairement présentes de la rétine. » Il semble que
cet appareil très compliqué ait pour but de faciliter la perception de rayons lumineux spéciaux et la formation d'une image.

L'existence d'yeux chez des poissons nous paraissant devoir
vivre dans un milieu obscur, semble au premier abord impossible à comprendre. Ce fait trouve pourtant son explication lorsqu'on vient à reconnaître que les animaux auxquels appartiennent ces organes sont couverts d'un mucus lumineux ou bien
qu'ils portent des plaques phosphorescentes.

La phosphorescence que possèdent les poissons des grandes
profondeurs doit leur servir, d'une part à se guider, d'autre part
à attirer leur proie. Elle remplit pour eux, dans ce cas, le même
effet qu'une torche entre les mains d'un pêcheur. Cette particularité a été notée depuis longtemps au sujet de poissons de surface chassant la nuit.

Ainsi Bennet a fait connaître une espèce de Requin remarquable par la phosphorescence d'un vert brillant qui se dégage de
toute la partie inférieure de son corps. Ce savant zoologiste porta
un jour un individu de cette espèce, venant d'être capturé,

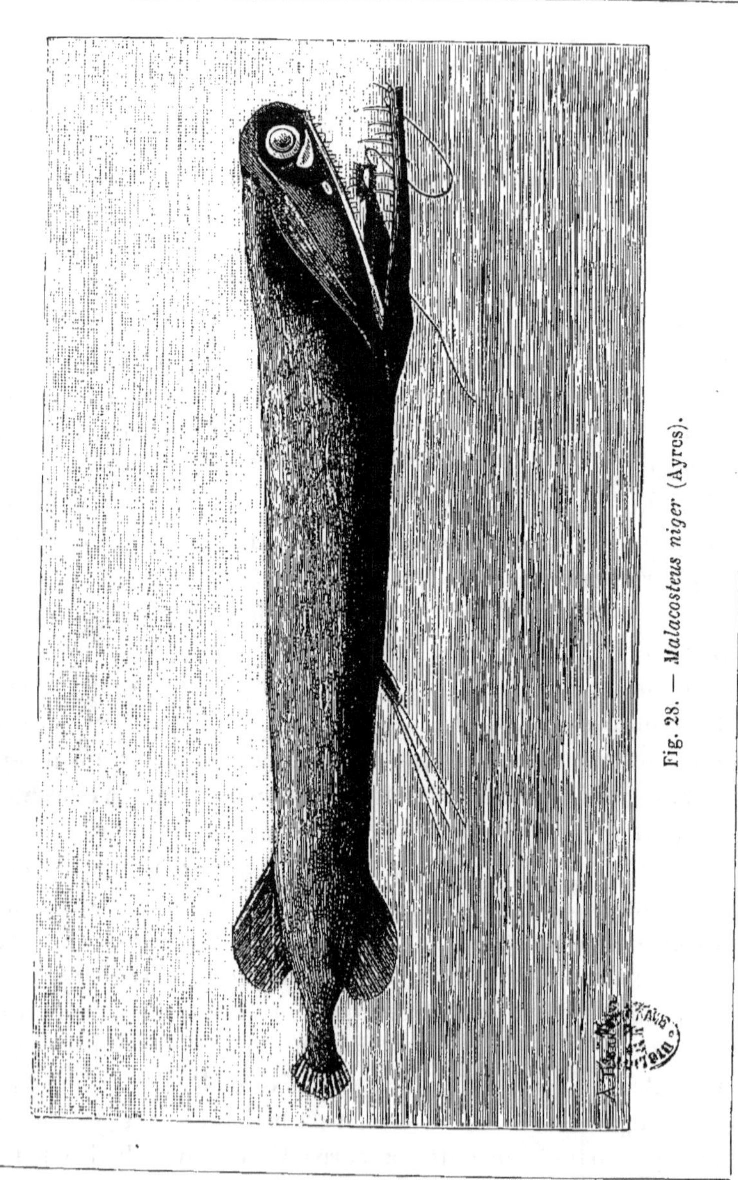

Fig. 28. — *Malacosteus niger* (Ayres).

dans une chambre qui fut immédiatement remplie de la lumière émise par le corps du poisson. Il est très probable que les différentes espèces de Requins existant seulement par des fonds de 1,000 à 2,000 mètres doivent, comme le poisson dont parle Bennet, utiliser la lumière qu'ils répandent pour attirer et pour suivre ensuite les animaux dont ils se nourrissent.

Il faut rapporter l'origine de ce mucus possédant un pouvoir éclairant aussi vif, à la présence d'organes glandulaires répandus le long des flancs, de la queue, sous la tête, et enfin plus rarement sur le dos.

Mais il existe, chez certains poissons, en dehors de ces follicules glanduleux, des appareils d'une tout autre nature servant à émettre également de la lumière.

Ces appareils se composent d'une sorte de lentille biconvexe, translucide, fermant en avant une chambre remplie de fluide transparent. Cette chambre est tapissée par une membrane de couleur noirâtre, composée de cellules hexagonales, rappelant beaucoup la membrane de l'œil appelée la rétine. Elle est en rapport avec des branches nerveuses. Les plaques phosphorescentes ainsi constituées sont placées soit au-dessous des yeux, soit sur les portions latérales du corps. Nous avons fait reproduire deux des poissons les plus singuliers possédant ce genre d'appareils.

Le premier est le *Malacosteus niger* (Ayres) dont nous avons eu primitivement connaissance par la découverte qu'en avait faite un naturaliste américain, M. Ayres. Il avait été trouvé, en 1848, flottant à la surface de la mer. Depuis cette époque, les dragages opérés dans les grandes profondeurs par la Commission des pêches des États-Unis ont permis de s'emparer de nouveaux spécimens. Durant la croisière du *Talisman* sur les côtes du Maroc, nous avons retrouvé le *Malacosteus niger* par 1,400 à 1,500 mètres. Il vit sur des fonds vaseux et paraît avoir, comme grandeur maximum, 13 à 14 centimètres de longueur. Sa couleur est d'un beau noir (fig. 28) et sa peau offre un aspect velouté. Comme chez tous les poissons des grandes profondeurs la bouche est énorme et elle est armée, à la mâchoire inférieure, de dents longues et aiguës. La tête est arrondie sur le devant et comme tronquée. On voit immédiatement en dessous des yeux une large plaque phosphorescente. Un peu en arrière de cette première plaque et près du bord de la bouche, il en existe une seconde beaucoup plus petite (1).

Un des *Malacosteus niger* que nous avons pris donnait encore quelques signes de vie au moment de son arrivée à bord et nous avons pu observer que la lumière émise par les plaques n'était pas exactement la même. Celle qui provenait de la plaque supérieure était d'un jaune chatoyant, celle de la plaque inférieure était verdâtre.

Ainsi voilà un poisson portant, à la partie antérieure de son corps, deux sortes de phares dont il se sert pour éclairer sa route au fond des mers.

Le second poisson lumineux que nous avons fait figurer (fig. 29) est le *Stomias boa* (Ris.). Les parties latérales de son corps présentent, dans leur partie moyenne, une double rangée antéro-postérieure de plaques phosphorescentes. Ces plaques émettent de la lumière et font que le poisson vit enveloppé d'une brillante auréole lumineuse.

Le *Stomias boa* doit être un animal très redouté des habitants du fond des mers. Il est construit et armé pour la lutte. Ses dents longues et aiguës doivent lui servir à attaquer des adversaires redoutables et à les déchirer. L'échantillon ayant servi à établir notre dessin mesure 3 décimètres environ; il a été pêché dans le golfe de Gascogne par 1,900 mètres de profondeur.

D'autres poissons, susceptibles d'émettre de la lumière, des *Astronechtes*, des *Chauliodus* par exemple, ont été ramenés des grands fonds; mais chez tous on observe des appareils sembla-

---

(1) La figure que nous publions est celle qui a été faite d'après le premier échantillon décrit par M. Ayres. Comme on le verra en la comparant à celle que nous donnons sur une de nos planches coloriées, exécutée d'après un excellent échantillon, pêché à bord du *Talisman*, elle n'est pas absolument exacte.

Fig. 29. — *Stomias boa* (Ris.). 1/2 grandeur naturelle (1,900 mètres de profondeur).

bles à ceux que nous venons de décrire. Seulement chez certains poissons comme l'*Eustomias obscurus*, le *Neostoma batyphillum* (fig. 31 et fig. 32), ces organes phosphorescents sont très petits, à peine visibles à l'œil nu et alors ils sont plus nombreux et plus rapprochés les uns des autres.

Quelques zoologistes ont songé à considérer les organes de phosphorescence des *Stomias*, des *Malacosteus*, etc., par suite de la présence, dans leur portion profonde, de la membrane en quelque sorte rétinienne qui les tapisse et de ses rapports avec des branches nerveuses, comme constituant des yeux accessoires. Cette opinion semble bien difficile à admettre, si on veut tenir compte du développement normal des yeux, et il paraît bien plus rationnel de penser qu'ils servent simplement à produire de la lumière qui, grâce à la lentille les limitant en avant, peut être condensée sur un point déterminé. Ce sont uniquement des foyers lumineux et non à la fois des centres d'émission et de perception de lumière.

Pourtant les yeux de quelques poissons semblent remplir la double fonction dont je viens de parler. Ainsi ces organes, chez des Requins provenant des fonds de 1,200 à 2,000 mètres, comme ceux pêchés à Setubal, possèdent un éclat tout spécial.

Nous voyons, par conséquent, que dans les grandes profondeurs l'absence de lumière doit être compensée, pour certains poissons, par des lueurs phosphorescentes se dégageant ou de toute la superficie ou de parties limitées de leur corps.

Chez d'autres poissons il semblerait que la propriété d'émettre de la lumière fût très atténuée ou qu'elle fît même complètement défaut. Le sens de la vue, dans ce dernier cas, ne serait excité que lors de la rencontre d'un animal transformé en une véritable source lumineuse.

Le *Bathypteroïs longipes* (Günth.) paraît être dans ce dernier cas. Chez ce poisson (fig. 30), abondant dans les grands fonds de l'Océan à partir de 800 jusqu'à 1,500 mètres, on ne trouve en aucun point du corps de plaques phosphorescentes, et le système de glandes donnant naissance à une sécrétion lumineuse n'est pas développé. Les yeux sont, d'autre part, extrèmement petits par rapport à la taille du poisson, et par conséquent nullement comparables à ceux du *Stomias boa* dont nous avons parlé. En tenant compte de cette organisation relativement inférieure à celle des autres poissons des abîmes, il semblerait que le *Bathypteroïs longipes* dût rencontrer de grandes difficultés à assurer son existence au milieu de l'obscurité profonde régnant autour de lui. Mais heureusement la nature est venue à son secours en adaptant d'une manière spéciale une partie de son organisme à ces conditions biologiques toutes spéciales.

Lorsqu'on examine un de ces poissons, on est surpris de la forme et de la disposition de la première paire de nageoires (fig. 30). Chez les poissons ordinaires, nous voyons que cet organe de locomotion est composé de différents rayons réunis entre eux de manière à constituer une rame destinée à frapper l'eau. Sur le *Bathypteroïs longipes*, il n'en est pas ainsi. La nageoire antérieure se compose tout à fait en avant d'un très long rayon, complètement indépendant du restant des autres rayons. En présence de ce développement extraordinaire du premier élément de la rame pectorale, on se demande à quel besoin, à quelle fonction il peut bien correspondre. En étudiant de près le mode d'articulation de cet appendice, on ne tarde pas à voir qu'il est disposé de manière à permettre un rabattement complet sur la partie antérieure du corps, et alors on saisit le genre de modification qui s'est accomplie sur ce poisson des grands fonds. Une partie de la nageoire a été détournée de ses fonctions et elle est venue constituer un organe d'exploration. Lorsque le *Bathypteroïs longipes* s'avance au milieu de l'obscurité profonde, il porte en avant ces deux longs tentacules, ces sortes d'antennes, il tâte avec elles et les sensations qu'elles lui transmettent l'avertissent de la présence d'une proie à prendre ou d'un ennemi redoutable qu'il lui faut s'empresser de fuir. Il doit également s'en servir pour explorer la vase et y découvrir des vers, des annélides qui y vivent enfouis.

La nageoire ventrale présente une semblable transformation

Fig. 30. — *Bathypteroïs longipes* (Günth.). 2/3 de grandeur naturelle (1,900 mètres de profondeur).

de son rayon antérieur, mais les dimensions acquises par cet élément sont beaucoup moindres.

En retraçant dans l'esprit l'image de la vie sous-marine, celle des luttes pour l'existence ne cessant de s'accomplir dans les profondeurs les plus reculées, on se demande quels sont les animaux dont les adaptations sont les plus parfaites. Sont-ce les superbes *Stomias* étincelants de lumière, les *Malacosteus* avec leurs phares placés sur le devant de la tête ou les obscurs *Bathypteroïs* qui sont arrivés à assurer leur vie de la façon la plus certaine? Il se pourrait que ce fussent ces derniers. Leurs longs tentacules, sorte de bâtons entre les mains d'un aveugle, leur permettent de connaître ce qui les environne, de trouver leur nourriture, alors que les yeux encore préservés leur servent à voir venir de loin un ennemi dangereux tout entouré de la lumière qui se dégage de son corps. Ils peuvent fuir au moment du péril sans laisser de traces lumineuses de leur passage, et rapidement disparaître. Il se pourrait donc qu'au fond des mers la sécurité de la vie soit plus particulièrement assurée aux moins brillants.

Chez d'autres poissons, inconnus avant l'expédition du *Talisman*, il paraît exister des organes du tact d'une nature fort différente de celle dont nous venons de parler. Chez l'*Eustomias obscurus* (fig. 31), on trouve inséré au niveau de la partie moyenne de l'espace réunissant l'une à l'autre les mandibules, un long filament blanc, très grêle, portant deux renflements successifs à son extrémité terminale. Du dernier de ces renflements se détachent des prolongements très fins et courts, disposés en demi-couronne et épaissis un peu à leur sommet.

Il est très probable que les *Eustomias* doivent agiter cet appendice après s'être enfouis dans la vase, de manière à attirer d'autres animaux dont ils désirent se nourrir.

L'*Eustomias obscurus* a été pêché dans l'Atlantique nord par 2,700 mètres de profondeur. Sa peau est lisse, fine, noire et veloutée. Sa tête est modérément développée par rapport au corps qui est très allongé. Les organes du mouvement, les nageoires pectorales et abdominales, se présentent sous un aspect absolument différent de celui que nous avions coutume de constater jusqu'à ce jour chez d'autres poissons. Ces parties ne sont plus utilisées, l'animal séjournant enfoui dans la vase, et alors elles nous apparaissent en voie de disparition.

L'*Eustomias obscurus* n'est pas le seul poisson de grands fonds chez lequel on observe la présence de tentacules pouvant servir d'appât. Une transformation de la partie antérieure de la nageoire dorsale a eu lieu également dans ce but chez un autre poisson, le *Melanocetus Jonhstoni* (fig. 27).

Le *Melanocetus Jonhstoni* (Gunth.) n'était connu, avant la campagne du *Talisman*, que par un unique individu trouvé mort à la surface de la mer aux environs de Madère. Il existe sur son dos un véritable appendice tactile devant servir aux mêmes usages que celui d'un autre poisson de nos côtes, la Baudroie. Ce dernier animal, appelé vulgairement par les pêcheurs *Grenouille* ou *Diable de mer*, vit au milieu du sable ou de la vase où il se creuse, au moyen de ses nageoires, une cavité dans laquelle il s'enterre en quelque sorte, ne laissant émerger que les parties tout à fait supérieures de son corps. Les nageoires dorsales sont au nombre de deux, la première formée de six rayons longs et flexibles séparés les uns des autres, la seconde courte présentant onze à douze rayons réunis par une membrane. Les trois premiers rayons de la nageoire antérieure sont placés sur la tête ; le premier est muni à son extrémité libre d'une portion membraneuse, constituant une sorte de tentacule destiné à être agité sans cesse. Les poissons trompés par cet appât s'approchent pour le saisir, mais alors la Baudroie, se dégageant de la vase, fond sur eux pour s'en emparer.

Il semblerait que pour certains poissons la recherche d'animaux devant servir à les nourrir soit difficile à accomplir et qu'alors la nature pour leur venir en aide les ait dotés de bouches immenses dans lesquelles les proies viennent d'elles-mêmes se précipiter.

L'*Eurypharynx pelecanoïdes* (fig. 32), découvert en 1882 sur les côtes du Maroc, durant la dernière campagne du *Travailleur*,

Fig. 31. — *Eustomias obscurus* (N. S. N. S., L. Vaill.), pêché à 2,700 mètres de profondeur (grandeur naturelle).

est un exemple de ces formes animales. Il avait été pris à 2,300 mètres de profondeur. Nous l'avons recueilli presque dans les mêmes parages en 1884 sur un fond de 1,400 mètres. C'est un poisson long de 0^m,50 et haut de 0^m,02 à 0^m,03 en son point le plus élevé. Sa peau est d'un noir intense et comme veloutée. Elle est très mince et, sur tous les échantillons qui ont été pris, elle se trouvait être déchirée en plusieurs points par suite des frottements dont elle avait eu à souffrir. Le corps mince et très allongé rappelle celui des *Macrurus* dont nous avons fait figurer une espèce (fig. 35). La tête est courte, car elle a à peine 0^m,03 de longueur. La structure des mâchoires et la conformation de la bouche donnent à cet animal un aspect des plus étranges. Chez les poissons les mâchoires sont rattachées au crâne par une série de pièces constituant dans leur ensemble ce que les anatomistes ont appelé le *suspensorium*. Sur l'*Eurypharynx* les mâchoires et surtout le suspensorium ont subi un allongement excessif. « Ainsi, dit M. Vaillant, ce dernier ne mesure pas moins de 0^m,95 ; il en résulte que l'angle articulaire est porté très loin en arrière, à une distance du bout du museau égale à trois fois et demie environ la longueur de la portion céphalique. »

A la bouche fait suite une cavité énorme qui se trouve être formée, dans sa partie supérieure, par un repli cutané extensible se portant des parties latérales de la tête et de la partie antérieure du corps au maxillaire supérieur. Dans la partie inférieure une autre large membrane, renfermant dans son intérieur de nombreux faisceaux de tissu élastique, réunit entre elles les branches des mandibules. Il résulte de ce mode de structure, qu'à l'ouverture de la bouche fait suite un immense sac, très dilatable, qu'on n'a pu mieux comparer qu'à la poche si connue du Pélican. « Par suite de l'écartement des mâchoires et de l'extensibilité des membranes, la bouche avec le pharynx forme sur l'animal frais un vaste entonnoir, dont le corps du poisson semble être la continuation effilée. Il est à présumer que les aliments s'accumulent dans cette poche et peut-être s'y digèrent en partie, fait comparable à ce qu'on a signalé chez le *Chiasmodus niger* (John). »

Les organes servant à la locomotion ont subi une atrophie considérable. Des deux paires de nageoires existant normalement chez les poissons, une seule a subsisté. Les nageoires ventrales ont disparu et, quant aux nageoires pectorales, elles sont représentées par deux tout petits appendices situés un peu en arrière de l'orifice branchial.

L'appareil respiratoire de ce singulier poisson offre un mode de structure qui n'avait jamais été observé jusqu'à ce jour chez les poissons osseux. Il existe six fentes branchiales, par conséquent cinq branchies constituées chacune par deux feuillets libres. L'eau, qui vient baigner ces lamelles, pénètre par l'orifice buccal et s'échappe de chaque côté par un orifice tout petit situé un peu en avant de la paire de nageoires pectorales. Les organes contenus dans la cavité abdominale ne paraissent présenter rien de particulier. La vessie natatoire manque.

L'*Eurypharynx pelicanoïdes* vit enfoncé dans la vase à la surface de laquelle sa bouche seule émerge. Lorsqu'il voit arriver une proie, il ouvre brusquement sa gueule dans laquelle sa victime se précipite comme dans un gouffre.

Mais de tous les poissons si étranges, trouvés dans les grands fonds, le plus surprenant est l'*Echiostoma micripnus* (Günth.), pris par le *Challenger* à 2,150 brasses dans la portion sud de l'Océan Indien, au voisinage de l'Australie. Chez cet animal, qui associe les divers caractères d'adaptation que nous avons vu jusqu'ici être répartis entre divers poissons, on aperçoit des plaques lumineuses tout le long du corps comme chez les *Stomias*, et d'autres plaques lumineuses plus grandes sur les côtés de la tête, disposition rappelant celle qui existe sur le *Malacosteus niger*. D'autre part, le premier rayon de la nageoire pectorale devient indépendant et s'allonge, comme chez les *Bathypteroïs*, pour devenir un organe d'exploration. L'*Echiostoma micripnus* nous paraît donc être le poisson dont l'organisation serait le plus complètement adaptée aux conditions de vie des grands fonds.

L'arrêt des rayons lumineux après un court trajet dans les couches liquides a eu pour résultat d'amener pour les habitants

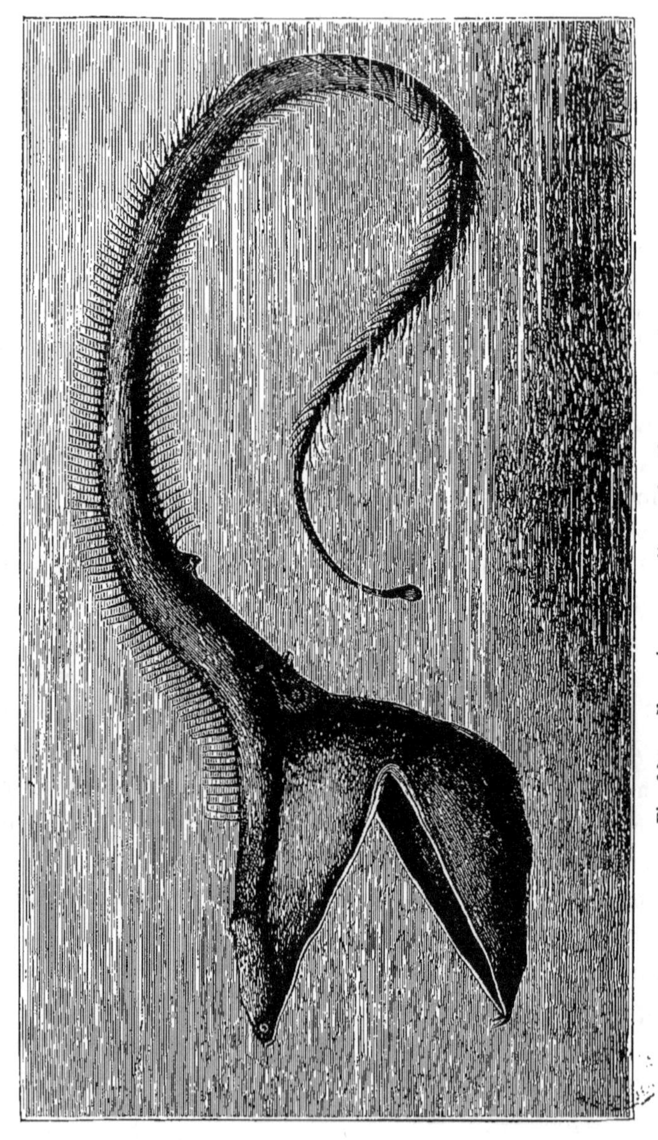

Fig. 32. — *Eurypharynx pelicanoïdes* (2,500 mètres).

des grandes profondeurs un mode de vie tout spécial. Comme
à partir de 240 ou 260 mètres on ne trouve plus de traces de
végétaux, les animaux qui habitent les abysses sont obligés
de s'entre-dévorer pour subsister. Aussi ne doit-on pas être
surpris d'observer des modes d'existence aussi singuliers que
ceux des *Eustomias*, des *Melanocetus*, des *Eurypharynx*, et de
voir se produire des modifications de différentes parties de l'organisme, ayant pour but de permettre aux animaux de se nourrir.

Comme on a pu déjà le remarquer, les caractères carnassiers
s'accusent à un haut degré chez la plupart des poissons de grands
fonds ayant conservé leurs organes de locomotion et pour lesquels
la chasse est l'unique moyen de se procurer une proie. Ainsi chez
les *Stomias*, les *Neostoma*, la bouche est armée de dents nombreuses, aiguës. Le dernier genre que je viens de citer comprend
une espèce très curieuse, le *Neostoma batyphillum* (L. Vail.) qui
a été découverte durant la campagne du *Talisman* aux environs
des Açores par 2,220 mètres de profondeur (fig. 33). La peau est
lisse, veloutée, et elle possède une belle coloration noire.

Les couleurs sombres sont les seules propres aux poissons
pris par de grands fonds. C'est toujours le noir ou un gris
foncé qu'on constate. On n'aperçoit jamais de couleurs brillantes. Il semblerait donc que les poissons des abysses aient iden-
tifié leur coloration à celle du milieu sombre où ils vivent. La
similitude de couleur entre les animaux et le milieu où ils se
trouvent être placés est très fréquente. Un des exemples les plus
curieux que nous puissions citer à ce sujet est celui concernant un
petit poisson, l'*Antennarius marmoratus*, qui habite dans l'Atlantique nord, sous les tropiques, cette partie de l'Océan couverte
de varechs flottants et nommée la mer des Sargasses.

Les Sargasses, les raisins des tropiques, comme les ont sur-
nommés les matelots, possèdent un axe central, duquel se détachent latéralement de nombreux rameaux, dont la dimension
va progressivement en diminuant à mesure qu'on se rapproche
de l'une des extrémités de la tige centrale. Cette dernière partie,
les feuilles garnissant les trois quarts de l'étendue des rameaux

latéraux ont une couleur d'un jaune brunâtre, alors que les feuilles terminales présentent un peu de vert mélangé à la teinte jaune. Les animaux qui habitent parmi ces algues sont parés des mêmes couleurs. Les poissons, les crustacés, les mollusques, ont pris, en quelque sorte, la livrée des sargasses. Ainsi l'*Antennarius marmoratus*, dont nous donnons une reproduction (fig. 34), a le corps marbré de brun et de jaune. Sa tête est énorme par rapport au volume du corps, et elle porte à sa partie supérieure de nombreuses franges flexibles, dont quelques-unes s'élèvent à une assez grande hauteur. D'autres franges, mais plus réduites, moins déchiquetées sur leurs bords, s'observent à la portion inférieure de la bouche. Les nageoires sont très remarquables, car elles s'élargissent à leurs extrémités et ressemblent à de véritables mains terminées par des doigts. Nous avons pu, à bord du *Talisman*, conserver, durant quelque temps, plusieurs de ces poissons dans nos aquariums et étudier leurs modes de locomotion. Lorsqu'ils nagent, ils meuvent leurs nageoires comme les poissons ordinaires; mais lorsqu'ils sont au fond, ils s'appuient sur la face inférieure de la partie élargie de ces organes et progressent en s'appuyant sur elle. A ce moment les nageoires remplissent le rôle de pattes.

La taille de ce poisson est assez réduite, car elle ne dépasse pas 10 ou 12 centimètres. Les habitudes de l'*Antennarius marmoratus* sont sédentaires; il est certain que ce poisson naît, vit et meurt au milieu des sargasses. Les touffes de ces algues lui offrent un asile assuré contre les poursuites de poissons de plus grande taille, et sa couleur lui permet de se dissimuler encore plus complètement. Lorsqu'on le prend et qu'on le jette un peu au large de la masse de varechs où il a été pris, on le voit donner les signes d'une inquiétude extrême et nager avec rapidité vers le paquet d'algues le plus voisin. Il se glisse, comme l'a dit M. A. Milne Edwards, à travers les rameaux avec une telle adresse et une telle rapidité que souvent en un instant il disparaît et devient introuvable.

Cet animal construit un véritable nid, et ce sont les sargasses

Fig. 33. — *Neostoma batyphillum* (L. Vaill.), pêché à 2,220 mètres de profondeur (un peu réduit).

qui en fournissent les éléments. Avec ses nageoires il assemble des paquets de ces algues sur lesquels il a déposé ses œufs, et il les maintient solidement en les entourant de fils visqueux qu'il sécrète. Ces nids flottants, arrondis, de la grosseur d'une noix de coco, sont abandonnés à la surface de l'Océan, les jeunes y naissent et y trouvent durant les premiers temps de leur existence un asile assuré.

La couleur, la bizarrerie des formes, la présence dans certains

Fig. 34. — *Antennarius marmoratus* (Bl. Sch.).

cas d'organes de phosphorescence ou d'organes tactiles, l'atrophie des organes de la locomotion, permettent de reconnaître à première vue les poissons pris à des profondeurs considérables. Le dernier caractère que j'indique mérite surtout de fixer l'attention, car il a une très grande généralité. Si on veut bien se reporter à la figure que nous donnons du *Macrurus globiceps*, poisson vivant entre 1,400 et 3,000 mètres de profondeur, on comprendra toute l'importance du fait que je signale. Sur un

autre *Macrurus* (1) que nous avons pêché à bord du *Talisman*
par 4,167 mètres, on retrouve la même forme étrange du
corps, le développement colossal de la tête, et la même réduction des nageoires. Sur les *Eustomias*, quelques rayons seulement de ces appendices ont subsisté, et sur l'*Eurypharynx* on ne
voit que des nageoires pectorales représentées par deux toutes
petites lames.

Les tissus de ces animaux offrent quelques particularités remarquables. Les os ont une structure en quelque sorte fibreuse,
les matières calcaires y étant peu abondantes. Il en résulte qu'ils
possèdent une certaine mollesse qui permet de les traverser
avec une aiguille. Ils sont remplis dans leur intérieur de va-
cuoles, de petites cavernes. Leur mode d'union ne se fait pas
d'une manière aussi serrée que sur nos poissons ordinaires.
Quant aux muscles, ils sont mous, friables, et leurs fibres peuvent être dissociées avec la plus grande facilité.

Günther a signalé un fait fort singulier relatif à la manière
dont les poissons de grandes profondeurs avalent leur nourriture. D'après ce savant naturaliste, la déglutition ne s'effectue-
rait pas sous l'action des muscles du pharynx, mais bien sous
l'action alternante et indépendante des maxillaires, comme chez
les serpents.

Les poissons remontés du fond des mers durant les campagnes
du *Challenger* et du *Talisman* se rapportent à un nombre très élevé
d'espèces. La présence d'un grand nombre de poissons dans des
profondeurs atteignant jusqu'à 5,000 mètres n'a pas lieu de nous
surprendre si nous tenons compte des conditions de milieu dans
lesquelles ces animaux se trouvent être placés. Dans le fond
des mers il règne un calme absolu. La tranquillité des eaux n'est
jamais troublée par les actions violentes venant d'une manière
presque continue agiter la surface. D'autre part, passé une certaine profondeur, la température se maintient, sensiblement

---

(1) Le *Macrurus gigas* (L. Vail.) est représenté sur la planche coloriée
accompagnant cet ouvrage et représentant les principales formes animales
vivant vers 4,000 mètres.

Fig. 35. — *Macrurus globiceps* (L. Vaill.), pêché entre 1,400 et 3,000 mètres de profondeur (1/2 grandeur naturelle).

égale, dans une zone très étendue. Ce sont là des conditions éminemment favorables à l'extension des formes animales. Cette extension a dû d'ailleurs être facilitée à certaines époques géologiques par des communications, aujourd'hui disparues, entre les Océans. Ainsi autrefois il existait une communication entre l'Atlantique et le Pacifique, là où se trouve de nos jours l'isthme de Panama. Les espèces n'avaient pas besoin à cette époque de passer au-dessous du cap Horn pour pénétrer de l'une de ces mers dans l'autre. Comme poisson de grande profondeur, trouvé dans les deux Océans dont je viens de parler, je citerai le *Gonostoma microdon*, très abondant par des fonds de 2,900 brasses (*Challenger*).

Les pêches du *Talisman* et celles du *Challenger* ont permis de se rendre compte de la dispersion des grands groupes de poissons suivant la profondeur, et elles ont montré que certains poissons faits pour vivre dans la mer sous une pression d'une demi-tonne pouvaient s'enfoncer suffisamment pour arriver à supporter un poids de une et deux tonnes. Ce dernier fait constitue une grande difficulté lorsqu'on veut résoudre la question suivante : existe-t-il des genres et des espèces de poissons caractéristiques de fonds de profondeur déterminée ? c'est-à-dire la faune des poissons se montre-t-elle différente durant l'exploration successive de profondeurs de 1, 2, 3, 4 et 5,000 mètres ? Il est possible de répondre à cette question par l'affirmative, mais il faut pour cela avoir multiplié les pêches, car certaines espèces de poissons se retrouvent à partir de 600 mètres jusqu'à des profondeurs croissant de près de 3,000. Ainsi, comme je viens de le dire, certains poissons dont la structure organique ne subit aucune modification sont susceptibles de vivre sous des pressions croissantes pouvant s'élever à plus de 2,000 kilogrammes. L'explication de ce fait si singulier consiste en ce que les poissons que nous retrouvons à près de 3,000 mètres n'habitent pas d'une manière continue les mêmes localités. Ils s'y montrent, ils descendent successivement dans les abîmes de la mer, et lorsqu'ils exécutent ces voyages, ils vont doucement, de manière à subir des compressions ou des décompressions graduelles. D'autre part, plusieurs d'entre eux ne sont pas pourvus de ce sac rempli d'air, de cette vessie natatoire dont l'expansion brusque, par suite de la dilatation des gaz qui y sont contenus, aurait pour effet de les entraîner à la surface. Ainsi, durant l'expédition du *Talisman*, nous avons trouvé dans l'Atlantique l'*Alepocephalus rostratus* à partir de 868 jusqu'à 3,650 mètres, le *Scopelus Maderensis* de 1,090 à 3,665 mètres, le *Leptoderma macrops* de 1,153 à 3,655 mètres, le *Macrurus affinis* de 590 à 2,220 mètres, soit pour ces quatre espèces des aires de distribution en profondeur variant de 2,782, 2,561, 2,502 et 2,000 mètres. Je pourrais multiplier ces exemples, mais ceux que je cite me paraissent bien suffisants pour permettre de reconnaître que l'organisme de certains poissons permet une adaptation à des pressions très variées.

A côté de ces poissons nomades il en existe d'autres qui restent confinés dans des zones beaucoup plus restreintes et qui paraissent les caractériser. Ainsi le *Bathypteroïs longipes* vit entre 800 et 1,200 mètres, de même, que l'*Halosaurus Ovenii*; vers cette dernière profondeur nous trouvons des Requins spéciaux, abondants en un point des côtes du Portugal. Entre 1,500 et 2,000 mètres existent le *Stomias boa*, le *Malacosteus niger*, l'*Eurypharynx pelicanoïdes*. Plus profondément, entre 2,500 et 3,000 mètres, vit ce singulier poisson, l'*Eustomias obscurus* qui porte un long tentacule sous son menton. A 3,500 mètres existe le *Scopelus maderensis*, et au-dessous de 4,000 mètres nous avons pêché à bord du *Talisman* le *Macrurus gigas* et le *Bathynectes crassus*. A 5,019 mètres les zoologistes du *Challenger* ont pris le *Bathyophis ferox*.

En résumant les indications fournies par la rencontre des diverses espèces de poissons dans les profondeurs, on voit qu'entre 200 et 600 brasses il existe des formes étroitement alliées aux formes de surface. Les représentants du grand groupe de poissons que les naturalistes ont groupé sous le nom de Chondroptérygiens (1)

---

(1) Les Chondroptérygiens sont des poissons à squelette cartilagineux. Les Acanthoptérygiens possèdent au contraire un squelette osseux.

descendent seulement jusqu'à 1,500 mètres environ. Les plus
remarquables d'entre eux sont des Requins, dont les formes
sont assez différentes de celles des mêmes animaux vivant
près de la surface. J'ai fait représenter l'un des plus curieux,
pris entre 1,200 et 1,500 mètres à Sétubal, près de Lisbonne. Ces
poissons se retrouvent, par des fonds semblables, sur les côtes
du Maroc.

Un fait d'histoire zoologique très curieux a rapport à ces habitants des grandes profondeurs, que je viens de signaler comme

Fig. 36. — *Centrophorus calceus* (Low). Très réduit.

existant sur les côtes du Portugal. On sait que les naturalistes ont
discuté pendant bien longtemps sur la question de savoir si,
passé une profondeur de 4 à 500 mètres, la vie se manifestait
sous une forme quelconque. Mais alors que les partisans et les
non-partisans d'un zéro de vie animale se livraient à des luttes
passionnées, des pêcheurs avaient résolu, depuis des siècles peut-
être, ce grand problème. Ces investigateurs, guidés par une
observation qui nous est absolument inconnue, allaient tous les
jours couler des lignes par 1,200 et 1,500 mètres de profondeur,

afin de prendre des Requins, des chiens de mer comme on les nomme vulgairement, vivant au large des côtes du Portugal, au fond d'une vallée sous-marine. Ils savaient que les Requins n'étaient pas les seuls habitants de ces grands fonds, car il leur arrivait de capturer d'autres espèces de poissons, et ils disaient aussi qu'il y avait dans les abîmes des êtres singuliers construisant des nids. Ils avaient en effet ramené, accrochées à leurs lignes, quelques-unes de ces éponges, que l'on nomme des *Holtenia* et dont l'aspect est celui d'un nid d'oiseau. Durant d'autres pêches, ils s'étaient passé de main en main quelques-unes de ces longues torsades de spicules, semblables à du verre filé, servant à ancrer d'autres belles éponges, des *Hyalonema*.

C'est à Sétubal, à Cezimbra, un peu au-dessous de Lisbonne, que se pratique de temps immémorial cette pêche des Requins. Les hommes qui s'y livrent ne constituent pas plus de cinq à six équipes. Chaque équipe comprend neuf pêcheurs et un mousse. Les embarcations sont longues de 5 à 6 mètres, et équilibrées de manière à tenir la mer par gros temps. L'engin dont on se sert porte dans le pays le nom d'*espenheïs*. Il se compose de lignes au nombre de 20 ou 40, réunies bout à bout. Chaque ligne porte à distances égales vingt cordelettes à l'extrémité desquelles sont attachés, empilés, comme le disent les pêcheurs, les hameçons. Ces derniers sont semblables à ceux qu'on emploie à Terre-Neuve pour la pêche de la morue. Chaque ligne a une longueur de 30 mètres. Les lignes réunies forment une tessure, portant 400 ou 800 hameçons, que l'on fixe à une maîtresse corde, mesurant 1,200 à 1,500 mètres. On amorce avec des sardines conservées dans le sel. M. Vaillant, qui a eu l'occasion d'assister à une pêche à Sétubal, en a donné une description très intéressante. Pour procéder à l'immersion, on leste l'engin avec une pierre dont le volume ne dépasse pas celui des deux poings, puis on jette un à un les hameçons. Lorsqu'ils sont tous à l'eau, on file la maîtresse corde, et au moment où la moitié de cette dernière est coulée, on suspend l'opération et on met en marche l'embarcation afin de tendre l'appareil dont on immerge ensuite le restant. Cette manœuvre demande une heure et demie.

« Après une heure trois quarts de repos, l'engin étant resté à fond, dit M. Vaillant, il est temps de le relever, ce qui constitue la partie pénible de l'opération, les moyens employés par les pêcheurs de Sétubal étant des plus primitifs. A l'avant est disposé un madrier portant à son extrémité une poulie en bois; l'autre extrémité s'appuie contre le mât, et tout est solidement amarré à la pièce relevée en saillie, qui, à la proue, continue en quelque sorte la quille. La maîtresse corde étant engagée sur la poulie, les hommes de l'équipage se placent deux par deux sur chaque banc ; tous alors, les mains garnies de morceaux de drap, tirent ensemble et amènent ainsi l'engin sur l'arrière du bateau. » Il faut près de deux heures pour remonter la maîtresse corde et arriver aux hameçons. A ce moment on passe la ligne par l'arrière. Les hameçons et les cordes qui les soutiennent sont jetés au fond du bateau à mesure qu'ils arrivent. Lorsqu'un poisson se présente, le patron lui enfonce un croc dans la bouche, le hisse à bord et le passe à un pêcheur.

Les Acanthoptérigiens, poissons dont le squelette est osseux, sont nombreux dans les grands fonds. Ce n'est que jusqu'à 1,200 et 1,508 mètres environ que paraissent descendre des représentants des genres de surface. Les Acanthoptérigiens faits pour vivre entre 1,500 et 5,000 mètres appartiennent à des genres spéciaux (1). Un grand nombre se rapportent à trois familles, caractérisant les mers profondes : celles des *Trachipteridæ*, des *Lophotidæ*, des *Notacanthidæ*.

Les *Gadidæ*, les *Ophidudæ*, les *Macruridæ* se retrouvent à toutes les profondeurs et ils constituent un quart de la faune ichthyologique profonde des Océans. Les *Scopelidæ* constituent un autre quart de cette faune. Les *Salmonidæ* paraissent rares, car on n'en a mentionné jusqu'à présent que trois genres.

Les découvertes sous-marines ne nous ont fait découvrir

(1) Voir pour ces détails et les suivants : Günther, *Study of fishes*, 1880.

aucun type de poisson se rapprochant des formes si étranges que
nous trouvons à l'état fossile dans les terrains anciens et qui
paraissent correspondre à la période d'organisation de ces animaux. Quant aux formes fossiles plus récentes, elles ne présentent aucune analogie avec nos poissons de grands fonds. Il n'y a,
d'ailleurs, dans ce fait rien qui doive nous surprendre. Les mers
très anciennes ont été des mers moins creusées, et les portions
soulevées du lit des mers des dernières époques géologiques qui
ont possédé de plus grands abîmes proviennent toutes de faibles
profondeurs.

Un des grands intérêts, se rattachant à la découverte des poissons
des abysses, consiste en ce qu'il nous a été possible de constater de
quelle manière des organismes déterminés paraissaient être arrivés à se plier à des conditions de vie pour lesquelles ils semblaient
n'être pas faits. Durant une partie des temps géologiques, la
terre ne présentait pas, à sa surface, les dépressions profondes et
les grandes saillies qu'elle offre de nos jours. Les continents ne
possédaient pas leurs grands reliefs, les Océans leurs abîmes.
Peu à peu, à mesure que la terre, sous l'influence du refroidissement qu'elle ne cesse de subir, se crevassait, le fond des mers
s'abaissait de plus en plus. L'égalité de température qui s'est
établie entre la zone marine profonde des régions chaudes et
tempérées et les zones marines superficielles ou peu profondes
des régions froides, a permis aux espèces vivant dans ces derniers points de s'étendre sur des espaces de plus en plus considérables. Seulement ces formes animales ont rencontré des conditions de vie différentes de celles au milieu desquelles elles se
trouvaient être antérieurement placées : absence de nourriture
végétale, absence de lumière, tranquillité absolue des eaux. Leur
organisme s'est alors modifié; il s'est adapté à ces nouvelles
situations biologiques, en un mot il s'est transformé. Les organes
phosphorescents sont venus produire de la lumière au milieu
des régions où les rayons solaires n'arrivaient plus, les organes
d'exploration se sont développés, les caractères carnassiers se
sont substitués aux caractères phytophages, les modifications de

la bouche pour saisir par surprise des proies énormes, devant
rassasier l'animal durant de longs jours, se sont accomplies.
Ainsi, les explorations sous-marines sont-elles venues apporter
aux zoologistes, prétendant que les formes animales ne constituent pas ces types immuables appelés des espèces, des arguments
d'une grande valeur. Il semblerait, en effet, lorsqu'on observe
ces animaux surprenants, qu'un organisme ne soit entre les
mains de la nature qu'une pâte molle, qu'elle pétrit incessam-
ment et dont elle sait perpétuer l'existence par des adaptations
sans cesse renouvelées durant le cours des âges.

CHAPITRE VI

CRUSTACÉS.

Les Crustacés, dont les formes varient à l'infini (Crabes, Langoustes, Crevettes, Écrevisses, etc.), peuplent les océans et les eaux douces. Leur aspect extérieur, leurs mœurs en font des êtres très intéressants à observer, et nous ne devons pas être surpris de voir, depuis longtemps, les naturalistes aborder leur étude avec une vraie passion.

Les Crustacés sont des animaux dépourvus de squelette intérieur et de système nerveux cérébro-spinal. Ils sont par conséquent, à ce double point de vue, semblables aux insectes, aux vers, aux mollusques, aux zoophytes, et ils se trouvent être placés dans l'échelle des êtres à une grande distance des poissons et des autres vértébrés. Frédol, en parlant des Crustacés marins, les appelle les insectes de la mer. Quels étranges et en même temps quels cruels insectes! Au lieu de posséder comme ces derniers animaux une tunique composée de chitine, ils sont renfermés dans une épaisse enveloppe calcaire, susceptible de supporter sans se rompre des chocs violents. Cette armure, qui les a fait comparer aux chevaliers du moyen âge bardés d'acier de pied en cap, n'a pas paru suffisante à la nature pour assurer leur protection. Aussi a-t-elle revêtu leur extérieur de tubercules appointés, d'épines longues et acérées. Le *Lithodes ferox*, que nous avons fait reproduire sur une de nos figures, n'a évidemment rien à envier comme moyen de défense au Porc-Épic ou au Hérisson. Ne dirait-on pas une châtaigne tombée au fond de la mer, qui y aurait pris vie et à laquelle il aurait poussé des bras et des jambes épineuses?

Si bien doués au point de vue de leur défense, les Crustacés ne l'ont pas été à un degré moindre relativement à l'intelligence. Leurs sens sont très développés. Ils voient, ils entendent, ils sentent à merveille, et leur toucher est d'une extrême délicatesse.

Leurs yeux s'offrent sous la forme d'yeux simples ou sous la forme d'yeux composés et on les voit, tantôt affleurer à la surface du corps, tantôt être situés au bout d'une tige, d'un pédoncule, dont la longueur quelquefois devient surprenante.

La tête porte en avant deux paires d'appendices filiformes, l'une interne, l'autre externe, auxquelles on a donné le nom d'antennes. C'est sur la partie constituant la base des antennes internes que se trouvent être placés les organes de l'audition. Dans certains cas, disposition surprenante, des appareils de l'ouïe sont situés à l'extrémité postérieure du corps, sur la lamelle caudale. Voilà donc l'oreille au bout de la queue; nous trouverons plus tard l'animal rêvé par les phalanstériens et qui devait réaliser le type de la perfection en portant un œil à l'extrémité de ce même appendice.

L'olfaction s'effectue par l'intermédiaire de poils, de filaments délicats, insérés sur les antennes et dans lesquels viennent se terminer de fines ramifications nerveuses.

Le toucher est également perçu par des poils tactiles reposant par une base élargie sur le bouton terminal d'un nerf sensitif. Ces organes sont disposés sur la partie antérieure d'appendices insérés autour de la bouche et remplissant le rôle de mâchoires. Ils occupent, évidemment, cette place pour tâter les objets devant servir de nourriture, tandis que les antennes, qui subissent chez certaines espèces un grand allongement, correspondent à des organes d'exploration.

Les Crustacés présentent au plus haut degré un caractère batailleur, et la nature est venue seconder ce vice en les dotant du pouvoir merveilleux de reconstituer les membres brisés ou détachés durant les combats. Un Crustacé a-t-il perdu ses pinces ou des pattes à la bataille, il s'enfuit au plus vite et va se cacher dans un coin obscur, inaccessible, sous un gros rocher. Il reste là pendant quelque temps, ne s'aventurant qu'à peu de distance et avec de grandes précautions pour chercher ce dont il a besoin pour vivre, et ce n'est que lorsque ses bras ou ses pattes ont repoussé, qu'il reprend son allure arrogante et court à de nouvelles luttes.

Dévorer ses voisins, dévorer ses semblables, telle pourrait être la devise de ces animaux, et lorsqu'on a eu l'occasion de les observer, on n'est pas surpris du récit d'une scène dont Rymer Jones fut le témoin. Ce naturaliste raconte qu'ayant placé un jour des crabes tourteaux dans un aquarium, il vit l'un d'eux s'emparer d'un de ses compagnons en étreignant le bord de sa carapace avec une de ses pinces, briser cette cuirasse avec l'autre pince et se mettre alors tranquillement à fouiller dans le corps, arrachant des lambeaux de chair qu'il s'empressait d'avaler. Mais, par un juste retour, pendant qu'il était ainsi occupé, un autre crabe s'approcha de lui par derrière, le saisit, et le maintenant vigoureusement lui fit subir le même supplice. On pourrait croire que notre tourteau en semblable péril dût s'empresser de lâcher sa proie et d'essayer une défense désespérée. Pas du tout; il continua tranquillement son repas, que la mort seule fut capable d'interrompre. Quelle heureuse organisation que celle de ces animaux! leurs mutilations ne sont que passagères, leur vie se passe à aimer et à manger, alors que la douleur semble rester inconnue.

Les Crustacés sont répandus depuis la surface de la mer jusque dans ses plus grandes profondeurs. Durant l'expédition du *Talisman*, nous en avons pêché à 4,787 mètres. Seulement je dois faire remarquer que tous les groupes zoologiques dans lesquels on a réparti ces animaux, n'ont pas une aire semblable de distribution bathymétrique. Les Crustacés élevés en organisation, les Brachyures, deviennent de plus en plus rares à mesure qu'on

Fig. 37. — *Lithodes ferox* (A. M.-Edw.). — Au second plan, *Geryon longipes* (A. M.-Edw.), 900 mètres de profondeur.

descend vers le fond de l'Océan. Entre 1,200 et 1,500 mètres, ils disparaissent complètement, tandis que des formes moins perfectionnées se retrouvent aux environs de 5,000 mètres.

Certains Brachyures possèdent une extension géographique immense. Parmi les espèces pélagiques on doit particulièrement remarquer le *Nautilograpsus minutus* vivant dans l'Atlantique, le Pacifique et sur les côtes du Japon. Parmi les formes d'eaux profondes, les *Scyramathia*, les *Lyspognathus*, les *Lithodes*, les *Ergasticus* doivent fixer l'attention.

En 1869, l'expédition du *Porcupine* draguant au nord de l'Écosse, dans le chenal séparant cette terre des îles Faröer, par 550 brasses environ, sur un limon crayeux et sablonneux où abondent des *Holtenia*, prit un crabe singulier, le *Scyramathia Carpenteri* (A. M.-Edw.). Cet animal a une carapace de forme triangulaire se terminant en avant par deux énormes cornes, très aiguës à leur sommet (fig. 38). Des épines finement appointées s'observent sur les parties latérales du corps dont la portion médiane porte quelques tubercules arrondis ou aplatis. Les pattes sont longues et grêles. La couleur est d'un rose foncé en certaines parties, clair sur d'autres. La température de l'eau, au niveau du point où ce *Scyramathia* vivait, était de 6°,5 C. Durant l'expédition du *Talisman* nous avons retrouvé cette même espèce sur les côtes du Maroc par une profondeur sensiblement égale avec une température de 7° C.

Ce fait est très remarquable, car il permet de reconnaître que là où les fonds de l'Océan conservent sensiblement une température déterminée, la dissémination d'une espèce de Crustacé n'a pas de limites. Une même forme peut s'étendre par conséquent d'un pôle à l'autre. Ainsi, relativement à d'autres groupes de Crustacés, on a signalé dans les mers antarctiques un *Arcturus*, ne paraissant pas différer de l'*Arcturus Baffini* de l'Océan arctique, et la *Lyssianassa magellanica* du cap Horn se retrouve dans les mers du Nord.

Une jolie forme de crabe, le *Lyspognathus Thomsoni* (fig. 38), dragué par le *Porcupine* dans le canal des Faröer, s'étend aux côtes du Maroc, où l'expédition du *Talisman* l'a trouvée en grande abondance par des fonds de 600 à 1,200 mètres. Sa présence dans la Méditerranée avait été constatée durant les dragages du *Travailleur*. Le *Challenger* a recueilli cette même espèce dans des régions encore beaucoup plus éloignées, au cap de Bonne-Espérance d'abord, au sud de l'Australie ensuite. Consécutivement aux dragages du *Travailleur* dans la Méditerranée, M. A. M.-Edwards avait décrit, sous le nom d'*Ergasticus*, un nouveau genre de Crustacé, voisin des *Scyramathia*. L'expédition du *Challenger* a découvert, aux îles de l'Amirauté, une espèce d'*Ergasticus* (1) qui paraîtrait ne pas être très éloignée de l'*Ergasticus Clouei* (fig. 38). Voilà donc de nombreux exemples de l'immense distribution d'une même forme générique et même spécifique de Brachyure.

L'expédition du *Challenger* a fourni d'autre part de précieux détails sur les caractères généraux de la faune profonde des Brachyures dans les diverses mers du globe. Une région particulièrement intéressante à connaître était celle du cap de Bonne-Espérance. Que devenaient, en ce point de jonction de l'Atlantique avec l'Océan Indien, les formes vivant dans l'une ou l'autre de ces mers. D'après ce que nous a appris M. Miers, les espèces capturées dans le sud de l'Afrique possèdent des affinités avec les Crustacés atlantiques et orientaux. Le *Pericera cornuta* (M.-Edw.), le *Calappa flammea* (Herbst.), le *Mursia cristimana* appartiennent à la faune de l'Océan Indien, tandis que le *Lispognathus Thomsoni* vit dans l'Atlantique. Certaines espèces traversent tout l'Océan Indien. Ainsi l'*Ebalia tuberculosa* (A. M.-Edw.) s'étend de la Nouvelle-Zélande au cap de Bonne-Espérance.

Dans la région antarctique, l'*Halicarcinus planatus* (Fab.) est répandu partout. On le trouve aux Falklands, à Magellan, à l'île Campbell, aux îles Marion et du Prince-Édouard (2). Dans la région indo-pacifique, nous retrouvons, au sud de l'Australie,

---

(1) *Ergasticus Naresii* (Miers).

(2) M. Miers signale également dans la région antarctique l'*Euripodius Latreilli* (Guer. Main.) et le *Peltarion spinulosum* (White) mentionnés primitivement aux Falklands et à Magellan.

Fig. 38. — *Scyramathia Carpenteri* (A. M.-Edw.). — Au second plan, *Ergasticus Clouei* (A. M.-Edw.); et *Lispognathus Thomsoni* (A. M.-Ew.). 700 mètres de profondeur.

le *Lispognathus Thomsoni* du nord de l'Atlantique. A Port-Phillip, le *Challenger* a dragué par 35 brasses le *Portunus corrugatus* des mers d'Europe, et à Port-Jakson il a rencontré par 8 brasses le *Pachygrapsus transversus* (Gib.), qui vit aux Bermudes, à Saint-Vincent, et que M. Miers soupçonne être identique à une espèce de la Méditerranée (1).

Les Crustacés brachyures des côtes N. et N.-O de l'Australie sont très distincts, paraît-il, de ceux de la côte Est et des portions Sud de la même terre. Aux Philippines vivent les *Scyramathia* que nous avons primitivement observés dans l'Atlantique Nord.

Les Crustacés intermédiaires aux Brachyures et aux Macroures

Fig. 39. — *Dicranodromia Mahyeuxi* (A. M.-Edw.), pêché à 1,190 mètres, dans le golfe de Gascogne (grossi de 1/3).

sont largement représentés dans les grands fonds. Je signalerai particulièrement les *Dicranodromia*, dont une espèce (*Dicranodromia Mahyeuxi*) (fig. 39) vit sur les côtes du Maroc, et une autre (*Dicranodromia ovata* (A. M.-E.) est propre aux Antilles. L'Homole de Cuvier, qu'on croyait spéciale à la Méditerranée, a été trouvée par l'expédition du *Talisman* aux Canaries, aux Açores, sur la côte du Sahara.

Les Lithodes n'avaient été signalées que près de la surface dans les mers des pôles nord et sud. Nous les avons recueillies sous

(1) *Pachygrapsus maurus* (Luc.).

les tropiques. Seulement, là où nous les avons pêchées, elles avaient quitté les faibles profondeurs pour aller vivre à près de 1,000 mètres, trouvant en ce point les conditions de milieu nécessaires à leur existence. Certaines espèces passent donc en dessous de l'équateur, peuplant à la fois les hémisphères nord et sud. Ces différents faits nous dévoilent les conditions suivant lesquelles certaines formes animales se sont étendues des couches superficielles aux couches profondes des océans.

J'ai fait représenter une des Lithodes capturées durant le cours du voyage du *Talisman* (fig. 37). C'est un des êtres les plus étranges parmi ceux qui vivent au fond de l'Atlantique nord. Il possède une couleur rouge clair, sa carapace est hérissée d'épines très fortes et très allongées. Les bras, les jambes sont également épineuses. Par quelque côté qu'on cherche à saisir cette bête, on se pique cruellement. Ainsi protégé, imprenable, le *Lithodes ferox* doit être la terreur des fonds sur lesquels il vit. Nous l'avons pris par 930 mètres, dans des eaux ayant à peine 7° C. et où la vie abonde. Rien ne saurait donner une idée de la beauté et de la variété des formes animales peuplant cette partie du fond de l'Atlantique. Le chalut, qui avait été envoyé deux fois dans cette même région, est revenu rempli d'animaux aux couleurs éclatantes. Les Poissons étaient représentés par diverses espèces de *Macrurus* et par les rouges Rascasses si estimées des pêcheurs marseillais pour faire la bouillabaisse. De grandes crevettes, des *Heterocarpus*, des *Gnatophausia*, des *Pentacheles*, également d'une teinte rouge plus ou moins foncée ou rosée, se montraient en nombre considérable. De grands oursins mous, des *Calveria*, des *Phormosoma*, à l'enveloppe formée de plaques articulées les unes avec les autres, d'une teinte brique ou violacée, étaient mélangées à de belles Étoiles de mer, des *Zoroaster*, des *Ophiures*. Puis c'étaient des coquilles, des Marginelles, de longs Dentales en forme de cornets, enfin de magnifiques Anémones de mer, des Actinies bivalves d'un violet tendre. Ces derniers animaux, qui, lorsque leurs tentacules sont épanouis, apparaissent comme autant de fleurs, sont tellement nombreux, qu'en une seule fois nous en avons trouvé 256 dans notre filet. Mélangés à eux, on apercevait quelques polypiers délicats, des *Stephanotrochus*, des *Flabellum*, véritables bijoux de la mer.

Les Ethuses sont de tous les Crustacés ceux qui paraissent pouvoir gagner les plus grandes profondeurs. L'*Ethusa alba* a été remontée par le chalut du *Talisman* d'un fond de 5,000 mètres.

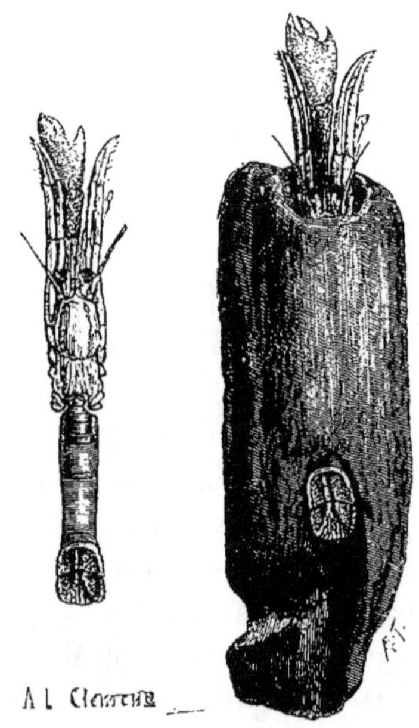

Fig. 40. — *Xylopagurus rectus* (A. M.-Edw.).

Les Pagures, vulgairement connus sous le nom de Bernard-l'Ermite, habitent toutes les mers, et certaines de leurs espèces ont été trouvées durant la campagne du *Talisman* jusqu'à 5,000 mètres de profondeur. Ces Crustacés, dont le corps n'offre de cuirasse que sur la tête et la poitrine, afin de protéger leur abdomen revêtu simplement d'une peau molle, se logent dans des coquilles vides dont la taille est en rapport avec la leur. A mesure qu'ils grandissent, ils changent de domicile. Sur nos côtes et jusqu'à une certaine profondeur ils rencontrent toujours une demeure à leur taille, mais dans les abysses, comme les coquilles sont toujours de proportions très réduites, les Pagures ne peuvent que très imparfaitement abriter leur train postérieur. Aussi quelle vie pleine d'inquiétude doit être la leur, et quelles précautions ils doivent prendre pour dérober à la convoitise de leurs voisins ou même de leurs semblables leur abdomen gras et rebondi, mets succulent pour les gourmets des abîmes !

Une des espèces de Pagures recueillies sur les côtes du Maroc et dans la mer des Sargasses présente un habitat fort singulier. Elle est logée non dans une coquille, mais dans une véritable colonie animale formée de ces êtres élégants, sortes d'Anémones de mer, qu'on appelle des Épizoanthes. Ces animaux se sont primitivement développés sur une coquille dont le test a été progressivement résorbé, et c'est dans la cavité qui lui correspond que vient s'installer une espèce toute particulière de Bernard-l'Ermite. L'association singulière des Pagures et des Anémones de mer, des Actinies, nous était déjà connue depuis longtemps à la suite d'observations faites sur nos côtes, et nous ne devons pas être surpris de la voir se continuer à quelques mille mètres de profondeur. Ces animaux ont pensé que la vie devait être plus facile à deux et ils ont mis alors au service l'un de l'autre leurs aptitudes diverses. Tous les pêcheurs de la Méditerranée connaissent un Bernard-l'Ermite, le Pyade comme ils le nomment, qui a pour commensal une Anémone. La bouche de cette dernière est toujours tournée vers celle du crustacé, afin que les débris des aliments broyés par les pinces tombent dans son intérieur. Quant au Bernard-l'Ermite, masqué par l'animal qu'il transporte, il se dérobe aux recherches de ses ennemis et il peut s'approcher sans éveiller de soupçon d'une proie qu'il convoite et qui n'aurait pas manqué d'essayer de fuir s'il fût venu à découvert.

Sur la côte d'Angleterre, vit une autre espèce de Pagure ayant également pour commensal une Anémone de mer. « Ce pagure est surtout remarquable par la bonne entente qui règne entre lui et son acolyte : c'est un modèle d'amphitryon. Le lieute-

nant-colonel Stuart Wartly s'est fait le spectateur indiscret de sa
vie intime et raconte ainsi le résultat de ses observations : cet
animal ne manque jamais d'offrir après la pêche les meilleurs
morceaux à sa voisine et s'assure très souvent dans la journée
si elle n'a pas faim. Mais c'est surtout quand il s'agit de changer
de demeure, qu'il redouble de soins et d'attentions. Il manœuvre avec toute la délicatesse dont il est capable pour faire changer l'anémone de coquille ; il vient à son aide pour la détacher,
et si par hasard la nouvelle demeure n'est pas goûtée, il en
cherche une autre jusqu'à ce qu'elle soit complètement satis-
faite. »

Fig. 41. — *Pagurus abyssorum* (A. M.-Edw.), pêché à 4,010 brasses de profondeur.

D'après M. A. Lloyd, si au moment d'un déménagement l'A-
némone est souffrante, le Bernard renonce à changer de domicile. De si bons procédés ne sont pas payés par l'ingratitude,
disent certains auteurs, et les anémones aiment leur bon Pagure jusqu'à en mourir. Lorsque le Bernard, qui a pour commensal l'*Anémone à manteau*, vient à succomber, cette amie fidèle
serait prise d'une telle tristesse qu'elle ne tarderait pas à quitter
la vie. Ne confondrait-on pas dans ce cas la douleur avec la
faim ?

La rareté des coquilles dans les grands fonds conduit les
Pagures à rechercher d'autres habitations. Les dragages sous-
marins accomplis par M. A. Agassiz dans la mer des Antilles
ont fait découvrir un Bernard-l'Ermite extrêmement intéres-

sant, non seulement par suite de la nature de la demeure choisie, mais encore par les modifications que la forme de l'habitation a fait subir à son corps. On voit reproduit le dessin de l'un de ces animaux (fig. 40), d'après un échantillon que M. A. Milne Edwards a bien voulu mettre à notre disposition. Le *Xylopagurus rectus* (A. M.-Edw.) vit par des fonds de 300 à 400 brasses, et il s'établit dans l'intérieur de cavités creusées dans des morceaux de bois coulés, ou dans l'intérieur de fragments de bambous. Seulement, comme ces demeures sont rectilignes, le corps, qui chez les Pagures ordinaires s'enroule en tortillons à sa partie postérieure, devient absolument droit (fig. 41). D'autre part, afin d'obturer l'orifice inférieur de la demeure et de ne pas avoir, ainsi, à redouter des attaques pouvant se produire par derrière, la partie terminale de l'abdomen s'est élargie et il s'est développé des sortes de plaques résistantes couvertes de fines granulations.

Les dragages sous-marins ont permis de constater la dispersion de certaines espèces de Pagures sur d'immenses étendues. Le *Pagurus striatus* de Latreille, qui vit dans la Méditerranée, se retrouve aux îles Philippines. Une autre espèce, le *Petrocherus granulatus* (Ol.), s'étend des Antilles au cap de Bonne-Espérance.

Un groupe très intéressant de Crustacés, celui des Galathéides, est largement représenté dans les grands fonds. La carapace de ces animaux est très dure, très épaisse, l'abdomen développé et les membres antérieurs se terminent par de fortes pinces. Plusieurs espèces de ces animaux, dont quelques-unes vivent sur nos côtes, recherchent comme les Pagures les coquilles vides pour abriter leur abdomen.

Les Galathéens ont été trouvés à profusion dans toutes les zones. Seulement je ferai remarquer que la teinte de leur corps, généralement rougeâtre, devient blanche chez ceux de ces animaux qui vivent à plusieurs centaines de brasses. Une de leurs espèces (*Galathea spongicola* A. M.-Edw.) s'établit en locataire dans l'intérieur de ces belles éponges siliceuses, les *Aphrocallistes*, dont le tissu ressemble à de la dentelle, et rien n'est singulier comme de voir les mines effarées de ces petites bêtes au moment

Fig. 42. — Explorations sous-marines du *Talisman*. — *Galathodes Antonii* (A. M.-Edw.), crustacé aveugle, pêché à 4,100 mètres de profondeur. (Grandeur naturelle.)

où leur demeure est retirée de la mer. Elles se précipitent aux diverses ouvertures, agitent leurs antennes, braquent leurs yeux dans toutes les directions, puis affolées se retirent brusquement au fond de leur palais de cristal pour apparaître de nouveau quelques instants après (1). A la quiétude des grands fonds, à la douce lumière tamisée par les eaux ont brusquement succédé les bruits violents et la clarté étincelante du soleil. Quel monde étrange révélé en quelques instants à ces pauvres animaux, et combien l'engourdissement de la mort doit sembler doux à leurs nerfs meurtris.

Nous avons pris à bord du *Talisman*, à 4,100 mètres de profondeur, le *Galathodes Antonii*, espèce de Galathéen encore inconnue (fig. 42). La partie antérieure de l'animal se prolonge en avant sous la forme d'un rostre puissant, aigu. Des épines nombreuses, acérées, garnissent le bord et la partie antérieure de la carapace. Les bras également épineux se terminent par une main forte. Les pattes antérieures sont allongées, alors que la dernière est rudimentaire. Les antennes ont un développement excessif, et elles doivent servir à ce Crustacé, dont les yeux atrophiés ne peuvent plus percevoir les rayons lumineux, à se guider dans les ténèbres. C'est encore au groupe des Galathéens qu'appartient un autre Crustacé nouveau, le *Ptychogaster formosus* (A. M.-Edw.), pris à 950 mètres de profondeur durant la campagne du *Talisman*. Chez cet animal (fig. 43), dont les yeux sont bien préservés, la carapace est complètement hérissée d'épines; les bras sont d'une longueur démesurée et revêtus d'épines sur toute leur étendue. Les pattes se terminent par un ongle long et aigu. Avec leurs grands bras, les *Ptychogaster* doivent aller fouiller sous les roches pour saisir les animaux qui s'y sont cachés ou explorer la vase afin de découvrir quelque vers, quelque annélide dont ils puissent se nourrir. Chez les Galathéens ordinaires l'abdomen est très développé, à courbure peu prononcée, tandis que sur le *Ptychogaster formo-*

---

(1) La *Galathea spongicola* se retrouve jusqu'à 2,000 mètres de profondeur.

sus cette partie du corps est repliée deux fois sur elle-même.

Le *Galathodes Antonii* vit sur un fond composé d'une vase fine et blanchâtre au milieu d'une riche faune animale. Comme Poissons, ce sont toujours les *Macrurus* qui dominent ou bien des *Bythites*. Quelques belles Crevettes rouges et des Pagures représentent les Crustacés. Les coquilles possèdent une coloration d'un beau blanc mat; ce sont des *Fusus*, des *Turritelles*, des *Dentales*. Quant aux Échinodermes ils sont en nombre considérable, et presque tous ceux qui ont été pêchés étaient inconnus. Les *Calveria* au test dépressible, formé de plaques articulées les unes avec les autres, apparaissaient dans le fond de la drague avec leur couleur d'un rouge violacé ; à côté d'eux on apercevait de magnifiques Etoiles de mer, l'*Hymenaster Bourgeti* (Perr.) et l'*Hymenaster rex* (Perr.) d'un rouge orangé, et d'énormes Holothuries (*Psychropotes*) d'un violet éclatant. Dans les fauberts, attachés après le chalut, se trouvaient engagées de ravissantes petites Étoiles de mer, des Ophyures aux bras longs et délicats et des débris de *Bathycrinus*, animaux très rares faisant partie de la classe des Crinoïdes. Ainsi dans l'Atlantique, par 4,100 mètres de profondeur, avec une température de 3° C., la vie est aussi abondante, aussi variée et aussi brillante par ses couleurs qu'elle l'est sur nos côtes.

La faune au milieu de laquelle se rencontre le *Ptychogaster formosus* est semblable à celle dont j'ai parlé plus haut à propos du *Lithodes ferox* (page 128).

Le groupe des Eryonides est représenté à partir de 1,200 à 1,400 mètres par un nombre considérable de genres et d'espèces. Je citerai plus particulièrement les *Willmœsia*, les *Pentacheles*, dont nous donnons une reproduction (fig. 44), les *Polycheles* (1). On connaissait depuis longtemps des *Eryonides*

---

(1) La dispersion des genres *Willmœsia*, *Pentacheles* et *Polycheles* est très remarquable. Le *Willmœsia leptodactyla* vit par 1,900 brasses dans le Pacifique et dans l'Atlantique. Les *Pentacheles* dont on connaît six espèces sont répartis, d'après les observations faites à bord du *Challenger*, entre 120 et 1,700 brasses. Ils vivent sur les côtes ouest de l'Amérique du Sud, aux Phi-

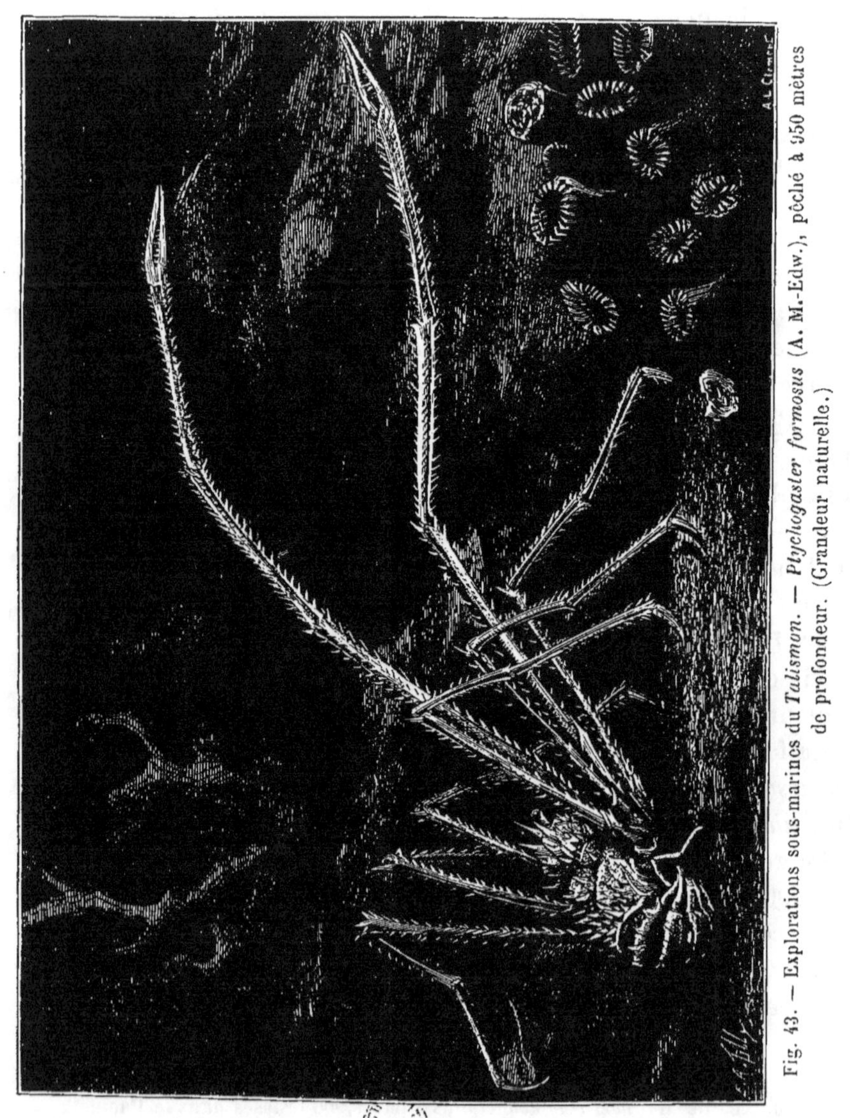

Fig. 43. — Explorations sous-marines du *Talismon*. — *Ptychogaster formosus* (A. M.-Edw.), pêché à 950 mètres de profondeur. (Grandeur naturelle.)

fossiles dans des terrains très anciens, et on pensait que leurs diverses formes s'étaient éteintes. Les explorations sous-marines sont venues montrer que ces animaux s'étaient perpétués jusqu'à nos jours sans beaucoup se modifier au point de vue de leurs formes extérieures. Ainsi les *Pentacheles* offrent les plus grandes analogies avec des Eryonides fossiles trouvés dans les calcaires jurassiques de Solenhofen, en Bavière.

Les Eryonides se retrouvent au fond des mers, sur de très vastes étendues. Les mêmes espèces vivent dans l'Atlantique et le Pacifique. La grande répartition de ces animaux en espace et en profondeur aurait seule suffi, avant que nous n'eussions trouvé des formes fossiles, à affirmer leur apparition très ancienne sur la terre.

Les Crustacés macroures, tribu dont les Crevettes, les Homards, les Écrevisses font partie, sont abondants à toutes les profondeurs. Seulement leurs formes sont différentes des genres et des espèces que nous pouvons observer sur nos côtes. Comme exemple de la multiplicité de ces animaux par de grands fonds, je mentionnerai un coup de drague donné à bord du *Talisman* dans le voisinage des îles du Cap-Vert. La sonde avait accusé une profondeur de 500 mètres. Le grand chalut fut mis à la mer et traîné pendant vingt minutes environ, et lorsqu'il fut remonté nous vîmes son intérieur rempli de poissons et de crevettes rouges appartenant au genre auquel les zoologistes ont donné le nom de Pandale. Nous eûmes la curiosité de compter ces animaux, et nous trouvâmes 978 Pandales et 1,031 poissons.

Parmi les Crustacés macroures les plus remarquables, je citerai les Aristés. Ces animaux, dont la couleur est d'un rouge éclatant, vivent sur des fonds vaseux entre 700 et 3,655 mètres de profondeur. Nous les avons observés sur les côtes du Maroc,

lippines, aux environs de la Nouvelle-Guinée, des Fidji, des Nouvelles-Hébrides. Nous avons dragué à bord du *Talisman*, par 1,400 mètres, le *Pentacheles spinosus*, sur les côtes du Maroc. Les *Polycheles* ont été trouvés sur la côte d'Espagne, dans la portion moyenne de l'Atlantique, dans la Méditerranée, dans le Pacifique près des Fidji, des Kermadec et de la Nouvelle-Guinée.

aux environs des Canaries, des îles du Cap-Vert et des Açores. Ils constituent une des formes caractéristiques d'une zone déterminée dans une partie de l'Atlantique. Le corps de ces animaux mesure, du sommet du rostre à l'extrémité de la queue, deux décimètres de longueur. Les antennes très allongées atteignent dans certaines espèces cinq et six fois la longueur du corps. Le rostre, sorte d'épée portée par la partie antérieure de la carapace, est très aigu et denté, près de sa base, à son bord supérieur.

De nombreux Crustacés macroures possèdent une teinte rouge rappelant celle des Aristés ; ce sont des *Glyphus*, des *Peneus*, des *Nematocarcinus*, etc. Une espèce de *Glyphus*, pêchée à 882 mètres, entre les îles Canaries et les îles du Cap-Vert (1), possède une disposition remarquable des lames latérales des premiers articles abdominaux. Ces feuillets se développent d'une manière surprenante chez la femelle et constituent, en se rapprochant par leur extrémité libre sur la partie médiane de la face inférieure du corps, une véritable poche destinée à contenir les œufs et probablement à servir de refuge durant les premiers temps de leur existence aux larves qui en naissent. Voilà donc un Crustacé qui ne le cède en rien aux Sarigues, aux Kanguroos, au point de vue de la protection qu'il est susceptible de donner à sa progéniture.

Les *Nematocarcinus* sont représentés à 850 mètres de profondeur par une espèce dont les formes (2) sont des plus surprenantes. Chez ce Crustacé (fig. 45), les pattes ont pris un si grand développement que l'animal paraît être monté sur des échasses. Les antennes se sont accrues à proportion des pattes et constituent de longs filaments d'une ténuité extrême possédant trois à quatre fois la longueur du corps. On comprendra, en regardant la figure que nous donnons, combien cet animal doit être fragile, et combien il est peu probable qu'on puisse le remonter intact des profondeurs où il vit. Pourtant cette dernière crainte

(1) *Glyphus marsupialis* (A. M.-Edw.). Longit. 18°,22'. Lat. 25°,39.
(2) *Nematocarcinus gracilipes* (A. M.-Edw.).

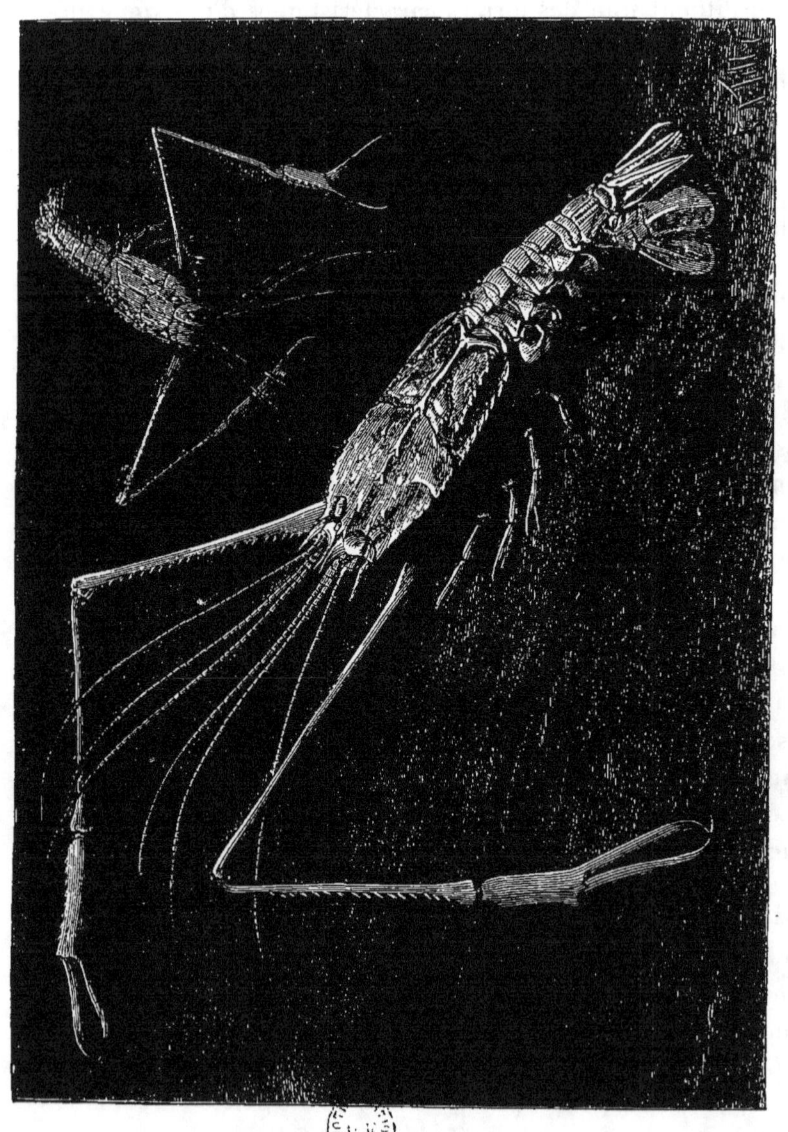

Fig. 44. — *Pentacheles spinosus* (A. M.-Edw.), pêché à bord du *Talisman*, par 2,200 mètres. Côtes du Maroc.

n'a pas lieu d'exister; les animaux se protègent les uns les autres dans le fond du chalut. Ceux situés au centre sont abrités par ceux placés vers l'extérieur qui jouent le rôle de coussins au moment des chocs. Plusieurs *Nematocarcinus gracilipes*

Fig. 45. — Explorations sous-marines du *Talisman*. — *Nematocarcinus gracilipes* (A. M.-Edw.), pêché à 850 mètres de profondeur.

sont arrivés dans un état de perfection absolue à bord du *Talisman*.

Une autre forme de *Nematocarcinus*, également de couleur

rouge, vit dans l'Atlantique par des fonds de 3,100 mètres (1) et par une température de 2°,3 C.

La couleur rouge semble dominer, comme je viens de l'indiquer, parmi les Crustacés macroures des grands fonds, et des teintes claires elle passe, suivant les espèces qu'on observe, aux teintes vineuses. Par 2,733 mètres nous avons pris dans l'Atlantique un *Notostomus*, crevette à long rostre denté en dessus et en dessous, dont la coloration rappelait le rouge violacé des couleurs d'aniline. Les teintes que possèdent d'autres Crustacés du même groupe varient beaucoup. Ainsi, s'il y a des *Peneus* rouges, il y en a d'une teinte vert d'eau parsemée de quelques légères taches roses. L'*Acantephira pellucida* (A. M.-Edw.) présente une large plaque rouge sur la partie antérieure et supérieure de la carapace, alors que le restant du corps est rosé et parsemé d'un fin piqueté rouge intense. Le *Nephropsis Agassizii* est orange sur le dos, rouge dans le restant du corps. Les *Pasiphae* sont tantôt brunes, tantôt roses, quelquefois d'un blanc rosé piqueté de fines mouchetures d'un rouge violet. Enfin certains macroures sont uniformément violets, tandis que chez d'autres les couleurs sont variées. Ainsi il existe, aux environs des îles du Cap-Vert, une toute petite crevette, dont la carapace est jaune dans sa partie antérieure, bleue dans sa partie postérieure. Quant à l'abdomen, il est blanc et parcouru suivant sa longueur par des bandes rouges. La nature, comme on le voit, a largement usé de sa palette pour parer les bêtes du fond des Océans.

Les zoologistes connaissaient, avant les explorations sous-marines, un groupe de Crustacés, celui des Schizopodes, comprenant de *tout petits crustacés* ayant des pattes-mâchoires et des pattes thoraciques semblablement constituées et divisées en deux branches portant dans certains cas des branchies libres. Les dragages du *Challenger* et du *Talisman* ont fait découvrir que la nature, en revêtant de ces formes certains Crustacés,

____

(1) Lat. 16°,38'. Longit. 20°,44'.

... des êtres de profondeur

n'avait pas seulement fait des nains, mais qu'elle avait créé aussi des géants auxquels elle avait donné pour demeure le fond des mers (1).

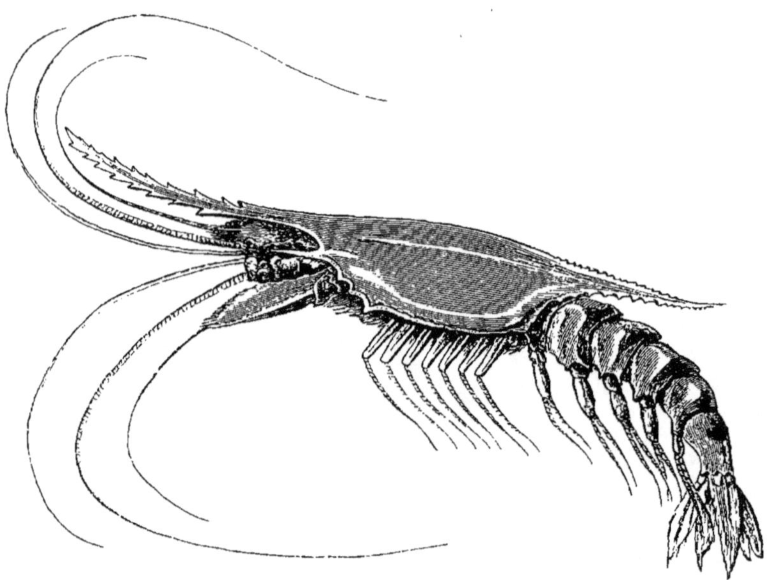

Fig. 46. — *Gnathophausia zoea* (W. S.), pêchée à 1,670 mètres de profondeur, dans le golfe de Gascogne (grossi de 1/5).

Ces remarquables animaux, appelés des *Gnathophausia*, ont été dragués pour la première fois à une centaine de milles à l'ouest de Madère par 1,700 à 1,800 mètres. La *Gnathophausia*

(1) Les explorations du *Challenger* ont montré que certaines espèces de Schizopodes étaient répandues sur d'immenses espaces. Ainsi le *Lophogaster typicus* (Sars) s'étend des côtes de la Norvège et des îles Shetland au cap de Bonne-Espérance. La *Gnathophausia zoea* est une des espèces le plus largement distribuées ; elle vit dans l'Atlantique et le Pacifique. L'*Euphosia pellucida* (Dana) s'observe depuis les côtes de la Norvège, dans l'Atlantique, la Méditerranée, le Pacifique, jusqu'aux côtes du Japon. Parmi les *Mysidæ*, qui paraissent être des formes de grande profondeur, le *Borcomysis scyphops* (Sars) a été trouvé dans les régions arctiques et antarctiques. Relativement aux formes pélagiennes, les *Siriella Thomsonii* (Edw.) et *gracilis* (Dana) ont été recueillies dans toutes les mers parcourues par le *Challenger*. Le genre *Euchætomera*, renfermant deux espèces, est particulier au Pacifique.

gigas a été retrouvée depuis à 400 milles de Madère par un fond de 3,850 mètres. Une seconde espèce de *Gnathophausia*, la *Gnathophausia zoea* (fig. 46), est remarquable par sa forme et son immense extension géographique. Le rostre est allongé et denté comme une scie. Le bord postérieur de la carapace se prolonge sous la forme d'une longue lame également munie de dents. Que, dans une lutte, l'animal avance ou recule, il est toujours assuré de causer à ses ennemis de cruelles blessures. La *Gnathophausia zoea* vit dans l'Atlantique et le Pacifique.

Des pièces insérées sur les côtés de la bouche (les pattes-mâchoires), servant aux Crustacés à broyer leur nourriture, présentent chez les *Gnathophausia* une organisation extraordinaire. Au bout de chaque deuxième paire de maxillaires il y a un œil. Il faut donc que les ténèbres des abîmes soient bien profondes pour certains animaux, car sans cela la nature n'eût pas pris le soin de placer un œil sur chaque mâchoire, afin de permettre de choisir une nourriture convenable.

Les Crustacés inférieurs du groupe des Isopodes, ainsi nommés parce que chez ces animaux les pattes ont généralement entre elles une grande ressemblance de forme et d'étendue, descendent dans les plus grandes profondeurs. Certains de leurs genres sont répandus sur de vastes espaces. Ainsi le genre *Serolis* s'étend à l'est du détroit de Magellan jusqu'aux îles Aucklands, et au nord jusque sur les côtes de Californie. L'examen des Isopodes, dragués par le *Challenger*, a montré qu'on retrouvait aux îles Croizet et Marion des espèces vivant à Kerguelen, et d'autre part que les espèces australiennes forment une section bien définie, différant de celle peuplant les côtes de la Patagonie, de Kerguelen, les dernières îles que je viens de citer et la Nouvelle-Zélande.

Certaines espèces, avons-nous dit, habitent de très grands fonds. Ainsi le *Serolis neœra* vit par 2,040 brasses. Le *Serolis bromleyana* trouvé d'abord dans l'Océan Indien, près de la banquise, par 1,975 brasses, a été recueilli plus tard, par 1,100 brasses, sur les côtes de la Nouvelle-Zélande.

Un fait très singulier, opposé à ceux que nous avons notés jusqu'ici sur la répartition des Crustacés en profondeur, s'observe

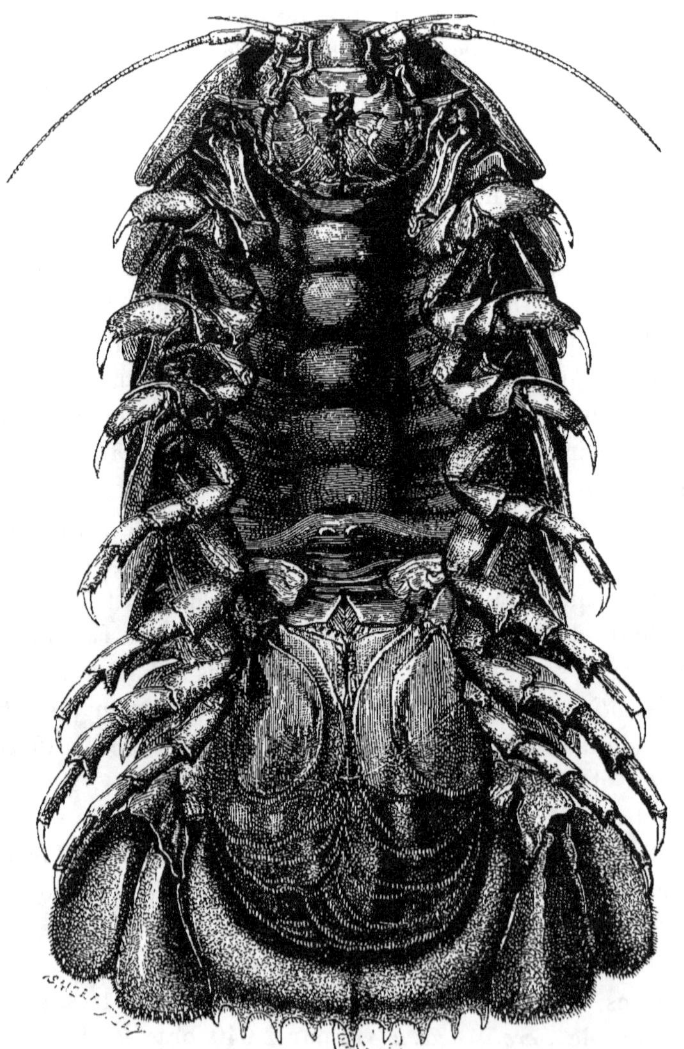

Fig. 47. — Batynome géant pêché à 1,740 mètres de profondeur, dans le golfe du
Mexique, et vu par sa face ventrale (2/3 grandeur naturelle).

pour certaines espèces d'Isopodes. Nous avons vu que c'était souvent près de la surface, dans les espaces froids, qu'on trouvait quelques-unes des espèces vivant sous les tropiques ou sous l'équateur par de très grands fonds. C'est le contraire qui a lieu pour certains Isopodes. Ainsi le *Serolis antarctica* vit aux environs de l'île Croizet par 1,600 brasses et sous l'équateur par 400 brasses. Ceci montre clairement qu'il est certains organismes dont la répartition en profondeur ne saurait dépendre de la température du milieu dans lequel ils se trouvent être placés, ni de la pression qu'ils ont à supporter (1).

Tous les Isopodes que nous connaissons sur nos côtes possèdent une taille très réduite. On a trouvé au contraire des Isopodes énormes dans l'Atlantique nord, par de grands fonds. En 1879, M. A. Agassiz a pêché un de ces crustacés à 955 brasses, au N.-E. du banc du Yucatan, aux environs des Tortugas. M. A. M.-Edwards en a donné la description sous le nom de *Bathynomus giganteus* (fig. 47). Sa longueur est de 0^m,23 et sa largeur de 0^m,10. Les Isopodes ont le corps généralement aplati, l'abdomen raccourci et formé de petits anneaux tantôt indépendants, tantôt soudés entre eux. Ils vivent soit libres, soit fixés comme parasites sur le corps de divers animaux. Dans ce dernier cas les pièces de la bouche sont disposées pour perforer les tissus et aspirer des liquides. Les organes de la respiration sont d'habitude insérés sous l'abdomen et représentés sur les cinq paires de pattes caudales par de minces lamelles membraneuses. « Il semble, a dit M. A. Milne Edwards, que l'appareil respiratoire d'un Isopode ordinaire aurait été insuffisant pour subvenir aux

(1) Presque toutes les familles d'Isopodes, d'après les observations de M. E. Beddard, seraient représentées par des formes de grandes profondeurs, mais dans des proportions différentes. Les plus caractéristiques seraient les *Munnopsidæ* et les *Arcturidæ*. Les premières sont les habitants types des abysses, car plusieurs de leurs espèces proviennent de 2,600 brasses.

Les *Cymothoadœæ* et les *Spheromidæ* sont très rares (une espèce de la première famille, une de la seconde. Cette dernière provient de 1,070 brasses).

Les *Tanais* sont de tous les Isopodes ceux dont les espèces descendent le plus bas, 2,900 brasses. Toutes les formes de grandes profondeurs, à l'exception d'une seule, sont aveugles.

besoins physiologiques du Bathynome et qu'il lui ait fallu l'adjonction d'instruments spéciaux d'une puissance fonctionnelle
plus grande. Les fausses pattes abdominales qui d'ordinaire,
dans ce groupe, constituent à elles seules l'appareil branchial,
ne forment chez le Bathynome qu'une sorte de système operculaire au-dessous duquel se trouvent être les véritables organes
de la respiration, ou branchies. »

La structure très compliquée de l'appareil respiratoire du
Bathynome géant doit fixer l'attention, car elle correspond à
un très grand perfectionnement de dispositions organiques à
peine ébauchées sur les Crustacés connus, appartenant au même
groupe. Parmi tous les genres d'Isopodes, il n'y en a que deux
chez lesquels il existe des appendices rameux sur les côtés du
corps (1), et j'ajouterai que si on étudie ces appendices, on
constate une organisation absolument rudimentaire comparée
à celle caractérisant le Crustacé des Antilles. Que de découvertes semblables, montrant de quelle manière la nature n'a
cessé de rendre de plus en plus parfaits des organismes primitivement d'une simplicité extrême, nous sont réservées par
les futures explorations sous-marines !

Les yeux du Bathynome géant sont très développés, et chacun
d'eux comprend près de 4,000 facettes. Ils sont placés à la face
inférieure de la tête, tandis que sur les Cymathoadiens, qui de
tous les Isopodes paraissent avoir le plus d'analogie avec l'animal
dont nous parlons, ils se trouvent être situés sur le dessus de cette
portion du corps. Ce changement de position est évidemment
en rapport avec la perception d'une lumière très faible régnant
dans les régions habitées par le Bathynome et il doit, comme
chez les *Gnathophausia*, faciliter la recherche de la nourriture.

Un autre groupe de Crustacés inférieurs, celui des Amphipodes, paraît, contrairement à ce que nous avons vu pour les Isopodes, posséder peu de représentants dans les grands fonds où
certaines formes, comme celle des Caprelles, font absolument

---

(1) Genres *Ione* et *Kepon*.

défaut. Les Amphipodes profonds dragués par le *Challenger* se rapporteraient, d'après ce que nous en a fait connaître M. Stebbing, à des formes nouvelles assez localisées, tandis que les espèces de peu de profondeur et plus généralement connues seraient largement distribuées.

Parmi les Crustacés inférieurs, les Copépodes, dont l'origine paraît être extrêmement ancienne, ont des représentants jusqu'à 2,200 brasses. Certaines de leurs espèces s'étendent des mers du nord au Pacifique (1).

On trouve dans la mer jusqu'à des profondeurs de 4,000 mètres des animaux fort singuliers dans lesquels les zoologistes ont vu tantôt des Crustacés et tantôt des Arachnides modifiées. Ces animaux portent le nom de Pygnogonides (fig. 48). On les trouve près des côtes, au milieu des algues parmi lesquelles ils progressent avec une assez grande lenteur. Leur corps est très mince et allongé ; de ses parties latérales partent quatre paires de pattes terminées par des griffes acérées. De l'extrémité antérieure, se détache un rostre conique portant à sa base des appendices en forme de pinces, qu'on a quelquefois regardés comme des pièces homologues à certaines parties de la bouche des Araignées (2), et au-dessous des palpes tantôt semblables à des pattes, tantôt en forme de pinces. L'abdomen est complètement atrophié, ce qui a pour conséquence d'amener l'estomac à prendre une disposition toute spéciale. En effet, du moment où l'abdomen disparaissait, il n'y avait plus de place pour un intestin devant digérer et absorber. Afin de remédier à cet état de choses, il s'est constitué des prolongements du tube digestif, qui se sont avan-

(1) Dans son rapport sur les Copépodes dragués par l'expédition du *Challenger*, M. le Dr G.-S. Brady considère une seule espèce, le *Pontostratiotes abyssicola* pris à 2,200 brasses, comme provenant sûrement de grandes profondeurs. Il suppose que l'*Hemicalanus aculeatus*, le *Phyllopus bidentatus* pourraient bien être des formes abyssales. Les Copépodes parasites ont paru très rares. Le plus remarquable est le *Lernæa abyssicola*, pris sur un poisson du genre *Ceratias*, qui au lieu d'être transparent, comme le sont les autres Copépodes, est d'un brun rougeâtre.

(2) Les chélicères.

Fig. 48. — *Colossendeis arcuatus* (A. M.-Edw.), pris à 1,500 mètres de profondeur. Expédition du *Talisman*.

cés dans l'intérieur des pattes. Ceci nous fait souvenir d'un vieux dicton français, prétendant que lorsqu'on a grand faim l'estomac descend dans les talons ; il faut espérer pour les Pygnogonides, que la réalisation de cet état de choses n'entraîne pas après elle les souffrances dont son image nous paraît être entourée.

Durant la croisière du *Challenger*, il a été pris, dans un parcours de 68,890 milles d'après ce que nous apprend M. Hoek, trente-six espèces de Pygnogonides, dont trente-trois sont nouvelles. C'est entre des fonds de 1 à 500 brasses que ces animaux sont les plus abondants. Ils deviennent rares à 1,000 brasses et disparaissent à partir de 2,650 brasses. Ainsi dans cent dragages faits par le *Challenger*, entre 1 et 500 brasses, on en a pris vingt-six fois, et dans le restant des dragages, faits entre 500 et 3,000 brasses, on en a pris treize fois seulement. Ces animaux se répartissent dans vingt-sept genres, dont seize ne dépasseraient pas 50 brasses, et fait en parfait accord avec ceux déjà signalés, ce sont les genres les plus largement répandus qui sont susceptibles d'exister à la plus grande profondeur. Les *Nymphon*, les *Colossendeis*, les *Phoxychillidium* ont une distribution universelle, à l'exception du Pacifique (1). La distribution bathymétrique est également très grande pour certains genres. Ainsi les *Colossendeis* sont répartis entre 100 et 2,650 brasses.

Une des formes les plus remarquables de Pygnogonides, qui aient été trouvés dans les grands fonds, a été recueillie par le *Talisman*. De même que le Bathynome, dont nous venons de parler, est un géant parmi les Isopodes, de même le *Colossendeis titan* est un géant parmi les Nymphons. Nous l'avons pêché par 4,000 mètres de profondeur. Il vivait sur un fond très riche (pl. 7), car le chalut a remonté en même temps que lui des poissons, plu-

---

(1) Cette dernière observation correspond à l'état de nos connaissances sur le monde sous-marin ; mais elle ne doit être acceptée que comme possédant, par suite de la faible étendue des recherches entreprises dans la portion des océans à laquelle elle est relative, qu'une valeur toute momentanée.

sieurs crustacés : des *Penthacheles*, des Éthuses, des Pagures ; différentes coquilles : des *Fusus*, des *Bulla*, des *Neæra*, enfin de grandes Holothuries violettes (*Psychropotes*), et plusieurs Éponges.

Les Crustacés tout à fait inférieurs constituent l'ordre des Cirripèdes. Les œufs de ces animaux donnent naissance à des larves douées de mouvements vifs, subissant différentes mues. Après avoir mené une vie errante durant laquelle leur organisme s'est peu à peu développé, ces larves se fixent sur des objets étrangers et perdent ainsi à tout jamais la faculté de se déplacer. Les animaux adultes, généralement hermaphrodites, ont leur corps entouré d'un repli de la peau renfermant des plaques calcaires (fig. 49). D'habitude il existe six paires de pieds en forme de cirrhes.

Les Cirripèdes pédonculés descendent jusqu'à une grande profondeur. Ainsi à bord du *Talisman* nous en avons pêché, entre les Açores et le golfe de Gascogne, par des fonds de 4,250 mètres (1). Ces animaux établissent leurs domiciles sur les objets les plus divers et dans des conditions souvent les plus inattendues. Ceux qui vivent près de la surface s'installent sur un morceau de bois flottant, sur la carène des bateaux, sur des roches et très fréquemment sur le corps de gros mammifères marins, de Baleines, de Cachalots dont la peau est peu à peu complètement envahie. Sur les grands fonds vaseux, alors que les roches, les polypiers viennent à manquer, les Cirripèdes en sont réduits à rechercher des hôtes qui leur offrent un point de fixation. Ceux qui ont leurs préférences, sont quelquefois d'autres espèces de Crustacés et on peut voir, sur une de nos figures (fig. 38), un *Scyramathia Carpenteri*, portant sur son dos un Cirripède appartenant à la famille des Lepadides.

Les Cirripèdes operculés s'observent dans de grands fonds, et pour les *Verruca*, qui descendent jusqu'à près de 2,000 brasses, on constate, comme pour les *Scalpellum*, une coïncidence remar-

____

(1) Le *Challenger* a recueilli par 2,850 brasses le *Scalpellum regium* (Hoek.) et par 2,161 brasses le *Scalpellum Darwini* (Hoek.).

quable entre leur apparition ancienne, dévoilée par des débris
trouvés à l'état fossile, et leur extension dans les abysses. Les
Balanes, vulgairement appelées sur nos côtes *glands de mer*, disparaissent à partir de 1,000 à 1,200 mètres.

Au sujet des Crustacés comme au sujet des Poissons, il est très
intéressant de rechercher si les influences auxquelles sont soumis ces animaux dans les grandes profondeurs n'entraînent pas
des modifications et des adaptations de leur organisme.

Pour certaines formes, on note des changements dans la

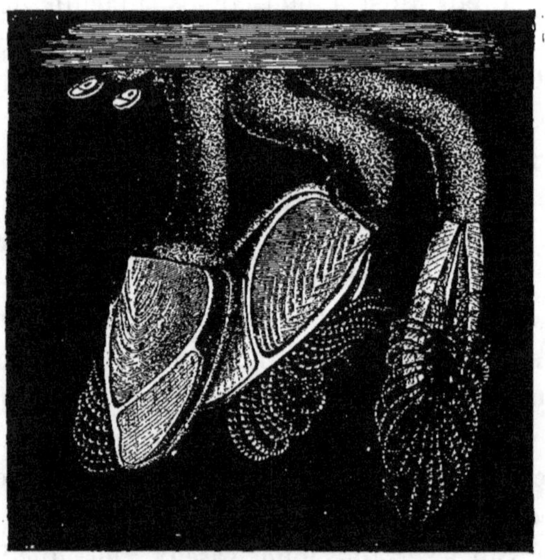

Fig. 49. — Cirripède pédonculé (*Lepas anatifera*). Moitié de grandeur naturelle.

structure de la carapace, des muscles et des divers tissus. Ainsi
les *Wilmœsia*, les *Penthacheles*, les *Polycheles*, sont tellement
transparents qu'on peut se rendre compte, au travers de l'enveloppe tégumentaire, de la disposition des divers organes, des troncs
nerveux et des vaisseaux. La fibre musculaire est molle, friable,
complètement dépourvue de saveur. Ainsi, les magnifiques Crevettes, les Pendales, que nous avons pêchés en abondance à bord
du *Talisman* par 500 mètres, n'ont jamais constitué qu'un manger peu agréable, d'une extrême fadeur. Au point de vue des

colorations extérieures, il n'existe rien de fixe pour des profondeurs déterminées, et pour les Crustacés, comme pour les autres animaux, on ne peut dire que les diverses zones marines sont habitées par des êtres présentant des couleurs spéciales. Le fond a-t-il par sa teinte une influence sur la couleur des bêtes qui reposent sur lui? Il ne le paraît pas, car si entre 4,000 et 5,000 mètres on pêche des Crustacés d'un blanc grisâtre, alors que le fond a cette teinte, on en trouve d'autres en même temps qui sont d'un beau rouge. Cette observation est importante, parce que, pour certains Crustacés de surface, il s'établit quelquefois une identité de coloration entre l'animal et le milieu dans lequel il se trouve. J'en citerai un exemple très remarquable, qui nous a été présenté par une crevette vivant dans la mer des Sargasses. Lorsqu'on recueillait ce charmant petit Crustacé, il possédait exactement le coloris des algues et, grâce à ce fait, il était très difficile à découvrir. Venait-il à abandonner les varechs et à nager durant quelque temps au milieu des belles eaux bleues de l'Océan, la teinte feuille morte, les marbrures plus foncées répandues çà et là sur son corps s'effaçaient et au bout de quelques instants il était devenu d'une transparence légèrement bleutée telle, que placé dans une cuvette remplie d'eau de mer, il était absolument impossible de le découvrir.

Les colorations de Crustacés de très grands fonds sont d'un rouge plus ou moins intense, quelquefois violacé ou d'un blanc rosé ou d'un blanc gris (pl. 7). Les teintes jaunes, vertes, bleues, indigo, font complètement défaut et nous verrons plus tard certaines d'entre elles être présentées par d'autres animaux. Les œufs de quelques crevettes, vivant par 500 mètres, sont colorés en bleu ou en vert (pl. 1).

Nous avons vu que chez les Poissons les organes de la vision étaient toujours parfaitement développés (1), quelle que fût la profondeur à laquelle on prenait ces animaux. Il n'en est pas de

(1) A l'exception de l'*Ipnops Murrayi* chez lequel ces organes sont évidemment modifiés.

même chez les Crustacés, dont plusieurs espèces appartenant à des
groupes fort différents présentent une atrophie, et souvent même
une disparition complète des yeux. La perte de ces organes chez
des Crustacés vivant au fond de la mer, dans un milieu obscur,
n'a pas lieu de nous surprendre, car nous savons que les Crustacés existant dans l'intérieur des lacs situés au fond des ca-
vernes ne voient pas. Ainsi, il y a dans la caverne de Mammouth
à côté de l'*Amblyopis spelæus*, poisson aveugle dont j'ai eu l'occasion de parler (1), une Écrevisse qui ne voit pas (*Astacus*

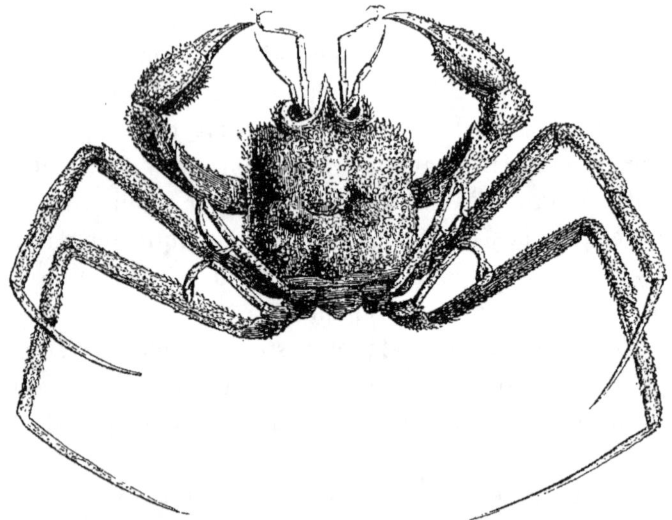

Fig. 50. — *Cymonomus granulatus* (A. M.-Edw.), 800 mètres de profondeur.

pellucidus). Chez cet animal les téguments se sont peu à peu
avancés au-dessus des yeux et ont fini par les recouvrir.

Nous allons constater que pour les Crustacés marins on peut
suivre pas à pas la façon dont s'effectue la disparition de ces
organes. Ainsi on trouve dans le golfe de Gascogne et dans la
Méditerranée un Crustacé chez lequel les pédoncules oculaires
subsistent alors que l'œil qui devrait être au bout fait défaut.

(1) Voyez p. 83.

La disposition que j'indique est très apparente sur un échantillon que j'ai fait représenter (fig. 50) et qui a été pêché à bord du *Travailleur* par 800 mètres de profondeur. Le *Cymonomus granulatus* (A. M.-Edw.) avait été trouvé primitivement à Valentia, puis dans le canal des Faröer lors des voyages du *Porcupine*, et il avait été décrit par Norman sous le nom d'*Ethusa granulata*. Voici quelles avaient été les remarques que ce savant observateur avait pu faire relativement à la structure des organes de la vision.

« L'*Ethusa granulata* appartient à l'espèce trouvée à la hauteur de Valentia, mais présente dans sa conformation une modification des plus extraordinaires. Les exemplaires remontés de 110 à 310 brasses dans les parages plus méridionaux ont la carapace armée, dans sa partie antérieure, d'un rostre aigu d'une longueur considérable. L'animal paraît être aveugle, mais il a deux remarquables tiges oculaires, lisses et arrondies à l'extrémité où l'œil est ordinairement placé. Cependant chez les spécimens venus du nord, habitant une profondeur de 542 à 705 brasses, les pédoncules oculaires ne sont plus mobiles ; ils sont complètement fixés dans leurs alvéoles, et leur caractère est changé. Leurs dimensions sont de beaucoup plus grandes ; ils sont plus rapprochés à leur base et, au lieu d'être arrondies, leurs extrémités se terminent par un rostre très solide. Ne servant plus pour les yeux, ils fonctionnent comme rostres, et le véritable rostre, si saillant dans les spécimens venus du Midi, a (chose merveilleuse) disparu. Si nous n'avions trouvé qu'un seul exemplaire de cette forme, nous aurions pensé sans hésitation que nous étions tombés sur une monstruosité ; cette hypothèse ne saurait être invoquée pour expliquer cette modification, dans la transformation amenée par le changement dans les conditions de la vie. Trois individus ont été trouvés à trois reprises différentes et ils sont, à tous égards, parfaitement identiques (1). »
Par conséquent, chez certains *Cymonomus granulatus*, les yeux

(1) W. Thomson. *Les abîmes de la mer*, p. 146.

disparaissent d'abord, leurs pédoncules subsistant, tandis que

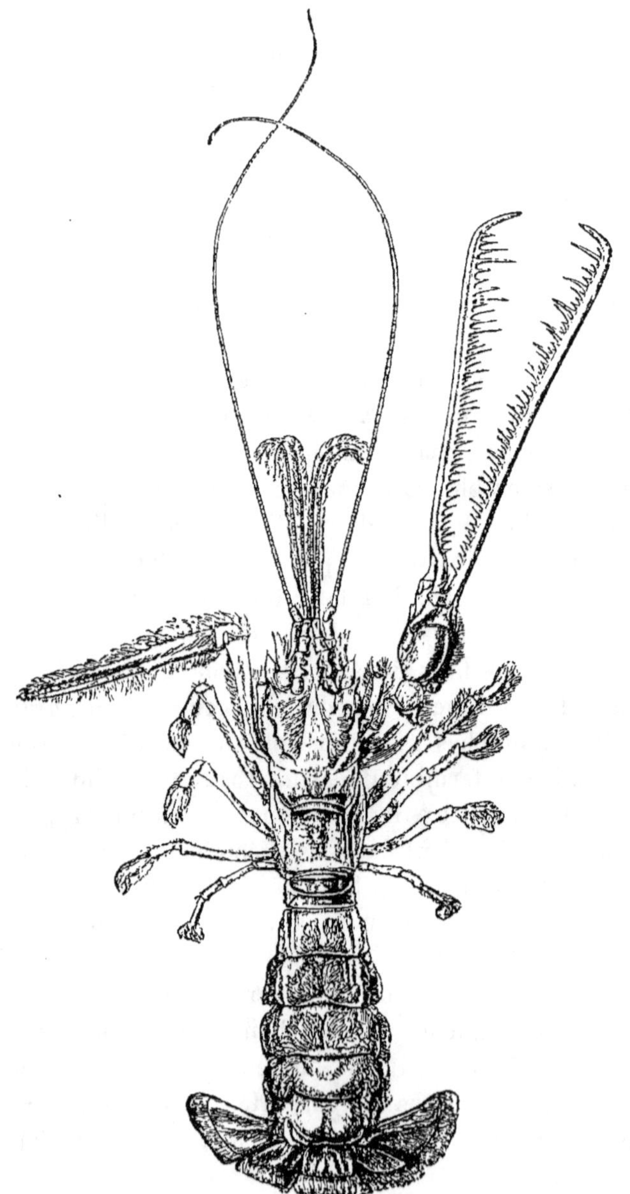

Fig. 51. — *Thaumastocheles zaleuca* (Suhm), 450 brasses. (Grandeur naturelle.)

chez d'autres de ces animaux, vivant par de plus grands fonds, les tiges oculaires se modifient pour se substituer au rostre qui disparaît à son tour.

L'atrophie des yeux des Crustacés se lie donc évidemment à la descente de ces animaux dans des parties de plus en plus profondes des mers.

Un autre exemple de ce fait nous est fourni par les *Penthacheles*. Ainsi que je l'ai rappelé à propos des Poissons, durant les temps géologiques anciens, les mers paraissent n'avoir pas possédé les profondeurs immenses qu'elles ont de nos jours, et nous n'avons rencontré nulle part de Crustacés aveugles dans leurs dépôts surélevés. On trouve assez abondamment dans les couches oolithiques de Solenhofen, en Bavière, des empreintes de Crustacés, dont un genre, celui des *Eryon*, possède une extrême ressemblance avec celui des *Penthacheles* existant de nos jours par 3 à 4,000 mètres dans le fond de l'Atlantique. Les *Eryon* sont très probablement les ancêtres des *Penthacheles*, seulement comme ils vivaient dans des eaux peu profondes, ils avaient des yeux, tandis que leurs descendants, qui peu à peu se sont avancés dans les abysses, ont fini par perdre ces organes (1).

Un des crustacés aveugles les plus curieux qui aient été trouvés dans les grands fonds est une espèce d'Écrevisse, le *Thaumastocheles zaleuca*, prise durant un dragage exécuté à bord du *Challenger* par 450 brasses, aux environs de Saint-Thomas (Antilles). Comme sur les *Wilmœsia* les yeux manquent, et on ne trouve pas de trace des pédoncules ayant dû les supporter. Il semblerait, ainsi que l'a dit Wyville Thomson, qu'un habile opérateur eût extirpé ces différentes parties.

Le *Thaumastocheles zaleuca* vit probablement enfoui dans la vase, et ses énormes pinces doivent lui servir à se rendre maître de proies vigoureuses passant à sa portée.

Je citerai en dernier lieu comme Crustacé aveugle très intéres-

(1) J'ajouterai que les embryons de *Wilmœsia* présentent, durant leur première période de développement dans l'œuf, des organes de vision semblables à ceux des Crustacés ordinaires (*Narr. Chall. Exped.*, t. I, p. 524).

sant le *Galathodes Antonii* (A. M.-Edw.), que nous avons pêché à bord du *Talisman* par 4,100 mètres de profondeur.

Chez les Crustacés les plus inférieurs, les Pygnogonides vivant dans des eaux peu profondes, on trouve quatre yeux, tandis que sur ceux de ces animaux qu'on prend au-dessous de 400 brasses, ces organes ont disparu ou sont simplement rudimentaires et sans pigment. Ce fait concorde complètement avec celui que j'ai signalé à propos du *Cymonomus granulatus*.

En présence du nombre très élevé d'espèces de Crustacés répandues sur le fond des mers, on peut dire que la disparition des yeux est, chez les animaux de cette classe, un fait assez rare. La plupart des espèces, même celles recueillies par 5,000 mètres, possèdent des yeux bien développés. Nous sommes donc obligés de nous demander comment fonctionnent ces organes.

D'abord ils peuvent être impressionnés par les lueurs fournies par d'autres animaux ou, comme nous l'avons dit antérieurement, par des rayons spéciaux cheminant jusqu'au fond des abysses ; d'autre part les êtres auxquels ils appartiennent sont la plupart du temps susceptibles d'émettre des lueurs phosphorescentes. Ce dernier fait est connu depuis longtemps et il semble que ce soient deux naturalistes français, Eydoux et Souleyet, qui l'aient pour la première fois le mieux étudié, durant le voyage scientifique qu'ils ont accompli sur la *Bonite*. « Dans tous les animaux, ont écrit ces savants observateurs, qui jouissent de la phosphorescence, cette propriété nous a paru dépendre d'un principe particulier, d'une matière sécrétée probablement par ces animaux, mais qui présente des différences dans la manière dont elle est produite au dehors.

« Les uns, les petits Crustacés phosphorescents, peuvent émettre ce principe à l'extérieur dans certaines circonstances, surtout lorsqu'ils se trouvent irrités d'une manière quelconque ; ils lancent alors de véritables jets, des fusées de matière phosphorescente en assez grande quantité pour former autour d'eux une atmosphère lumineuse dans laquelle ils disparaissent. Nous avons pu recueillir une certaine quantité de cette matière sur les parois d'un vase qui renfermait un grand nombre de ces Crustacés (1). »

D'autres Crustacés ne possèdent pas la faculté d'émettre au dehors une matière lumineuse abondante, pouvant ainsi se mélanger à l'eau ambiante, et ils ne développent de la phosphorescence que dans des conditions particulières, lorsqu'ils nagent, qu'ils marchent ou lorsqu'on les irrite. Au fond de la mer, c'est très probablement à l'époque de la reproduction et durant les mouvements que les lueurs se produisent.

Certains Crustacés, le *Geryon tridens*, parmi les Brachyures, les Aristés, parmi les Macroures, ont comme divers poissons des yeux lumineux d'un éclat incomparable. L'œil paraît dans ce cas être à la fois un centre de production de lumière et un organe de perception des impressions lumineuses. De même que certains Poissons ont des organes spéciaux destinés à donner naissance à des lueurs phosphorescentes, de même certaines formes de Crustacés portent sur plusieurs parties de leur corps des plaques destinées au même usage. Durant le voyage du *Talisman* nous avons pris une nouvelle espèce d'*Acantephyra*, l'*Acantephyra pellucida* (A. M.-Edw.) dont les pattes sont garnies de bandes phosphorescentes.

Certains Schizopodes présentent également des organes spéciaux de phosphorescence. Ainsi les naturalistes du *Challenger* ont observé des *Euphausiidæ* chez lesquels il existait, en arrière des yeux, une paire de plaques lumineuses (2). Deux autres paires de plaques de même nature étaient insérées sur le tronc, alors que quatre autres plaques étaient situées sur la ligne médiane de la queue. Les plaques antérieures paraissaient être les plus brillantes. Le pouvoir lumineux était sous la dépendance de l'animal qui en usait souvent, mais pas toujours, lorsqu'on venait à l'irriter.

Quelquefois les perceptions lumineuses sont singulièrement

(1) Extrait du rapport de de Blainville sur les résultats scientifiques de la *Bonite. Compt. rend. hebd. de l'Acad. des sc.*, t. VI, p. 459. 1838.

(2) *Narr. Chall. Exped.*, t. I, 1885, p. 743.

facilitées chez les Crustacés par le développement d'yeux supplémentaires. Certains petits Schizopodes ont des yeux pairs
sur les membres thoraciques et des yeux impairs sur les fausses
pattes (*Euphausia*). Chez d'autres Crustacés du même groupe, les
Gnathophausia, il existe des yeux disposés sur des appendices
dépendant de la bouche. Enfin je rappellerai que, chez certains
Crustacés, les yeux prennent un développement considérable ;
ainsi ceux du Bathynome géant présentent chacun 4,000 fa-

Fig. 52. — *Hapalopoda investigator* (A. M.-Edw.), 1,900 mètres de profondeur.
(Grandeur naturelle.)

cettes. Cette disposition, qui paraît surprenante, n'est pourtant
rien à côté de celle offerte par un autre Crustacé, le *Cystosoma
Neptuni* (Guér.-Mén.). Cet animal, trouvé pour la première fois
dans l'Océan Indien, a été recueilli durant le voyage du *Challenger* en divers points de l'Atlantique, et Wyville Thompson a
supposé qu'il devait vivre tantôt près de la surface, tantôt dans
de grandes profondeurs.

Le *Cystosoma Neptuni* est complètement privé de couleur, et
son corps est si transparent qu'on peut suivre, dans son intérieur,

la marche des plus petites fibres nerveuses. La tête est large et renflée. Elle est entièrement occupée par deux immenses yeux à facettes rappelant ceux de certains Crustacés fossiles, très anciens, appelés des Trilobites (*Æglina*).

Les antennes, qui dans certaines formes prennent un développement considérable, doivent singulièrement faciliter aux animaux à qui elles appartiennent la connaissance des objets ou des êtres environnants. Grâce à leur souplesse, elles peuvent se glisser sous les roches afin d'explorer les cavités, ou bien elles peuvent durant le repos, en étant abandonnées à la surface de la vase, alors que leur possesseur est enfoui, avertir, si elles viennent à être heurtées, de la présence d'un ennemi. Le rôle des antennes, comme organes d'exploration, est tellement important qu'on voit, chez des Crustacés de grands fonds, certaines parties du corps être détournées de leurs fonctions et revêtir la forme de ces organes. Un des exemples les plus remarquables qu'on puisse citer à ce sujet, est celui présenté par une sorte de Crevette que nous avons pêchée, à bord du *Talisman*, par 1,900 mètres de profondeur. L'*Hapalopoda investigator* (A.M.-Edw.), décrit primitivement sous le nom de *Benthecisymus Bartleti* (fig. 52), est un Crustacé d'un rouge carminé, dont les antennes ont une fois et demie la longueur du corps. Les pattes vont progressivement en augmentant de grandeur. Leurs trois premières paires portent à leur extrémité une petite main didactyle, alors que les deux autres paires, dont la longueur est presque double de celle de la paire qui les précède, se terminent par une série de petits articles, placés bout à bout, rappelant par leur forme et leur disposition les articles composant le flagellum des antennes.

En résumant les observations précédentes, on voit que les recherches sous-marines ont fait découvrir une foule de Crustacés nouveaux et qu'elles en ont fait rencontrer d'autres connus seulement à l'état fossile. D'autre part, elles ont permis d'apprécier la distribution des différents groupes de ces animaux en profondeur et en espace. Enfin elles nous ont révélé de curieuses adaptations accomplies pour assurer la vie au fond des abysses.

CHAPITRE VII

MOLLUSQUES

Les Mollusques sont des animaux au corps mou, généralement protégé par une coquille dont la forme, le volume, la coloration varient à l'infini. En se basant sur la présence ou l'absence de cet appareil, les zoologistes les ont répartis dans deux grands groupes, celui des Mollusques testacés ou à coquilles et celui des Mollusques nus. Seulement, comme la nature ne passe jamais brusquement d'une forme à une autre, on rencontre tous les intermédiaires possibles entre ces deux divisions, et Frédol a pu dire avec beaucoup de justesse, qu'il existait « des Mollusques avec une demi-coquille, d'autres avec un quart de coquille, d'autres avec un cinquième, un dixième, un vingtième de coquille..... »

Les Mollusques ont fait leur apparition à la surface de la terre depuis des milliers et des milliers d'années, car nous retrouvons leurs débris fossilisés au milieu des couches composant les terrains les plus anciens. Ainsi, en 1868, Bigsby a dressé un tableau permettant de se rendre compte du mode de composition de la faune cambrienne, et il en résulte qu'à cette époque primordiale il existait déjà trois cent soixante-cinq espèces de Mollusques. Les découvertes récentes ont encore accru considérablement ce nombre. Durant les époques suivantes les Mollusques se sont multipliés avec une rapidité surprenante, car on en compte 5,066 dans le silurien, 2,939 dans le dévonien, 3,281 dans le carbonifère (1).

L'étude des Mollusques fossiles a une importance capitale au point de vue de la détermination des diverses couches terrestres à origine marine, lacustre ou fluviatile, car, ainsi que l'a dit M. Smith, « les corps organisés fossiles sont pour le naturaliste ce que les médailles sont pour l'antiquaire; ce sont les antiquités de la terre ; ils montrent très nettement sa formation graduelle et régulière, ainsi que les divers changements qu'ont subis les habitants de l'élément liquide. »

Existe-t-il quelque rapport entre les faunes anciennes de Mollusques dont nous découvrons journellement les débris et la faune actuelle des mêmes animaux? Jusqu'à quel point les observations, que nous pouvons faire sur cette dernière, peuvent-elles nous éclairer sur les modifications successives subies par les premières en même temps que sur les conditions de milieu dans lesquelles elles se sont trouvées être placées? Telles sont les diversions questions qui se présentent à nous alors que nous abordons l'étude de la vie sous-marine.

Les recherches, entreprises depuis bien des années déjà, ont montré que les Mollusques marins actuels n'étaient pas répartis au hasard au milieu des océans, mais que leurs genres et leurs espèces occupaient sur le globe des régions déterminées ou provinces zoologiques. Actuellement les zoologistes admettent l'existence de dix-huit provinces marines (2), seulement cette division ne concerne que les espèces vivant entre la surface et 500 mètres.

Les zoologistes distinguent cinq zones bathymétriques : 1° littorale; 2° des laminaires; 3° des nullipores et des corallines; 4° des brachyopodes et des coraux; 5° abyssale.

La zone littorale comprend les espèces caractérisant le mieux les provinces marines, et cela n'a pas lieu de nous surprendre, car c'est vers la superficie que les animaux sont plus exposés

(1) P. Fischer. *Manuel de conchyliologie*, p. 291.
(2) Voir pour ces questions : Fischer. *Manuel de conchyliologie*, p. 125 et suivantes.

à des influences variées. Aussi, lorsqu'on compare la zone littorale des côtes de France à la zone littorale des mers chaudes, on constate des différences très grandes. Sous l'influence d'une lumière vive, de courants chauds, les coquilles revêtent des formes spéciales et elles se trouvent être parées de couleurs brillantes qu'elles ne possèdent pas sur nos côtes.

L'étendue de la zone littorale, qui comprend, en France, des Littorines, des Patelles, des Troches, des Cerythes, des Chitons, des Moules, varie suivant la hauteur de la marée au point où on se trouve. Dans la Manche, dont les marées sont très fortes, elle a de 11 à 12 mètres, tandis que dans certaines portions du golfe de Gascogne elle est beaucoup plus réduite, la mer ne découvrant à marée basse que de 3 mètres à peine.

La zone des laminaires s'étend jusqu'à 27 ou 28 mètres de profondeur. Les Laminaires sont de grandes algues ayant l'aspect de lanières. Dans quelques-unes de leurs espèces les feuilles sont plissées ou frangées sur les bords. Ces végétaux, dont la taille peut, pour certaines formes, devenir excessive, flottent dans la mer au gré des courants, qui les ploient, les tordent et les font onduler comme d'immenses serpents. C'est au milieu des forêts sous-marines, formées par ces algues, que vit tout un monde de Mollusques herbivores, des Troches, des Nacelles, des Aphysies. Les Aphysies, vulgairement appelées par les matelots *lièvres de mer*, possèdent la singulière propriété de sécréter une liqueur d'un beau violet leur servant à colorer l'eau de mer, quand elles se voient menacées. A côté vivent des Mollusques dépourvus de coquilles, des nudibranches. Comme nous le verrons par la suite, ces derniers animaux ont des représentants dans d'assez grands fonds, mais la plupart de leurs espèces sont comprises dans la zone des Laminaires et dans celle des Corallines.

L'Huître comestible vit dans la zone des Laminaires, en même temps que les Poulpes, qui restent blottis dans des anfractuosités de roches, guettant une proie qu'ils enlacent de leurs bras, pour la déchirer ensuite avec leur bec puissant avant de la dévorer.

La zone des Corallines s'étend de 28 à 72 mètres. Les Corallines sont des végétaux fort singuliers dont la surface extérieure est encroûtée de sels calcaires. Leur coloration varie entre le vert et le rouge. C'est dans cette zone qu'on rencontre les mollusques gastropodes carnassiers. M. P. Fischer en se basant sur cette particularité a proposé de la nommer : *zone des grands Buccins*, et cela avec raison, car les corallines étendent leur habitat à la zone des Laminaires.

Les principaux genres de gastropodes carnassiers habitant les côtes océaniques de France sont les Buccins, les Fuseaux, les Tritons, les Cassis, les Pleurotomes, etc. Dans les mers chaudes, on trouve dans la zone qui nous occupe des Mollusques aux coquilles très brillantes et souvent d'une grande élégance.

La zone des brachiopodes et des coraux commence à 72 mètres et finit à 500. La dénomination de zone des brachiopodes et des coraux est absolument mauvaise et devra disparaître, car les brachiopodes abondent dans certaines régions, sur le littoral, comme dans les parties sud de la Nouvelle-Zélande, et ils descendent à 5,000 mètres de profondeur ; les coraux recouvrent, d'autre part, certaines portions du lit de l'Océan à 1,500 mètres. Les brachiopodes sont des animaux ayant une coquille formée de deux valves. Des parties latérales de la bouche partent deux grands bras (fig. 58), qui par leur agitation dans l'eau établissent des courants entraînant vers l'orifice buccal les particules solides ou les petits animaux pouvant servir de nourriture. Ces appendices sont, d'autre part, utilisés pour accomplir une partie des actes respiratoires, dont une autre partie s'effectue au niveau d'un repli cutané appelé le manteau.

Les naturalistes étaient autrefois unanimes à considérer les brachiopodes comme des Mollusques, aujourd'hui les opinions sont très variées à ce sujet. Ainsi Steenstrup et Morse, en se basant sur l'embryogénie et sur la présence de soies garnissant les bords du manteau, ne voient dans ces animaux que des Vers. Le professeur King en fait des Échinodermes, et Davidson cherchant à concilier les opinions les place dans un groupe spécial, voisin des Mollusques et des Annélides. La difficulté qu'éprouvent les naturalistes à faire rentrer ces êtres dans le cadre de nos classifications ne surprend pas si on se reporte à leur haute antiquité à la surface de la terre.

Les brachiopodes ont apparu durant l'époque cambrienne. On les observe pour la première fois en Angleterre dans des couches situées près de la ville de Saint-David's. Depuis cette période, où la vie commençait à s'ébaucher, les brachiopodes ont trouvé le moyen de se perpétuer jusqu'à nous et de conserver leurs caractères. Ils ont évidemment réalisé dès leur apparition un type défini d'organisation, susceptible de persister au milieu de conditions d'existence très diverses, sans avoir besoin de subir de modifications ou d'adaptations successives importantes.

La faune des Mollusques qui vit entre 72 et 500 mètres est très variée ; les espèces sont souvent fort différentes suivant les régions qu'on explore et suivant la nature du fond.

A partir de 500 mètres commence la zone abyssale. Les changements qui s'accomplissent dans la température de l'eau de mer entre 500 mètres et le fond, possèdent évidemment une grande importance au point de vue de la distribution des Mollusques suivant la profondeur.

Les dragages profonds accomplis, en 1882, dans la Méditerranée par le *Travailleur*, ont porté sur des fonds variant entre 550 et 2,660 mètres. Le nombre des espèces découvertes s'est élevé à 120 ; seulement il faut remarquer, ainsi que l'a signalé M. Fischer, qu'une trentaine d'espèces devaient seules être considérées comme essentiellement abyssales, par suite de ce fait qu'un grand nombre de coquilles tombent de la surface, après la mort des animaux auxquels elles ont appartenu.

Ainsi les débris de céphalopodes (argonautes), de ptéropodes (hyales, cléodora, etc.), qu'on a vus parfois constituer d'énormes accumulations dans les grands fonds de la Méditerranée, proviennent des couches tout à fait superficielles de la mer, tandis qu'au contraire les gastropodes, les lamellibranches, les brachiopodes, ramenés vivants, sont bien les habitants des fonds sur lesquels le filet a passé.

Les dragages les plus productifs, effectués durant la campagne du *Travailleur* dans la Méditerranée, ont été accomplis dans le golfe du Lion à 445, à 555 et 1,685 mètres. Ils ont fourni plus de soixante espèces, dont plusieurs, signalées à l'état fossile dans les dépôts pliocènes d'Italie, semblaient ne plus exister aujourd'hui. Ces espèces ont été retrouvées ensuite par le *Travailleur* et le *Talisman* dans le golfe de Gascogne, sur les côtes du Portugal, du Maroc et du Sénégal. Les plus intéressantes d'entre elles sont : la *Terebratella septata*, la *Leda messaniensis*, les *Limopsis aurita* et *minuta*, le *Pleurotema loprestiana*, le *Columbella costulata*, le *Turbo romettensis*, etc., qui témoignent de la survivance des formes pliocènes au sein des mers actuelles.

Au point de vue de la distribution géographique des espèces profondes de la Méditerranée, les campagnes du *Travailleur* ont contribué puissamment à révéler un fait d'une extrême importance. Les Mollusques, vivant dans la partie de la Méditerranée explorée par ce bateau, ont été retrouvés sans exception dans l'Océan. Par conséquent, il est actuellement prouvé que la première de ces mers a reçu sa faune profonde de Mollusques de la seconde. J'ai signalé antérieurement le même fait, relativement aux Poissons et aux Crustacés. En effet, le *Mora mediterraneus*, le *Notocanthus mediterraneus*, l'*Hoplostetus mediterraneus*, etc., qu'on s'était trop pressé de vouloir désigner en leur donnant le nom de la mer dans laquelle ils avaient été pêchés, vivent sur les côtes du Portugal et du Maroc. De même parmi les Crustacés, l'Homole de Cuvier se retrouve aux Canaries et aux Açores. Les *Scyramathia*, les *Lispognathus*, les *Cymonomus*, etc., existent dans la Méditerranée, sur les côtes du Maroc, dans le golfe de Gascogne, et s'étendent jusqu'au nord de l'Écosse. Il semble donc que la Méditerranée ne possède que peu de formes, provenant de variations locales, lui appartenant en propre. Ce fait a permis à M. Fischer de dire « que cette mer paraît avoir été peuplée en grande partie par des colonies de l'Atlantique, après la période géologique qui a fermé sa communication avec l'Océan Indien ».

Les espèces de Mollusques de grands fonds, qui vivent dans la Méditerranée, se retrouvant dans l'Océan, nous avons à rechercher suivant quelle manière s'est effectuée la propagation de ces formes dans cette deuxième mer.

Les Mollusques obtenus durant les trois années de dragages faits par le *Porcupine* furent remis entre les mains de Gwyn Jeffreys qui devait en faire le classement et la description. Ce savant zoologiste put rapidement tirer de ses observations préliminaires des conclusions d'une extrême importance. Il reconnut que les Mollusques des grandes profondeurs draguées depuis les îles Faröer, au nord de l'Écosse, jusqu'aux côtes d'Espagne, étaient presque tous d'origine septentrionale. « La plupart des espèces déjà décrites étaient connues dans les mers scandinaves, et plusieurs de celles dont la description n'a pas encore été faite appartiennent aux genres du Nord. M. Gwyn Jeffreys a fait observer que la faune des mers arctiques est encore à peu près inconnue ; mais d'après les grandes collections faites au Spitzberg par le professeur Torrel, et d'après les nombreux fragments de Mollusques qui ont été rencontrés dans les grandes profondeurs, à l'intérieur du cercle arctique, il conclut que la faune doit y être riche et variée. Il cite des sondages, faits en 1868 par l'expédition suédoise, qui atteignirent à 2,600 brasses, et qui ramenèrent un *Cuma* et un fragment d'*Astarte* dans la sonde du *Bull-Dog*. « Il est évident, dit-il, que la grande majorité, si ce n'est la totalité de nos mollusques sous-marins (et ceci pour les distinguer des espèces littorales et phytophages), ont leur origine dans le Nord ; avec le temps ils ont été transportés vers le Midi par les grands courants arctiques. Beaucoup paraissent s'être avancés jusqu'à la Méditerranée, ou avoir laissé leur dépouille dans les formations tertiaires ou quaternaires du midi de l'Italie ; quelques-uns même ont émigré jusque dans le golfe du Mexique (1). »

Ces observations sont venues confirmer l'opinion émise par

---

(1) Wyville Thompson. *Les abîmes de la mer*, p. 389.

Loven en 1863 : « qu'une faune de caractère identique s'étend d'un pôle à l'autre à travers tous les degrés de latitude, et que quelques-unes des espèces qui la composent sont très largement distribuées. » Il est évident que cette expansion de certaines formes animales sur des étendues immenses est simplement due à l'uniformité de température s'établissant dans la mer à partir de 1,800 à 2,000 mètres. Cette cause, favorable à la dispersion des espèces septentrionales, avait été parfaitement reconnue par Wyville Thompson : « J'ai déjà fait observer, dit ce savant zoologiste, qu'au point de vue de l'identité des formes appartenant aux grandes profondeurs avec les espèces découvertes jusqu'ici en Scandinavie, il ne faut pas oublier que les conditions de température, dans nos mers méridionales profondes, se rapprochent beaucoup de celles qui règnent à des profondeurs infiniment moindres dans les mers scandinaves. La température est, de toutes les conditions, celle qui paraît avoir le plus d'influence sur la distribution des espèces. Cette faune correspondante dans les régions du Nord est connue depuis bien plus longtemps et d'une manière bien plus complète. M. Gwyn Jeffreys insiste beaucoup sur la plus grande abondance, dans les régions arctiques, d'espèces qui se trouvent aussi dans nos mers, et sur la supériorité de leur développement, soit au point de vue du volume, soit à celui de l'ornementation, de la ciselure extérieure. C'est ce qui se voit sans doute fréquemment ; cependant il faut reconnaître que plusieurs groupes, et cela plus particulièrement parmi les mollusques, ont une tendance à se rapetisser dans les grandes profondeurs, et je crois fort possible qu'une espèce puisse arriver à un développement très supérieur en habitant une zone où les conditions spéciales de température, qui sont nécessaires à son existence, se trouvent plus près de la surface et conséquemment plus accessibles à l'influence de l'air et de la lumière (1). »

L'expédition du *Challenger* est venue confirmer ces premières

____

(1) W. Thompson. *Loc. cit.*, p. 392.

observations, concernant la dispersion de certaines espèces dans les grands fonds des mers, où elles rencontrent des conditions d'existence qui leur sont favorables. Ainsi le *Dentalium dentalis* s'étend du nord de l'Europe au cap de Bonne-Espérance; le *Chiton Belknapi* va du nord du Pacifique à l'île de Kerguelen, le *Pecten abyssorum* a été trouvé au nord de l'Europe et en Patagonie; il en a été de même de la *Lima excavata;* la *Terebratulina septentrionalis* a été successivement signalée à la Nouvelle-Angleterre, au Cap, à l'île de Kerguelen située dans la portion sud de l'Océan Indien. La *Puncturella noachina* (Lin.), la *Scissurela crispata* (Flem.), l'*Homalogyra atomus* (Phil.) habitent les océans arctique et antarctique. Dans notre hémisphère, il existe de grandes affinités entre la faune profonde des Mollusques européens et celle des Antilles. Diverses espèces de *Dentalium*, de *Neœra*, d'*Arca*, de *Limopsis*, de *Pecten*, etc., s'étendent ainsi d'un côté à l'autre de l'Atlantique (1).

Durant la campagne du *Talisman* nous avons pu constater à quelle profondeur descendaient, sous les tropiques, les espèces existant au nord de l'Europe, près de la surface.

Le *Fusus berniciensis* vit au Finmark entre 90 et 150 mètres et à 1,918 au cap Bojador, sur les côtes du Maroc. De même le *Scaphander punctostriatus*, trouvé entre 36 et 450 mètres en Scandinavie, descend à 2,200 mètres au cap Ghir; la *Malletia*

---

(1) Le *Fusus berniciencis* (reproduit sur notre figure 54) vit au Finmark, au nord de la Russie, aux îles Shetland, et nous l'avons retrouvé dans le golfe de Gascogne, sur toute la côte du Maroc et du Sahara. Le *Scaphander punctostriatus* s'étend du Finmark, des îles Lofoten, du nord de l'Amérique jusqu'au golfe de Gascogne et suit ensuite les côtes du Portugal et l'Afrique jusqu'au Sénégal. La *Malletia obtusa* va également des îles Lofoten jusqu'au Sénégal. La *Lima excavata*, gigantesque lamellibranche, n'avait encore été signalée que sur les côtes de la Scandinavie et la drague nous l'a rapportée vivante, au sud du cap Bojador. Cette espèce découverte à l'état fossile en Sicile s'étend jusqu'en Patagonie. Je pourrais encore multiplier les exemples de l'immense distribution de certaines espèces de Mollusques, et on doit noter à ce point de vue, à côté des formes que je viens de signaler, le *Fusus islandicus*, le *Limopsis minuta*, le *Sindesmya longicollus*, les *Neœra arctica* et *cuspidata*, les *Pecten vitreus* et *septemradiatus*, etc.

obtusa, qui apparaît en Norvège à 365 mètres, s'enfonce jusqu'à 3.200 mètres au large du Sénégal.

La faune profonde de l'Afrique intertropicale est absolument différente de la faune superficielle. Ce fait, d'une importance extrême, a été mis en lumière par M. Fisher à la suite de l'expédition du *Talisman*. « Il y a, dit ce savant naturaliste, une différence extrême entre la faune superficielle et la faune profonde de l'Afrique intertropicale ; les genres ne sont plus les mêmes ; leurs associations réciproques n'ont aucun rapport, et si les restes de ces faunes, pourtant contemporaines, étaient fossilisés, on pourrait croire qu'ils correspondent à deux époques distinctes ou qu'ils représentent la population de deux mers sans communications. » Je n'ai pas besoin de faire remarquer l'importance des observations de M. Fisher, car il est évident qu'au point de vue des études géologiques dans lesquelles, pour la détermination de l'âge des couches marines, on se sert beaucoup de l'examen de la faune des Mollusques, la différenciation absolue dans une même région, dans une même mer, des faunes superficielles et profondes, devra toujours, dès à présent, être prise en très grande considération.

Les Mollusques des grands fonds appartiennent aux diverses divisions des céphalopodes, des gastropodes, des scaphopodes, des lamellibranches, des brachyopodes.

Les céphalopodes sont les plus grands et les plus redoutables des Mollusques. Leur corps ovoïde se termine antérieurement par une grosse tête portant latéralement des yeux énormes, brillant la nuit comme ceux des chats, et munie d'une bouche armée de deux puissantes mâchoires cornées rappelant, par leur forme, le bec d'un perroquet. Du pourtour de la bouche se détachent de longs bras, souples et vigoureux, couverts de ventouses qui leur permettent d'adhérer fortement aux objets sur lesquels ils ont été lancés.

Le corps des céphalopodes est tantôt protégé par une coquille externe (Nautile), tantôt par une plaque calcaire ou cartilagineuse cachée dans un repli de la peau qu'on nomme le manteau.

Quelquefois elle est simplement représentée, comme chez le Poulpe, par deux courts stylets.

Les céphalopodes des grands fonds se rapportent à des formes particulières. Ainsi, durant la campagne du *Talisman*, le *Cirotheutis umbellata* (Fish.) a été pris au voisinage des Açores par 2,235 mètres, et l'*Ourotheutis megaptera* (Fish.) a été remonté de 3,175 mètres. Tous les échantillons connus sont de taille fort réduite et jamais nous n'avons vu, cramponnés à nos filets, ces Mollusques géants que nous savons, d'une manière certaine, habiter les abîmes. L'existence d'énormes céphalopodes a été connue dès la plus haute antiquité ; seulement les récits, qui ont été faits de la rencontre de ces animaux, portent l'empreinte de la tendance au merveilleux, au surnaturel, qui caractérisait l'esprit des peuples primitifs.

Dans le nord de l'Atlantique et de la mer du Nord, sur les côtes de l'Islande et du Danemark, près du banc de Terre-Neuve, il a été capturé à diverses reprises des céphalopodes auxquels on a donné le nom d'*Architeutis*. Verril, qui a eu l'occasion d'observer quelques-uns de ces animaux, presque complets, en a tracé une étude sérieuse. L'*Architheutis princeps* mesure plus de 12 mètres de longueur, et les bras tentaculaires de l'*Architheutis monachus* des îles Baffin (Irlande) ont 9^m,12.

Ces animaux ne viennent qu'accidentellement à la surface ; ils font évidemment partie de la faune des mers profondes, et il faut espérer qu'un jour nous pourrons envoyer, au fond de l'Océan, des filets assez vastes pour les contenir et les arracher à leur lointaine demeure.

Les dragages du *Challenger* et ceux du *Talisman* ne nous ont fait découvrir au fond de la mer aucun exemplaire vivant des céphalopodes connus seulement à l'état fossile, des Bélemnites particulièrement.

M. Hoyle, qui a été chargé d'examiner les céphalopodes rapportés par l'expédition anglaise, signale une grande variété de types nouveaux. Les *Octopus* ont paru surtout constituer des formes littorales, deux espèces seulement sur vingt-huit ayant été remontées de profondeurs excédant 500 brasses. Les *Sepia* ont été surtout recueillies durant la partie du voyage accomplie entre la côte est de l'Australie et le Japon, au travers de l'archipel Malais, et M. Hoyle considère cette région comme devant être la métropole du genre. Dans l'Atlantique sud, le *Challenger* a dragué d'autre part par 1,375 brasses une espèce du genre *Cirotheutis* (*Cirotheutis magna*) différente de celle que nous avons trouvée dans l'Atlantique nord à 2,235 mètres. Deux autres nouvelles espèces de *Cirotheutis* furent plus tard découvertes dans le Pacifique. Par conséquent, pour les Céphalopodes comme pour les autres groupes d'animaux, les formes possédant une vaste extension géographique ont en même temps une grande extension bathymétrique. Les *Eledone*, dont une espèce, vivant sur nos côtes, répand une forte odeur de musc, ont des représentants dans l'Atlantique sud et près du cercle antarctique par 600 et 1,950 brasses. Les Céphalopodes à dix bras ont offert moins de formes intéressantes que les précédents, chez lesquels ces appendices sont seulement au nombre de huit. A 1,600 brasses dans l'Atlantique sud on a découvert un nouveau genre (*Bathytheutis*) (1), et dans le Pacifique nord, à 1,875 brasses, un autre genre encore inconnu (*Promachotheutis*) (2), présentant deux grandes nageoires sur les parties latérales du corps.

Parmi les captures intéressantes accomplies par le *Challenger*, nous devons rappeler celle de la *Spirula levis*, petit céphalopode dont nous retrouvons la coquille en abondance sur les côtes de divers points du globe et qui au fond des Océans reste presque insaisissable. Le *Challenger* en a rapporté un unique échantillon, pris par 360 brasses près de l'île de Banda, à l'est de la Nouvelle-Guinée.

Les Mollusques gastropodes se répartissent en deux sections : la première renferme ceux de ces animaux dont le corps est

____

(1) *Bathytheutis abyssicola* (Hoy.).
(2) *Promachotheutis megaptera* (Hoy.).

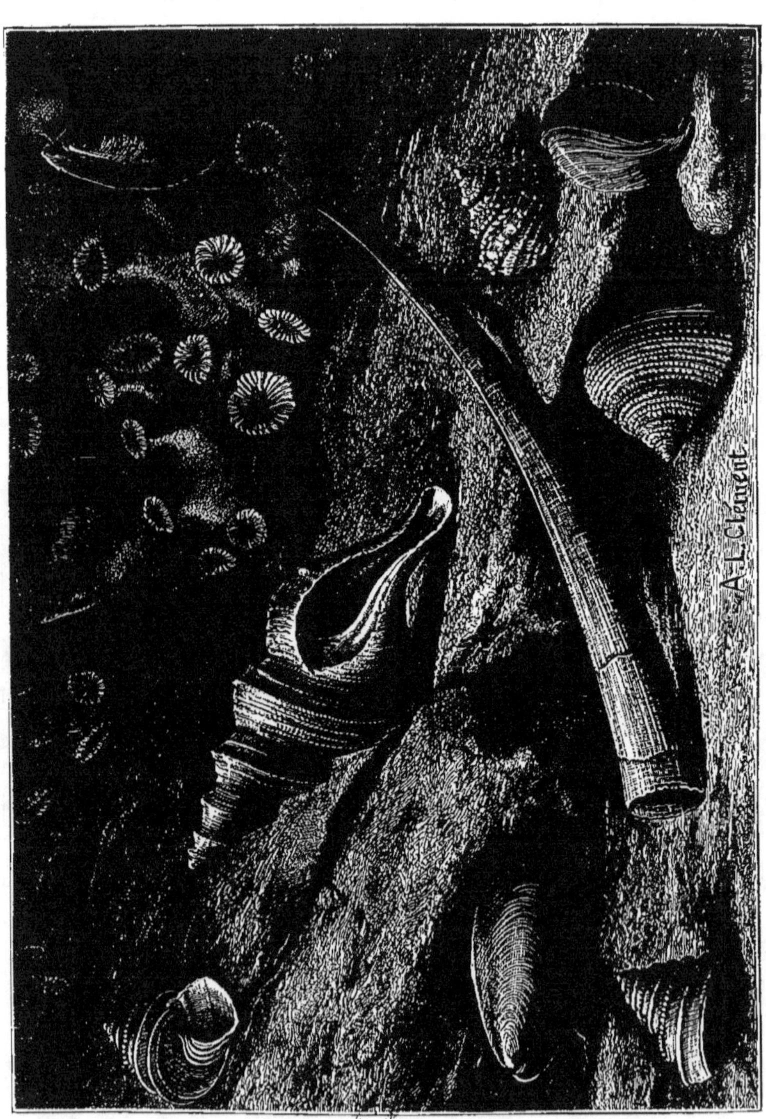

Fig. 53. — Quelques-unes des espèces de Mollusques vivant entre 1,500 et 2,500 mètres de profondeur.

protégé par une coquille, la seconde comprend ceux dont le corps est nu.

Les coquilles des Gastropodes des grands fonds ne présentent rien de bien particulier au point de vue de leur forme. Les animaux auxquels elles appartiennent étant presque toujours de taille très réduite, elles sont peu volumineuses. Leurs parois minces et fragiles offrent pour certaines d'entre elles des colorations irisées très remarquables, et je signalerai à ce point de vue le *Ziziphinus triporcatus*, le *Trochus gloria-maris* aux spores hérissées de petites épines, reproduits sur la figure 53. Ces animaux ont été pris, le premier par un fond de 1,500 mètres du-

Fig. 54. — *Fusus abyssorum* (Fish), 4,735 mètres.

Fig. 55. — *Oochoris sulcata* (Fish), 3,200 mètres.

rant la campagne du *Talisman*, le second par un fond de 2,200 mètres. Mais il semble, alors qu'on descend à des profondeurs supérieures à celles dont je viens de parler, que les colorations brillantes disparaissent pour faire place au blanc grisâtre, dont le *Fusus abyssorum* ramené de 4,735 mètres et l'*Oochoris sulcata*, pris à 3,200 mètres et représentés fig. 54 et 55, offrent un exemple remarquable. Une des plus brillantes coquilles des grandes profondeurs est l'élégante *Scalaria mirifica* (P. Fisch.) teintée de blanc et de rose, trouvée à 2,075 mètres (pl. 5).

Les recherches du *Challenger* ont fourni les résultats suivants relatifs aux Gastropodes et aux Scaphopodes. Dans 37 stations, dit M. Watson, où ont eu lieu des dragages de 0 à 400 brasses, on a découvert 819 espèces, dont 314 connues, 309 nouvelles et 196 indescriptibles. Dans 37 stations, par des fonds de 400 à 2,650 brasses, on a remonté 247 espèces ; 81 étaient connues ; 127 étaient nouvelles et 39 étaient trop abîmées pour être décrites. La profondeur maximum à laquelle l'expédition du *Challenger* a trouvé un gastropode (Stylifer) est 2,650 brasses (dans l'Atlantique sud). La plus belle capture, la plus remarquable qu'elle ait faite, est celle d'un grand gastropode nouveau, de grande taille, voisin des Volutes, le *Guivillea alabastrina* recueilli à 1,600 brasses (1).

Les gastropodes nus paraissent être très rares dans les grandes profondeurs. La forme la plus remarquable que nous en connaissions est le *Bathydoris abyssorum* pris dans le Pacifique par l'expédition du *Challenger* à 4,243 mètres. Le corps de cet animal était, d'après la description qu'en donne le Dr Rudolph Bergh, transparent et d'une consistance gélatineuse. Les feuillets branchiaux, placés sur la partie supérieure du corps, étaient bruns et le pied d'un pourpre foncé. Les organes génitaux qu'on apercevait par transparence étaient d'une belle couleur orange. Cet animal, qui mesurait 12 centimètres de longueur, était dépourvu d'yeux et d'autocystes. Quelle singulière existence que celle d'un être à la fois aveugle, sourd et peut-être muet !

Les Mollusques lamellibranches tirent leur nom de la disposition des branchies, qui, au nombre de deux de chaque côté du corps, se présentent sous la forme de lames très minces parcourues extérieurement par des lignes transversales. Ils possèdent une coquille formée de deux valves, et tout le monde connaît plusieurs de leurs genres très communs sur nos côtes, l'Huître, les Moules, les Peignes, les Vénus, par exemple. Les lamellibranches sont répandus depuis le bord des mers, où quelques-unes de leurs espèces vivent enfouies dans la vase ou le sable,

---

(1) Ce mollusque, mesurant 0^m,170 de hauteur, a été décrit primitivement sous le nom de *Wyvillea*. Il a été pris dans l'Atlantique sud. Sa coquille avait l'apparence de l'albâtre. On peut dire de lui qu'il est le géant des gastropodes de grands fonds.

jusqu'à 5,000 mètres. A cette profondeur le *Challenger* a recueilli trois genres différents (*Arca, Limopsis, Leda*), et à bord du *Talisman* nous avons pris une *Neæra* (*Neæra lucifuga*) d'un beau blanc mat par 5,005 mètres (1).

Les Lamellibranches des très grandes profondeurs vivent soit enfoncés dans la vase, soit à la surface de ce fond, dans lequel ils s'ancrent au moyen de filaments constituant un byssus. Les *Modiola lutea* dont nous avons fait reproduire un échantillon (fig. 53) utilisent, pour se fixer, ce dernier procédé. Certaines espèces doivent vivre d'une manière presque continue à la place qu'elles occupent ; d'autres, d'après ce que nous savons des mœurs des espèces voisines existant près de la surface, doivent très fréquemment se déplacer. Parmi ces dernières, je citerai d'une manière toute particulière les *Pecten*. Quelques-uns de ces derniers Mollusques possèdent la faculté de se fixer aux corps sous-marins par un byssus, mais la plupart d'entre eux vivent libres et se meuvent d'une manière fort remarquable. En fermant brusquement leurs valves entr'ouvertes, ces Peignes chassent avec force l'eau qui s'est interposée et alors, par un effet de réaction, ils se trouvent être repoussés. Le révérend D. Landsborough s'est plu un jour à observer de jeunes *Pecten opercularis* qui étaient restés dans une flaque à la marée descendante. « Leurs mouvements, dit-il, étaient rapides et en zigzag ; ils semblaient avoir le pouvoir de se lancer comme une flèche à travers l'eau en ouvrant et en fermant brusquement leurs valves. Une secousse les lançait à quelques mètres de distance ; par une autre secousse, ils paraient dans une autre direction. » Les *Pecten* des grandes profondeurs sont de petite taille et généralement décolorés ; l'espèce la plus remarquable que nous ayons pu en observer est le *Pecten fragilis* remonté à bord du *Talisman* d'un fond de 5,000 mètres. La plus grande profondeur à laquelle l'expédition du *Challenger* ait trouvé des Lamellibranches est 2,900 brasses Pacifique : *Callocardia pacifica*, Smith.).

(1) On trouvera plus loin la représentation de ce Mollusque figuré à côté d'Holothuries (Échinodermes) avec lesquels il avait été trouvé.

En se plaçant à un point de vue général, on peut dire que la faune des Lamellibranches des grands fonds diffère très peu par ses types génériques de celle des eaux littorales. Certaines espèces possèdent une grande distribution géographique. Ainsi l'*Ervilia castanea* vivant par 50 brasses sur les côtes d'Angleterre existe par 1,000 brasses aux Açores. Il en est de même des *Cryptodon flexuosus* et *croulinensis*. Quelques formes fossiles telles que les Trigonies, les Pholadomyes, ont été retrouvées vivantes durant le cours des dragages sous-marins.

Les Scaphopodes sont des Mollusques fort singuliers, considérés par les premiers zoologistes qui les observèrent comme des Vers et dont la structure, le développement et la place zoologique nous sont connus par les remarquables études qu'en a faites M. Lacaze-Duthiers. Ces animaux vivent dans des profondeurs voisines de la surface jusqu'à 4,225 mètres. Ils sont répandus dans toutes les mers du globe, et nous retrouvons leurs espèces fossiles dans les dépôts du Dévonien.

Les Dentales, qui font partie de la classe des Scaphopodes, possèdent une coquille symétrique, allongée, ayant la forme d'un cornet plus ou moins courbé et, suivant les espèces, lisse ou strié (fig. 53). Ils vivent toujours sur des fonds de sable ou de vase où ils s'enfoncent verticalement, la petite extrémité de leur coquille étant tournée en haut.

Les espèces de Dentales, qui habitent l'Atlantique, paraîtraient, d'après les dragages actuellement effectués, avoir une distribution différente suivant leurs espèces. Entre 1,000 et 3,000 mètres nous avons trouvé durant l'expédition du *Talisman* le *Dentalium ergasticum*; le *Dentalium semi-vestitum* a été observé sur des fonds de 900 à 1,100 mètres; le *Dentalium Parfaiti*, dont quelques échantillons mesurent 8 à 9 centimètres de longueur, vit aux environs de Ténériffe par 1,500 à 1,700 mètres; enfin dans les fonds de 4,225 mètres nous avons trouvé une espèce encore inconnue de taille assez réduite.

Les Brachyopodes sont de tous les Mollusques ceux dont les espèces possèdent la plus grande extension géographique, et on les a trouvés d'autre part dans les plus grandes profondeurs explorées par la drague; ainsi les naturalistes du *Challenger* ont pris la *Terebratula Wyvillei* par 5,300 mètres. Les Brachyopodes vivent dans les mers chaudes et dans les mers froides, dans les flaques d'eau laissées à marée basse sur les côtes et dans les abysses. Il y a quelques années on n'en connaissait pas plus de 90 espèces vivantes; ce nombre s'est accru à la suite des explorations sous-marines. Durant certaines périodes des temps géologiques les Brachyopodes se sont montrés en nombre incommensurable. On en a signalé 1,650 espèces dans le Silurien, 695 dans le Dévonien, 875 dans le Carbonifère. A partir de

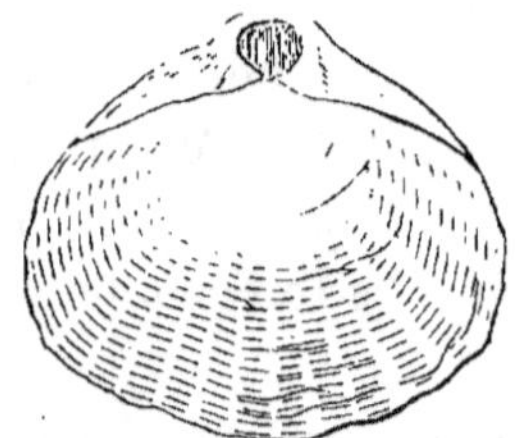

Fig. 56. Fig. 57.

Fig. 56. Valve inférieure de Térébratule montrant l'orifice par lequel passe le pédoncule. — Fig. 57. Valve inférieure de Rhynchonelle contenant l'animal. Le lobe supérieur du manteau a été enlevé de manière à permettre de voir l'enroulement des bras.

cette dernière époque leurs formes sont devenues beaucoup moins nombreuses, Bronn en 1855 n'a pu en relever que 34 dans le Trias, 120 dans le Jurassique, 217 dans le Crétacé, et enfin 52 dans le Tertiaire. A l'heure actuelle on en connaît 120 formes différentes.

Les Brachyopodes vivent généralement suspendus par une sorte de pédoncule aux branches des coraux ou bien accrochés aux rochers (fig. 53).

A l'état jeune, les Brachyopodes se présentent sous la forme de larves libres, acquérant à une certaine période de leur développement des replis de la peau devant constituer les lobes inférieur et supérieur du manteau. Sur le bord palléal se montrent alors quatre faisceaux de soies protractiles comme chez les Vers. La larve ainsi constituée ne tarde pas à se fixer et à se transformer. La partie postérieure forme le pédoncule, les lobes du manteau se replient sur la tête et, devenant chitineux, constituent une sorte de coquille ; alors les soies tombent, les branchies se développent et la coquille commence à s'imprégner de calcaire.

Quelques espèces de Brachyopodes possèdent une distribution bathymétrique très grande, car la *Terebratula Wyvillei* a été signalée par les naturalistes du *Challenger* entre 1,035 et 2,900 brasses. La *Terebratula vitrea* vit entre 5 et 1,456 brasses, la *Rhynchonella psittacea* entre 10 et 690 brasses, et la *Discina atlantica* entre 16 et 2,400 brasses.

Certaines formes paraissent avoir un habitat moins étendu. Ainsi nous avons trouvé la *Rhynchonella sicula* entre 900 et 1,000 mètres, la *Mergelia truncata* à 640 mètres, la *Waldheimia septata* entre 640 et 1,050 mètres, la *Terebratulina caput serpentis* depuis 106 jusqu'à 275 mètres, la *Terebratulina tuberata* vers 700 mètres. La *Waldheimia septata* s'est étendue depuis fort longtemps de l'Océan à la Méditerranée, où elle vit encore par 600 mètres de profondeur au large de Marseille, alors qu'on la retrouve à l'état fossile dans les dépôts pliocènes de la Sicile.

M. Davidson, qui a examiné les Brachyopodes rapportés par l'expédition du *Challenger* (1), établit ainsi qu'il suit la répartition bathymétrique des espèces dont l'habitat en profondeur a été exactement relevé :

De   0 à   500 brasses, 98 espèces.
De   501 à 1 000   —   16 espèces dont une, la *Discina atlantica*, va
                                    jusqu'à 2,400 brasses.
De 1,001 à 1,500   —   6 espèces dont une, la *Terebratula Wyvillei,* va
                                    jusqu'à 2,900 brasses à partir de 1,035.
De 1,501 à 2,000   —   4 espèces.
De 2,001 à 2,900   —   3 espèces.

(1) Dans 250 dragages faits par le *Challenger*, dit M. Davidson, il n'a été trouvé que 38 ou 39 fois des Brachiopodes. Sur les 120 espèces récentes connues, 34 seulement ont été rencontrées, dont 27 ont été draguées par des fonds de 2 à 600 brasses, et 7 entre 1,035 et 2,900 brasses. Aucune des formes abyssales n'a encore été signalée à l'état fossile.

Durant les dragages sous-marins on trouve, prises dans les échantillons de fonds remontés, des quantités quelquefois très considérables de coquilles de Mollusques n'ayant jamais vécu dans les abysses. Ces débris proviennent d'animaux existant dans le voisinage de la surface et dont les restes sont descendus au fond après la mort. Les coquilles découvertes ainsi dans les grandes profondeurs appartiennent au groupe des Ptéropodes.

Les coquilles de Ptéropodes forment en certains points du globe d'énormes accumulations dans le fond des mers. Une des parties de l'Océan où leurs amas sont des plus remarquables est la mer des Antilles. La multiplicité de ces Mollusques en divers points du globe s'est manifestée dès les temps géologiques, ainsi

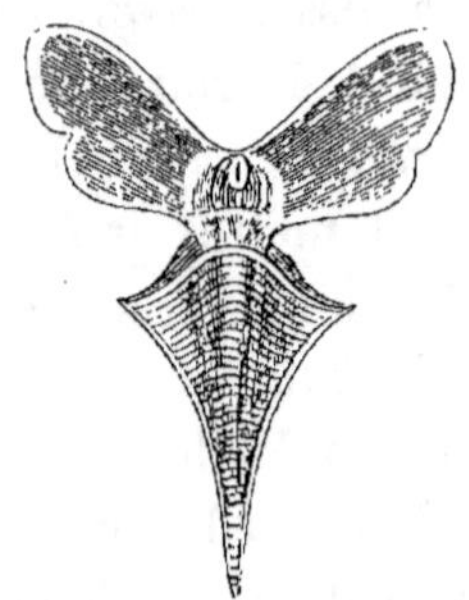

Fig. 58. — Mollusque ptéropode. Hyale.

que le montrent les dépôts miocènes à Ptéropodes de Serravalle-di-Scrivia.

Le corps des Ptéropodes, droit ou enroulé dans sa partie postérieure, porte en avant une bouche entourée de tentacules. Au-dessus de la bouche il existe deux expansions latérales représentant des lobes pairs du pied, qui agissent comme des rames et servent à l'animal à progresser.

Ces expansions, l'éclat des couleurs, ont fait depuis longtemps comparer les Ptéropodes à des papillons aux ailes étendues.

Avec les coquilles de Ptéropodes on en rencontre quelquefois d'autres provenant d'un groupe différent de Mollusques, celui des Hétéropodes.

Les Hétéropodes (fig. 59) sont de jolis animaux, possédant la transparence du cristal et ornés de vives couleurs sur différentes parties de leur corps. Quelques-unes de leurs espèces sont dépourvues de coquilles D'autres, comme les Atlantes, en possèdent une assez grande pour pouvoir s'abriter dans son intérieur. Ils vivent tous au large, près de la surface, et on les observe quelquefois en nombre considérable sous les tropiques.

Durant la dernière campagne du *Travailleur* dans le golfe de Gascogne, la drague a rapporté de grands fonds une coquille en bon état de *Carinaria* (1) et un fragment d'*Atlanta* dévoilant ainsi dans cette partie de l'Océan la présence d'Hétéropodes qu'on n'y avait pas encore signalés. Les dragages sous-marins ne nous instruisent donc pas seulement sur les habitants des abysses, ils contribuent également à nous faire connaître ceux de la surface.

D'après ce que nous avons dit touchant l'organisation des Mollusques de grands fonds, on peut présumer que le genre de vie de ces animaux doit être très varié. Les uns, tels que les Gastropodes, le *Fusus Berniciensis*, le *Ziziphinus triporcatus*, le *Trochus gloriamaris* (fig. 53), par exemple, errent sur le fond de la mer, tandis que d'autres, tels que les Dentales (*Dentalium ergasticum*, fig. 53), sont en partie enfoncés dans la vase ; de même certains Lamellibranches, les *Modiola lutea* par exemple (fig. 53), s'ancrent dans le limon au moyen d'un énorme byssus ou se recouvrent d'une légère couche de vase. Enfin d'autres Mollusques, tels que les *Waldheymia*, les *Terebratella*, les *Terebratula*, les *Rhynchonella*, vivent fixés sur quelques fragments de rochers ou sur des coraux. On aperçoit sur la figure 53 des *Rhynchonella sicula* attachées à des coraux qu'on rencontre, quelquefois en abondance, par des fonds de 1,500 à 2,000 mètres et qui portent le nom de *Lophohelia*.

L'absence de lumière a eu pour résultat d'amener chez quelques Mollusques, comme chez quelques Crustacés, la disparition

____

(1) *Carinaria vitrea.*

des yeux. Ainsi la cécité a été reconnue chez les *Eulima stenos-toma*, le *Pleurotoma nivalis*, le *Pecten fragilis*. Durant la campagne du *Talisman*, nous avons pris par 4,735 mètres une espèce inconnue de Fuseau, le *Fusus abyssorum*, qui était aveugle. De même le *Pecten fragilis* que nous avons découvert à 3,000 mètres ne présentait plus d'organes de vision.

Quelle est l'histoire particulière de chacune des nombreuses formes de Mollusques que nous savons maintenant exister au fond des océans? Nous l'ignorons et nous l'ignorerons toujours. Il nous est seulement possible de prévoir les mœurs de ces ani-

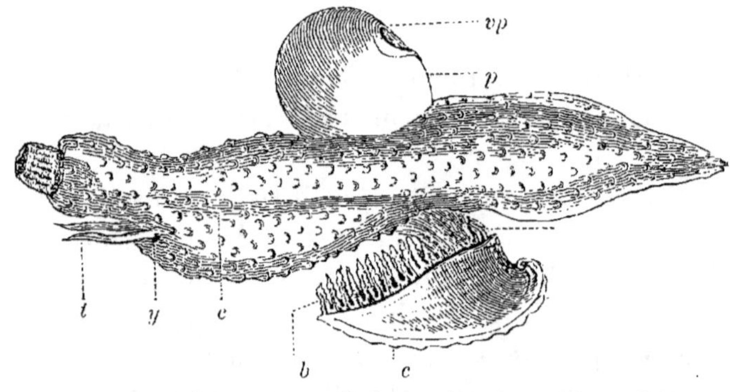

Fig. 59. — Mollusque hétéropode. — Carinaire dans la position qu'elle occupe en nageant. *t*, tentacules; *y*, yeux; *b*, branchies; *c*, coquille; *p*, nageoire; *vp*, ventouse; *e*, indication du tube digestif.

maux, leur manière de se nourrir, le rôle qu'ils accomplissent dans l'économie de la nature, en nous reportant à ce que l'observation nous a appris sur les formes voisines vivant près de la surface.

Les Gastropodes habitant les eaux peu profondes où croissent des algues sont généralement herbivores. Mais à mesure qu'on en observe à de plus grandes profondeurs, on voit se développer les caractères carnassiers. Dans les grands fonds, les végétaux faisant absolument défaut, nous pouvons être certains que ces Mollusques ne vivent que de tissus animaux. Les Mollusques carnivores de nos côtes se nourrissent surtout d'autres Mollusques et de Zoophytes. Leur marche pénible, lente, les rend impropres à poursuivre la plus grande partie des animaux marins. Certaines espèces de Céphalopodes peuvent seules arriver à atteindre des êtres à mouvements rapides.

Beaucoup de Gastropodes de grande profondeur doivent, comme les Buccins, les Strombes que nous voyons attachés aux corps des poissons ou des autres animaux rejetés sur nos côtes, se nourrir de proies mortes. Les fonds de l'Océan doivent d'autre part servir de champ de combat à de nombreuses espèces. Sur nos côtes nous voyons la guerre être déclarée d'une manière continue par certaines espèces à d'autres et les moyens employés pour triompher de résistances qui paraissent ne pouvoir être brisées, être des plus singuliers. Qui croirait qu'un gastropode, un Buccin, une Pourpre puisse venir à bout d'un Mollusque bivalve, enfermé étroitement dans sa coquille? Nous savons que, pour ouvrir des coquilles de bivalves, nous devons nous servir d'un couteau et faire quelquefois un réel effort, et par conséquent il semble impossible qu'une sorte de colimaçon se rende maître d'animaux si bien abrités. Mais si la nature a refusé aux Gastropodes la force, qui eût pu leur permettre d'écarter les valves de la coquille protégeant les animaux dont ils voudraient se nourrir, elle leur a donné une arme terrible leur permettant d'aller les atteindre au fond de leur demeure et de les frapper de mort. Cette arme c'est la langue, qui, disposée en forme de râpe et armée de dents siliceuses, creuse un trou dans la coquille, qui ne devient plus alors qu'une vaine armure.

Les bivalves, les brachyopodes vivent des petits animaux qui nagent autour d'eux.

Les Mollusques témoignent d'une grande indépendance et, ainsi que l'a fait remarquer Van Beneden, non seulement ils se contentent de la lenteur de leur marche, comme de la pauvreté de leur nourriture, mais ils ne demandent que bien rarement du secours à leurs voisins (1). Pourtant il en est quelques-uns qui

____

(1) Van Beneden. *Commensaux et parasites*, p. 43.

Nephropsis Agassizii (A. M. Edw.)

Mopsea

Mopsea

Pentacrinus Wyville-Thomsoni (Jeffr.)

Pasiphae rubroguttata (A. M. Edw.)

Lophohelia prolifera (H. M. Edw. et Hai.)

Pheronema Carpenteri (W. Thom.)

Stephanotrochus nobilis (Mos.)

Brisinga coronata (Asbj.)

Epizoanthus parasiticus

Pentacrinus asperus (A. M. Edw.)

Scalaria mirifica (Fish.)

[...] les rend [...] animaux marins.
Certain [...]cules arriver à
[...] profondeur doivent,
[...] nous voyons attachés aux
[...] rejetés sur nos côtes,
[...] fonds de l'Océan doivent
[...] à de nombreuses espèces.
[...] être déclarée d'une manière
[...] autres et les moyens employés
[...] paraissent ne pouvoir être bri-
[...]roirait qu'un gastropode, un
[...] mollusque bivalve,
[...]quille? Nous savons que, pour ou-
[...] nous devons nous servir d'un cou-
reel effort, et par conséquent il
[...] rende maître
[...] si la nature refusé aux Gas-
[...]r permet [...]ter les valves
[...] ils voudraient se nour-
[...] terrible leur permettant d'aller
[...] meure et de les frapper de mort.
[...]sposée en forme de râpe et armée
[...]quille, qui ne
[...] armure.
[...] vivent des petits animaux qui
[...]gent autour

Les Mollusques [...] ne grande dépendance et,
ainsi [...]lement ils se
contentent de leur [...] marche [...] la pauvreté
de leur nourriture, il [...] rarement du
secours à leurs voisins [...] il en [...]lques-uns qui

(1) Van Beneden, Comm[...]

ont compromis, comme le dit le savant naturaliste que je viens
de citer, la dignité de leur classe. On connaît une *Cipræa* vivant
dans la paroi d'un magnifique polype (1) constituant des colonies
hautes quelquefois de 3 mètres, et des Pourpres habitant
sur des madréporaires dont elles sont devenues les commensales.
M. Stimpson a signalé à propos d'un gastropode des habitudes
plus singulières. D'après ses observations, cet animal, qui habite
le port de Charleston, se loge dans le corps d'une Annélide (2).

Depuis fort longtemps on a décrit sous le nom de *Stylifer* des
Mollusques gastropodes vivant sur des animaux marins très différents, tantôt comme commensaux, tantôt comme parasites. On
les trouve fixés sur des Étoiles de mer, sur des Comatules ou sur
des Holothuries. Ils se placent dans le voisinage de la bouche et
s'emparent des débris du repas de leur hôte. Mais il en est parmi
ces animaux, qui trouvent que la quantité d'aliments dont ils
sont ainsi appelés à profiter n'est pas suffisante, et alors ils n'hési-
tent pas à pénétrer dans l'estomac et à s'installer au milieu des
produits de la pêche : le comble du sans-gêne, tout le corps dans
le plat.

Il semble que la vie des animaux de grandes profondeurs doive
s'écouler dans une parfaite quiétude, que ne troublerait jamais
l'arrivée de ces commensaux importuns et de ces parasites brutaux.
Pourtant il n'en est rien, et j'ai fait représenter plus loin (3) un
Stylifer qui s'est cramponné à la gorge, si je puis m'exprimer
ainsi, d'une Holothurie (*Oneirophanta*) pêchée à 4,500 mètres de
profondeur. Sa bouche a perforé la peau de sa victime pour arriver à sucer du sang.

Les connaissances que nous ont apportées les explorations sous-
marines, sur la présence et le mode de vie des Mollusques dans
les grandes profondeurs, permettent de se rendre facilement
compte de la manière dont s'est effectuée la dissémination de ces
animaux dans les diverses mers du globe, et cela dès les temps

(1) *Melithea ochracea.*
(2) *Ocœtes lupina.*
(3) Voir au chapitre consacré à l'étude des Échinodermes, fig. 73.

les plus reculés. Dans les premiers océans la profondeur était plus faible, les conditions de température beaucoup plus sensiblement les mêmes partout, circonstances éminemment favorables à l'expansion des formes sur d'immenses étendues. Plus tard les rides de la terre ont commencé à se creuser davantage, et alors l'aire continue qu'occupaient les espèces s'est trouvée brisée. Ces dernières ont constitué, à partir de ce moment, autant d'îlots, et chacune a évolué suivant les modifications de milieu auxquelles elle a été successivement soumise. Les espèces occupant des régions chaudes ou tempérées se sont faites à la chaleur et se sont répandues partout où elles trouvaient une température à peu près semblable. Les espèces soumises à des températures progressivement plus froides se sont accoutumées et adaptées au froid, et une fois que les Océans ont été creusés comme ils le sont de nos jours, elles se sont enfoncées dans ses profondeurs, où elles retrouvaient, dans des zones déterminées, les conditions de température auxquelles elles étaient soumises près de la surface. C'est ainsi que des espèces du nord et du sud se sont propagées de l'hémisphère nord à l'hémisphère sud, de l'hémisphère sud à l'hémisphère nord en passant au-dessous des régions tropicales (1).

(1) Les explorations sous-marines ont mis en lumière un fait très important au point de vue géologique et paléontologique, celui de la destruction des coquilles de surface dans les grands fonds. « La vase à Ptéropodes n'existe pas passé 1,500 brasses et la boue à Globigérines, comme règle générale, passé 2,500 brasses. Les animaux dont les coquilles, quand ils sont morts, forment ces dépôts, vivent presque exclusivement à la surface ou près de la surface. Lorsqu'ils sont morts, ils tombent au fond et il paraît que le temps qu'un Ptéropode met à traverser une couche d'eau de 1,500 brasses est suffisant pour que l'eau le dissolve complètement; les plus grandes coquilles de Foraminifères ne peuvent atteindre que 1,500 brasses. » (*Narr. of the Chall. exp.*, t. II, p. 981). M. Dittmars pense que la disparition des coquilles est due à ce que l'eau de mer, même alcaline, peut prendre du carbonate de chaux en addition si on la laisse agir un temps suffisant.

CHAPITRE VIII

VERS

Les zoologistes ont appelé du nom de Ver des animaux dont le corps est latéralement symétrique, annelé ou formé de segments semblables et dépourvu de membres, d'appendices articulés. L'expression de Ver éveille généralement chez les personnes, devant lesquelles elle est émise, un sentiment de répugnance. Il semblerait que tous les organismes ainsi désignés dussent être, au point de vue de leurs formes, de leurs couleurs, des déshérités de la nature et que rien dans leur vie, dans leurs mœurs, ne méritât d'appeler l'attention. Pourtant il est bien loin d'en être ainsi, car c'est peut-être parmi les Vers que se rencontrent les animaux marins les plus élégants, les plus gracieux et ceux dont le coloris est à la fois le plus riche, le plus varié, le plus éclatant.

Voici la description d'une espèce de Ver, vivant sur nos côtes, tracée par un de nos plus savants zoologistes ; et on verra en la lisant qu'il est, parmi les Vers, des êtres dont la beauté est incomparable. « Sur la platine du microscope nous venons de placer une petite cuve de verre remplie d'eau de mer où se débat notre Eunice. Voyez comme elle s'indigne de cette captivité ; comme ses nombreux anneaux se contractent, s'allongent, se tordent en spirale et à chaque mouvement nous renvoient des jets de lumière où toutes les nuances du prisme se mêlent aux reflets d'or et d'acier bruni ! Impossible de distinguer le moindre détail au milieu de cette agitation désordonnée. Mais elle se calme ; hâtez-vous. La voilà qui rampe sur le fond du vase, en agitant ses mille pattes formées de larges palettes d'où sortent des faisceaux de dards ; voyez ces admirables panaches qui se développent sur ses branchies que gonfle en les colorant un sang vermeil ; regardez cette tête qu'émaillent de si vives couleurs, ces cinq antennes, organes délicats du toucher. Au milieu d'elles voici la bouche, qui ne semble d'abord être qu'une ouverture irrégulièrement plissée ; mais épiez-la quelques instants ; tenez, la voilà qui s'ouvre et projette en avant une longue trompe rosée, trompe dont le diamètre égale celui du corps qui la renferme et qui rentre presque aussitôt dans son étui vivant. Eh bien, n'est-ce pas merveilleux ? est-il un animal qui puisse lui disputer le prix de la parure, et le corselet du plus riche coléoptère, les ailes diaprées du papillon, la gorge chatoyante du colibri, ne pâlissent-ils pas à côté de ces jeux de lumière, courant par larges plaques sur ces anneaux, sur ces soies dorées, sur ces franges d'ambre et de corail ? » (De Quatrefages.)

Un grand groupe de Vers, auquel appartient la ravissante petite bête dont nous venons de reproduire la description, vit sur nos côtes et s'étend dans les lointaines profondeurs des mers. Lamark a donné à cet ensemble d'animaux le nom d'Annélides, afin de rappeler que le corps était formé par l'union d'une série de petits anneaux placés à la suite les uns des autres. Sur certains Vers on compte jusqu'à mille de ces éléments articulés ensemble.

Les Annélides ont des modes d'existence fort dissemblables ; les unes sont casanières, les autres vagabondes. Les premières se créent une demeure en construisant des tubes plus ou moins résistants qu'elles sécrètent ou qu'elles façonnent elles-mêmes. Tout le monde connaît ces charmantes bestioles, contenues dans des tubes bizarrement contournés, qu'on trouve au bord de la mer fixées sur des roches ou implantées sur des coquilles, et auxquelles les naturalistes ont donné le nom de Serpules (fig. 60). Le tube calcaire dans lequel vivent ces animaux est le produit d'une sorte d'exsudation de leur.corps, et la forme en varie suivant les espèces.

La portion postérieure du corps de ces Annélides est composée de sept anneaux, munis chacun sur leurs côtés d'une paire de pieds du sommet desquels se dégagent des soies fines, souples, élastiques, pouvant, suivant la volonté de l'animal, faire saillie à l'extérieur ou rentrer. C'est grâce à ces appareils que les Serpules s'élèvent dans leurs tubes « ainsi que de petits ramoneurs dans une cheminée » (Rymer Jones).

Durant les campagnes de dragages sous-marins, on a pris plu-

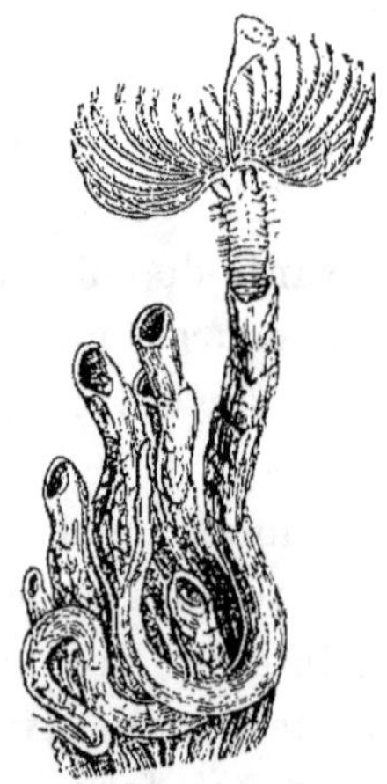

Fig. 60. — Annélide sédentaire. *Serpula contortuplicata*. Un peu grossie.

sieurs fois des Serpules à de très grandes profondeurs ; l'expédition du *Challenger* en a remonté de près de 5,500 mètres.

C'est le Dr Wallich qui les a signalées pour la première fois comme habitant le fond des mers à 1,187 mètres, par 63°,31′ de latitude N. et 13°,45″ de longitude O.

Un autre genre d'Annélides, celui des Térébelles, dragué par le *Travailleur* dans le golfe de Gascogne par 1,200 mètres, a été retrouvé en différents points du globe par le *Challenger*, jusqu'à des profondeurs de 3,125 brasses (1).

(1) M. M'Intosh, à qui a été confié l'examen des Annélides recueillies du-

Les Térébelles (fig. 61) sont de beaux Vers portant sur la partie antérieure de leur corps de longs filaments extensibles, des cirres, remplissant le rôle d'organes de préhension. La couleur de ces animaux est variée et toujours très brillante ; ainsi, chez la Térébelle emmaline, découverte par M. de Quatrefages à Saint-Sébastien, la région thoracique est bleuâtre en avant, presque vert pré en arrière, et cette dernière teinte passe, sur la région postérieure, à un gris rosé qui se change plus loin en un brun rougeâtre. Le plan médian inférieur est partout d'un jaune verdâtre. Les pieds sont d'un rouge sombre.

Les Térébelles sécrètent un tube parcheminé, qu'elles consolident en agglutinant à sa surface externe des grains de sable ou des débris de coquilles. Quelques-unes établissent cette demeure dans la vase ou le sable et ne l'abandonnent jamais ; d'autres au contraire la quittent pour aller en construire de nouvelles en un endroit éloigné. Lorsqu'on retire ces animaux de leurs tubes et qu'on les place dans l'eau, on est surpris de la rapidité de leurs mouvements. Leur mode de progression est très singulier. Ils lancent en avant leurs cirres, les fixent sur un corps solide et se halent dessus en les faisant contracter.

Les tubes d'Annélides de grandes profondeurs, d'après ce que nous apprend M. M'Intosh, sont particuliers chez différentes formes. « Les *Nothriæ* des abysses ont leurs tubes renforcés par de longs spicules cristallins d'Éponges, par de longs Foraminifères arénacés, par des tubes de Serpules, et dans le cas des formes des mers du Japon par de longues feuilles linéaires de conifères transportées à la mer par les rivières. Le tube, peut-être le plus remarquable du groupe, est celui du *Nothria Willemœsii*. Il est gros, arrondi, résistant, et composé extérieurement d'une vase

rant le voyage du *Challenger*, fait observer que le nombre considérable de ces animaux appartenant à la famille des Térébellidées doit fixer l'attention. Il signale, parmi les genres nouveaux, les *Eupista*, chez lesquels le processus branchial est simple, et les *Euthelepus*, dont les trois segments post-céphaliques ont un lobe « se projetant en avant de chaque côté du bord antérieur et un long filament simple ».

grise, sablonneuse et intérieurement d'une sorte de sécrétion blanchâtre. La plus grande partie de la surface est garnie d'une série de longues épines légèrement recourbées composées (à la manière d'un spicule d'Éponge) de couches successives d'une sécrétion

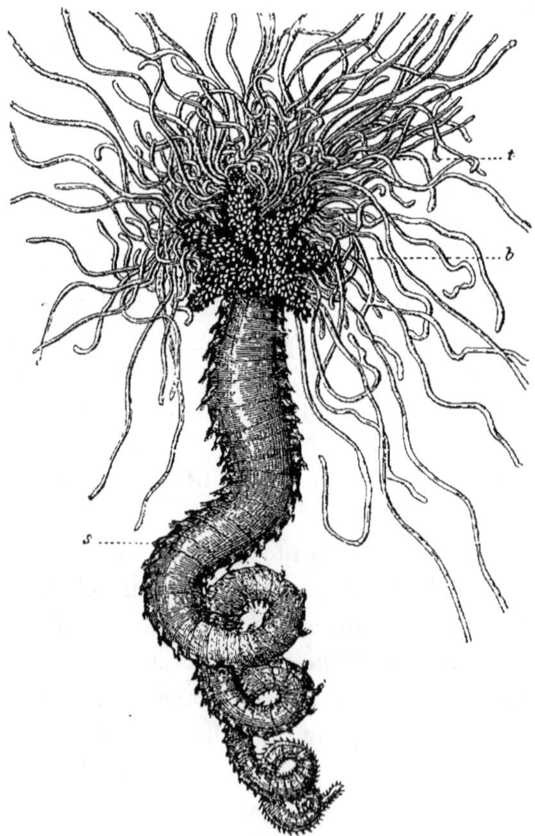

Fig. 61. — Annélide sédentaire. *Terebella Edwardsi* (demi-grandeur). — *b*, branchies ; *s*, soies locomotrices ; *t*, filaments préhensiles.

hyaline, probablement de même nature que celle tapissant la paroi interne du tube. La grande longueur (500 mm.) des tubes est remarquable. Les formes nouvelles, abyssales, des *Amphare-tidæ* habitent des tubes de vase doublés d'une couche chitineuse.

Les tubes d'une Térébelle, le *Pista mirabilis* (M'Int.), sont solides, arrondis, d'une structure chitineuse, effilés de l'extrémité antérieure à l'extrémité postérieure et garnis sur tout leur dessus de longs processus épineux ; la paroi du tube est marquée de plis fins transversaux, presque linéaires. Généralement le tube est libre, quelquefois il est englobé dans des Éponges (1). »

Durant la campagne du *Talisman* nous avons recueilli sur les côtes du Maroc, entre 700 mètres et 2,000 mètres de profondeur (fig. 62), une espèce d'Annélide habitant la plus singulière demeure qu'on puisse imaginer. Au lieu d'être logée dans un tube calcaire ainsi que les Serpules ou dans un fourreau tapissé extérieurement de divers petits corps solides, comme les Térébelles, les Hermelles, elle vit placée dans un tube constitué par une substance cornée ayant la plus grande ressemblance avec cette partie de la plume d'oie qu'on taille pour écrire. Cette identité d'aspect est telle que, lorsque nous avons pris ces étranges demeures, les personnes inexpérimentées se figuraient que nous avions dragué des tuyaux de plume d'oie tombés à la mer. Le *Hyalinæcia Mahieuxi*, qui a le singulier pouvoir de s'abriter ainsi, paraît être extrêmement abondant en divers points vaseux du fond de l'Océan, car, là où nous l'avons trouvé, il en a été pris des centaines d'exemplaires.

A côté de ces formes d'Annélides, construisant des habitations dans lesquelles elles vivent enfermées, il en existe d'autres ne se bâtissant jamais d'abri et passant leur existence ou une période de leur existence à errer au fond des mers. Quelques-unes d'entre elles méritent de fixer l'attention par la beauté de leurs formes en même temps que par la multiplicité des moyens de défense dont elles disposent. N'ayant pas de retraite où elles puissent aller se réfugier en cas de danger, elles auraient été exposées à être constamment dévorées si leur corps n'eût été recouvert de lames acérées, tranchantes par les deux bords, de

(1) Prof. M' Intosh. *Rep. of scient. results of voyage of H. M. S. « Challenger »*. T. I, p. 628.

pointes aiguës, tantôt lisses, tantôt barbelées, de crochets résistants devant causer de cruelles blessures.

« Il n'est peut-être pas d'arme blanche, dit M. de Quatrefages, inventée par le génie meurtrier de l'homme, dont on ne puisse trouver le modèle dans la tribu des Annélides. Voilà des

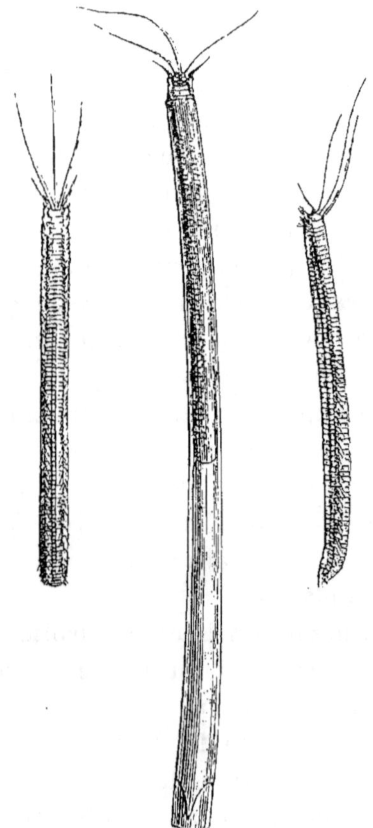

Fig. 62. — *Hyalinœcia Mahieuxi*, pêché à 2,000 mètres. Campagne du *Talisman*.

lames recourbées dont la pointe présente un double tranchant prolongé, tantôt sur le bord concave, comme dans le yatagan des Arabes, tantôt sur le côté convexe, comme dans le cimeterre oriental. En voici qui rappellent la latte de nos cuirassiers, le sabre-poignard de nos artilleurs, ou le sabre-baïonnette des chasseurs de Vincennes. Et puis ce sont des harpons, des hameçons, des lames tranchantes de toute forme, légèrement soudées à l'extrémité d'une tige aiguë. Ces pièces mobiles sont destinées à rester dans le corps de l'ennemi, tandis que le manche qui les supporte deviendra une longue pique tout aussi acérée qu'auparavant. Voici encore des poignards droits ou ondulés, des crocs tranchants, des flèches barbelées au rebours, pour mieux déchirer la plaie, et qu'une gaine protectrice entoure soigneusement, de peur que leurs fines dentelures ne viennent à s'émousser par le frottement ou à se briser dans quelque choc imprévu. Enfin, si l'ennemi méprise ces premières blessures et ces armes qui l'atteignent de loin, voilà que de chaque pied va sortir un épieu plus court, mais aussi plus fort, plus solide, et que des muscles particuliers mettent en jeu, dès qu'il s'agit de combattre tout à fait corps à corps. »

Parmi les Annélides les mieux armées, il faut citer les *Aphrodites* et les *Hermiones*. Ces Vers sont dépourvus de l'aspect que nous sommes accoutumés à observer chez les animaux de cet embranchement. Leur corps assez court se trouve être constitué par les réunions d'un petit nombre d'anneaux. La tête est bien distincte et elle est surmontée d'antennes dont le nombre peut s'élever à trois.

Les Aphrodites sont pélagiques; elles abandonnent les côtes pour gagner les fonds à l'époque de la ponte. C'est surtout la nuit qu'elles se mettent en mouvement. Elles sont carnassières et cela à un degré tel, qu'enfermées dans des aquariums, elles se jettent sur les plus faibles pour les dévorer. Un genre très voisin des Aphrodites est celui des Hermiones, dont le nom indique les fureurs auxquelles le naturaliste voulant s'en emparer se trouve être exposé. Durant la campagne du *Talisman* il a été pris des Hermiones jusqu'à 614 mètres de profondeur, ainsi que des *Polynoe*, autre forme d'Annélide qui leur est étroitement alliée.

Parmi les Annélides errantes, pêchées durant le cours des dragages sous-marins, il en est d'extrêmement remarquables par les modifications que la vie à de grandes profondeurs a fait subir à leur organisme. L'une des plus intéressantes à ce point de vue est l'*Eunice amphiheliæ* (Marion), découverte durant une des campagnes du *Travailleur* dans le golfe de Gascogne. Elle a été trouvée vivant dans un tube parcheminé, autour duquel s'était développé un beau polypier d'*Amphihelia oculata*. Nous avons reproduit au début de ce chapitre une description d'un animal de ce genre tracée par M. de Quatrefages, et sa lecture a pu donner une idée de la beauté des Eunices vivant sur nos côtes. Les espèces de ces Vers, existant par 1,200 à 1,500 mètres, offrent un aussi beau coloris que celui de nos espèces littorales, seulement comme chez l'*Eunice amphihelix*, les yeux font quelquefois défaut. Ce fait est d'autant plus surprenant que beaucoup d'Annélides peuvent émettre une lumière phosphorescente très vive, et qu'elles sont par conséquent capables d'éclairer le milieu dans lequel elles vivent.

Le pouvoir éclairant des Annélides a été signalé depuis bien longtemps. M. de Quatrefages, dans un mémoire publié en 1850, admet que chez ces animaux il existe deux modes fort différents de phosphorescence. Le premier résulterait de la sécrétion d'une humeur particulière, s'effectuant soit sur la surface entière du corps, soit sur un organe spécial. Le second se rapporterait à un acte vital, encore inconnu dans son origine, amenant « la production d'une lumière pure et indépendante de toute sécrétion matérielle ». La partie du corps douée du pouvoir phosphorescent varie suivant les Annélides qu'on observe. Ainsi chez une Néréide, le *Photocharis cirrhigera*, la lumière se dégage de deux tentacules, de deux cirres, situés sur la rame dorsale des pieds, tandis que chez une autre Annélide, le *Polynoe fulgurans*, il existe deux grands corps, à structure granuleuse, auxquels est dévolu le pouvoir d'émettre de la lumière.

La perception des rayons lumineux s'effectue chez les Annélides par l'intermédiaire d'yeux placés généralement sur la tête.

Ces organes atteignent dans certaines espèces un volume considérable. M. M'Intosh signale à ce propos une *Alciope* (*Alciope antarctica*) vivant dans l'Océan Antarctique, qui possède deux grands yeux se projetant fortement en dehors du front. Une autre espèce d'*Alciope* (*Alciope quadrioculata*) est caractérisée par la présence de deux paires d'yeux, la première occupant la partie centrale de la tête et regardant en dehors, la seconde composée d'organes en quelque sorte rudimentaires, regardant en avant, en dehors et un peu en dessous. Une Annélide de la famille des *Phyllocidæ* (*Genityllis oculata*), qui vit par cinq cents brasses au point de communication du Pacifique avec la mer des Célèbes, au sud de Mindanao, a deux yeux énormes recouvrant presque toute la tête. L'anatomie de ces organes a été faite avec beaucoup de soin par le Dr Marcus Gunn, qui a constaté qu'en dedans et en arrière des yeux il existait « une grosse masse nerveuse médiane, avec laquelle la rétine était continue ».

Chez certaines Annélides on découvre des organes oculaires, non seulement sur la partie antérieure de l'animal, mais encore sur le dernier segment du corps.

La nature a donc plus que satisfait pour ces Vers au désir de Fourier et de ses disciples, car elle a doté ces êtres non d'un œil unique placé au bout de la queue, mais bien d'une paire de ces organes. Elle est même allée plus loin, car chez des Vers tels que les Amphicorines, les Myxicoles, elle a disposé deux paires d'yeux sur le segment caudal, et chez l'*Amphiglemon mediterranea* elle en a placé quatre au même endroit. Cet accroissement du nombre des organes visuels devient encore plus considérable chez des Vers qu'on nomme des Périophthalmes, dont chaque segment du corps porte une paire d'yeux.

La présence d'yeux sur le dernier segment du corps entraîne nécessairement des modifications dans la manière de vivre. Ainsi les Amphicorines, les Myxicoles, qui habitent un tube, s'établissent dans leur demeure la tête en bas. Lorsqu'elles veulent sortir et errer sur la vase, c'est leur queue qu'elles dégagent d'abord.

L'individualité d'un ou de plusieurs anneaux composant le corps de certaines Annélides s'accuse d'autre part au point de vue des phénomènes de la reproduction. A ce sujet nous pouvons citer comme exemple les Néréides, dont de nombreuses espèces vivent sur nos côtes et dont d'autres ont été draguées par les expéditions françaises dans le golfe de Gascogne à d'assez grandes profondeurs.

A côté des *Nereis* les naturalistes plaçaient autrefois d'autres

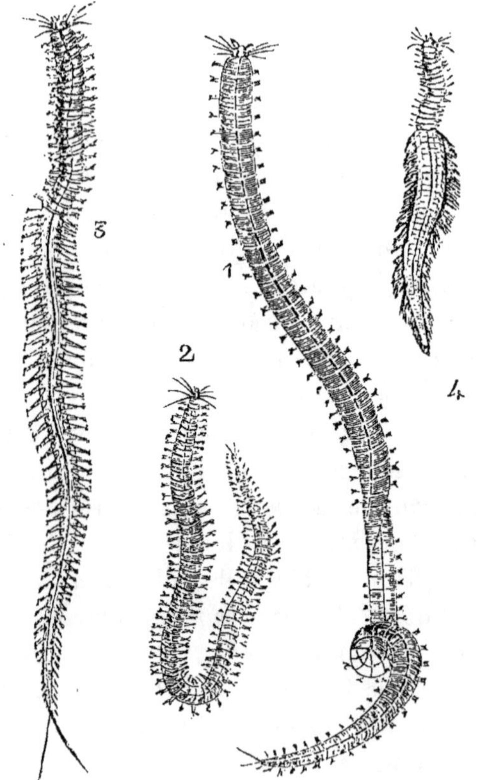

Fig. 63. — 1, *Nereis cultrifera* (Grub.), adulte. — 2, individu jeune. — 3, forme *hétéronéréide*, femelle de la même espèce. — 4, forme *hétéronéréide*, mâle de la même espèce.

Vers auxquels ils donnaient le nom d'*Heteronereis*. Chez ces animaux, la partie antérieure du corps était construite comme celle des premiers, alors que la partie postérieure était munie d'appendices locomoteurs lui donnant un aspect tout spécial (fig. 63).

L'observation a montré que les *Heteronereis* n'étaient autre chose
que des *Nereis* dont la partie postérieure du corps se transformait
au moment de la reproduction, de manière à permettre à ces êtres
de gagner la haute mer. Il semble que cette dernière migra-
tion soit nécessaire pour que les éléments de la reproduction
puissent s'organiser. Une fois cette formation effectuée, les *Heteronereis* retournent vers le fond pour s'y débarrasser de leurs
produits. Par conséquent, chez les *Heteronereis* et les *Nereis*,
le Ver est coupé en deux, « sa partie antérieure, comme l'a dit
M. E. Perrier, demeure Chenille, tandis que sa partie postérieure
devient Papillon ; le monstre hybride de la fable est réalisé ».

Les différents anneaux du corps jouent chez d'autres Vers un
rôle aussi singulier au point de vue de la reproduction. Ainsi, chez
la *Syllis amica*, le corps à un moment donné tend à constituer deux
parties distinctes, l'une antérieure asexuée, l'autre postérieure
sexuée. Seulement ces deux parties, au lieu de rester unies comme
chez les *Heteronereis*, se séparent. La rupture accomplie, l'individu adventif ne vit pas longtemps, car la mort vient le surprendre dès qu'il a émis ses œufs.

C'est encore au genre *Syllis* qu'appartient une des formes
d'Annélides les plus intéressantes, prise par l'expédition du *Challenger*. La *Scyllis ramosa* (M' Int.) a été trouvée par 140 brasses,
près des îles Ki, dans la mer de Banda, et par 95 brasses, près
de Zebu, l'une des Philippines. Elle vit dans l'intérieur d'une
Éponge siliceuse (Hexactinellide). Sur les parties latérales de
son corps naissent des bourgeons qui, en s'accroissant, donnent
naissance à un animal semblable à celui sur lequel ils se sont développés. Ces nouveaux individus bourgeonnent à leur tour, de telle
manière qu'au bout d'un certain temps la colonie animale qui
s'est ainsi constituée présente un aspect rameux des plus singuliers. Un prolongement du tube digestif pénètre dans chaque
bourgeon. « On n'aperçoit pas de tête sur les bourgeons des Syllis prises à Zebu, dit M. M' Intosh, mais sur un large bourgeon
d'un spécimen de la mer de Banda une tête occupe l'extrémité
libre. » La découverte de la *Syllis ramosa* nous a appris, ce que

nous étions bien loin de supposer, qu'une Annélide était susceptible de bourgeonner à la manière d'un Polype.

Les Vers n'ont pas de limite d'extension dans les profondeurs des
Océans. Ainsi vers 6,000 mètres, l'expédition du *Challenger* a recueilli des tubes, formés d'une matière sablonneuse, dans lesquels
vivaient des Annélides que Malmgren a désignés par le nom de
Myriochele. Ces animaux sont voisins des Serpules. Certains
d'entre eux mesurent jusqu'à 120 millimètres de longueur. La tête
est arrondie et la bouche est placée sur le côté. Le corps est composé de 17 à 20 anneaux, très fusionnés les uns avec les autres,
et il n'existe pas de branchies céphaliques.

Pour les Annélides, comme pour les Crustacés, les Mollusques,
on observe que certaines espèces habitant près de la surface dans
les régions froides descendent dans les profondeurs et se propagent sur de vastes espaces en restant dans la zone où elles retrouvent la même température.

Ainsi Wyville Thomson a dragué, à 1,137 mètres, le *Chætoderma
nitidulum* qui vit sur les côtes de Suède. De même, durant les
voyages du *Travailleur* et du *Talisman*, on a pris divers Sipuncles
se rapportant à des types du Nord de l'Atlantique (*Ocnesoma
Steenstrupi, Sipunculus norvegicus*). Un *Phascolion* et un *Aspi-
dosiphon* paraissent également être identiques à des espèces recueillies dans les mers du Nord.

Au dernier rang des Vers se trouvent de petits êtres qu'on a
appelés des Bryozoaires, c'est-à-dire des animaux mousses, afin
de rappeler leur aspect élégant et délicat. Certaines de leurs espèces vivent isolées, mais la presque généralité d'entre elles constituent des colonies revêtant les formes les plus variées.

La plupart des Bryozoaires marins possèdent autour de la bouche des tentacules, portant des appendices très fins, recouverts
de nombreux cils vibratiles. Ils agitent ces bras dans l'eau, et donnent naissance ainsi à des courants qui entraînent vers leur
bouche les corpuscules en suspension et de petits animaux tels
que les Foraminifères. Chacune de ces bêtes vit indépendante
de ses voisines.

Les Bryozoaires ont été rencontrés dans toutes les mers et jusqu'à des profondeurs de 5,700 mètres. Certaines de leurs espèces possèdent une distribution géographique immense. Ainsi le *Cribrilina monoceros* a été recueilli par l'expédition du *Challenger*, dans l'Atlantique sud, au sud de l'Australie, dans les portions nord et sud du Pacifique. L'*Altea anguina* a été observé dans l'Atlantique nord et sud, dans le sud de l'Océan Indien, au sud de l'Australie et dans la portion sud du Pacifique. Au point de vue de la distribution bathymétrique, il est à remarquer que les formes vivant sur les côtes ne descendent pas à de très grandes profondeurs. Pourtant je signalerai une exception bien remarquable. Le *Cribrilina monoceros*, dont nous venons de parler, est indiqué dans le rapport publié par M. G. Busk sur les Bryozoaires dragués par le *Challenger* comme ayant été rencontré à 5,707 mètres et à 6 mètres.

Le Bryozoaire le plus remarquable, trouvé par de grands fonds, est le *Naresia cyathus*, pêché à 2,275 mètres, au sud-ouest du cap Saint-Vincent. Il se compose d'une tige droite, haute de 60 millimètres et transparente. De sa base se détachent de nombreuses radicelles, et de son sommet s'élève un gracieux panache formé de branches longues et grêles. A leur portion inférieure toutes ces branches se trouvent être réunies entre elles par une délicate membrane transparente. Les loges, qui sont disposées sur les bras, ont leur ouverture tournée en dedans. Les *Naresia*, absolument propres à la faune abyssale, se rapprocheraient par leur forme et leur structure de certains Bryozoaires, les *Dictyonema*, dont diverses espèces ont été signalées à l'état fossile dans les dépôts des mers cambriennes. On les a rencontrés depuis le cap Saint-Vincent jusqu'à la portion moyenne de l'Atlantique (1).

Les Vers paraissent avoir existé durant les temps géologiques les plus reculés. Ainsi pour les Annélides chétopodes, des Néréites ont été trouvées dans la formation silurienne, et les Eunices,

____

(1) D'après les observations de M. Busk, les Polyzoaires de grandes profondeurs appartiennent surtout aux *Bifaxiariadæ*.

dont nous avons eu à parler, vivaient à l'époque carbonifère. Les Serpules ont fait leur apparition dès le Silurien inférieur, et les Térébelles s'observent dans des couches du Lias. Plus nous nous rapprochons de notre époque, plus ces animaux nous apparaissent nombreux. Durant le Jurassique, le Crétacé et surtout le Tertiaire les Bryozoaires ont pris un immense développement; mais la plupart de leurs espèces paraissent se rapporter à des genres éteints.

CHAPITRE IX

ÉCHINODERMES

Les Échinodermes sont des animaux marins à symétrie généralement rayonnée ; ils possèdent un squelette dermique incrusté de calcaire, couvert dans certaines formes de piquants, disposition qui leur a fait donner par les naturalistes le nom qu'ils portent (peau de Hérisson). Ils sont de tous les animaux, vivant à de très grandes profondeurs, ceux dont les individus s'offrent généralement en plus grande abondance. On les a trouvés jusqu'à plus de 5,000 mètres, et la variété de leurs formes paraît être infinie.

Un de leurs groupes les plus importants, sur l'organisation et l'extension duquel les dernières campagnes d'explorations sous-marines ont fourni de précieux renseignements, est celui des Crinoïdes.

Les Crinoïdes sont des animaux dont le corps a la forme d'une coupe (fig. 66). Des bords partent des bras simples, bifurqués ou ramifiés, garnis sur leurs côtés de pinnules. De la face dorsale naît une tige articulée se fixant par son extrémité inférieure aux objets environnants. Dans les genres *Antedon*, *Actinometra* (fig. 64), cette tige n'existe que durant le jeune âge, le corps devenant libre à une certaine époque de son développement, tandis que chez les *Pentacrinus*, dont on voit un représentant sur notre planche II, chez les *Democrinus*, les *Bathycrinus*, etc., elle persiste durant toute la vie de l'animal dont elle fait partie.

Les Crinoïdes ont été toujours considérés par les naturalistes comme un objet d'études du plushaut intérèt, et cela tant au point de vue de leur rareté au milieu de la faune marine actuelle qu'à celui de leur extrême abondance durant les époques géologiques très anciennes. En effet ces animaux, déjà fort communs durant la période silurienne, se sont multipliés lors du dépôt du Calcaire carbonifère, qui comprend des couches presque exclusivement composées de leurs débris. On les retrouve en

Fig. 64. — *Comatula rosacea* (grandeur naturelle).

abondance dans cet horizon moyen des dépôts triasiques, qu'on appelle le Muschelkalk. Puis, après cette période de prospérité extraordinaire, l'ordre des Crinoïdes paraissait, comme l'a dit Thomson, avoir eu le dessous dans la lutte pour l'existence. Les espèces, de plus en plus rares, à mesure qu'on se rapproche de la période actuelle, sont représentées par des individus de moins en moins nombreux, et on a supposé un moment que seuls les *Antedon* s'étaient perpétués jusqu'à nous. Les découvertes succédant aux recherches sous-marines, faites à de grandes profondeurs, ont eu pour résultat de faire abandonner cette croyance. Plusieurs formes de Crinoïdes, les *Pentacrinus*, les *Bathycrinus*, etc., sont spéciales aux grandes profondeurs et constituent au milieu de nos océans des colonies nombreuses, très espacées les unes des autres.

Une forme de Crinoïdes, les Comatules (fig. 64), vit par de faibles profondeurs, et on la rencontre en divers points de nos côtes. Son abondance, la facilité qu'on a à la recueillir, ont permis de l'étudier avec soin, et c'est surtout d'après les travaux auxquels elle a donné lieu que nous sommes renseigné sur l'organisation du groupe remarquable dont elle fait partie. Les recherches accomplies sur d'autres Crinoïdes montrent de la manière la plus certaine que les Crinoïdes fixes ne diffèrent en rien d'essentiel des Comatules.

En 1827, Thomson découvrit, fixé sur des Comatules, qui sont des Crinoïdes libres, c'est-à-dire non rattachés au sol par une tige, un Pentacrine de petite taille, qu'il décrivit sous le nom de *Pentacrinus Europæus*. Cet animal (fig. 65) lui parut posséder, par tous les détails de sa structure, par son pédoncule flexible, par ses bras en verticille, ses cirres préhensiles, les caractères des Encrines fossiles et des Pentacrines vivant actuellement.

Dix ans plus tard, le même savant naturaliste, en examinant de nouveau ses petites Encrines, fut très étonné de les voir brusquement quitter leur tige et se mettre à nager à l'aide de leurs bras durant quelque temps, puis se reposer en se fixant au moyen de leurs cirres. En continuant à les étudier, il vit les bras, primitivement bifurqués au sommet, revêtir peu à peu tous les caractères des bras des Comatules, et il fut ainsi progressivement amené à reconnaître que le Pentacrine d'Europe n'était qu'une jeune Comatule.

Les Comatules, qui présentent ainsi, durant la première partie de leur existence, tous les caractères propres aux Crinoïdes fixes, vivent au milieu des varechs. Plusieurs de leurs formes descendent à d'assez grandes profondeurs, et nous avons constaté, durant le voyage du *Talisman*, que l'une d'entre elles était abondante à 1,200 mètres. Dans certains points nous avons vu les Comatules exister par milliers et représenter presque exclusivement la vie animale là où passait notre chalut.

La coloration de ces animaux varie suivant les espèces qu'on étudie. Elle est tantôt uniformément rouge, carmin ou brune, tantôt elle consiste en un mélange de bleu et de jaune.

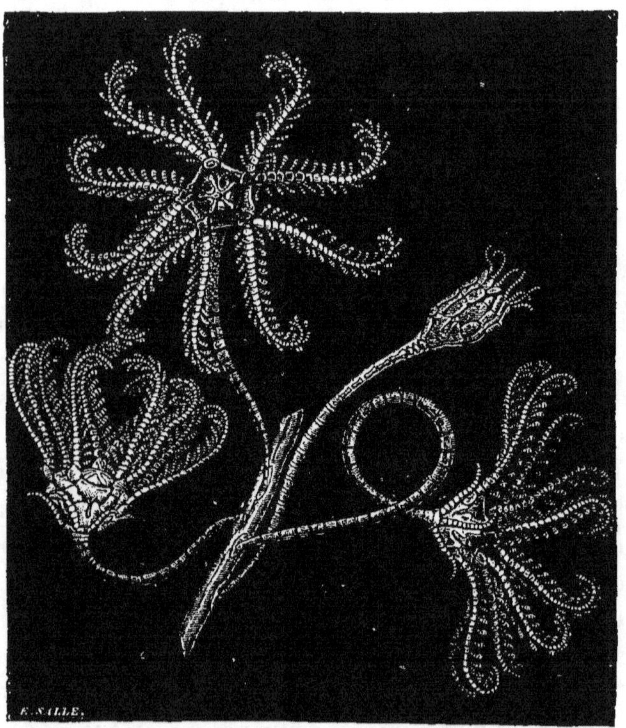

Fig. 65. — Jeunes Comatules à l'état de *Pentacrinus europæus*.

L'organisation des Comatules a donné lieu à de nombreux travaux, et c'est seulement dans ces derniers temps que M. E. Perrier est arrivé à la découvrir. Chez les Comatules, comme sûrement chez tous les autres Crinoïdes, l'eau joue un grand rôle au point de vue des phénomènes de la vie. Elle pénètre chargée d'oxygène par des ouvertures, des entonnoirs vibratils, situés sur la face du corps comprise entre les bras, dans un système de canaux dirigeant son cours parmi toutes les parties de l'animal. Elle reprend au tube digestif, par voie d'absorption au travers des parois des vaisseaux, les matières qu'il a élaborées, les charrie dans tout l'organisme, jouant ainsi le rôle rempli par le sang chez les Vertébrés. « L'appareil aquifère des Crinoïdes remplace donc, dit M. E. Perrier, tout à la fois l'appareil circulatoire et l'appareil respiratoire des Vertébrés sans pouvoir lui être comparé. »

On connaît actuellement plus de cinquante espèces de Crinoïdes vivants, répartis dans douze ou quinze genres divers. Une des formes les plus remarquables et en même temps une des plus communes de ces animaux est celle qu'on a désignée par le nom de *Pentacrinus*.

Le premier *Pentacrinus* (*Pentacrinus caput-medusæ*, Mill.), genre abondamment représenté, dans les couches du Lias, de l'Oolithe, a été rapporté en 1755 de la Martinique à Paris et décrit par Guettard dans les *Mémoires de l'Académie royale des sciences*. On en a vu depuis, à de longs intervalles, apparaître quelques très rares exemplaires provenant de la mer des Antilles. Le 21 juillet 1870 Gwyn Jeffreys draguant avec le *Porcupine* à une profondeur de 2,000 mètres par 39°,42′ de latitude Nord et 9°,43′ de longitude O. avec 4°,3 C. de température, prit une vingtaine de spécimens d'une nouvelle espèce de *Pentacrinus*, le *Pentacrinus Wyville Thomsoni*. A bord du *Talisman*, nous avons envoyé à deux reprises notre chalut sur des fonds recouverts par de véritables forêts de *Pentacrinus Wyville Thomsoni*, une fois sur les côtes du Maroc, l'autre presque en face de Rochefort (lat. 45°, 59′ 30″, long. 6°, 29′ 30″). Nous avons constaté que les animaux capturés étaient complètement adultes, et qu'ils vivaient fixés par des cirres recourbées se détachant de l'articulation terminale sur des débris de roches. Ces sortes de crochets se soudent en quelque sorte avec le fond sur lequel ils reposent et il faut les briser pour les détacher.

Nous avons cherché à rendre sur une de nos planches l'aspect que devait posséder la partie du fond de la mer sur laquelle vivaient les *Pentacrinus*, tel qu'il a pu nous être révélé par un dragage fait au large de Rochefort par 1,500 mètres de profondeur.

Fig. 66. — Crinoïdes des grands fonds. — 1, *Pentacrinus Wyville-Thomsoni* (Gwyt. Jeffr.); 2, *Rhizocrinus Lofotensis* (O. Sars); 3, *Bathycrinus gracilis* (Wy. Thom.).

Les *Pentacrinus Wyville Thomsoni* revêtaient le sol en quantité considérable, formant une sorte de prairie animée du milieu de laquelle s'élevaient des Mopsées de grande taille. Le sol rocheux était couvert de Polypiers très élégants, ressemblant à de véritables fleurs ayant ouvert leur calice, et au milieu de ce monde vivant enchaîné à la terre s'agitaient des Crustacés encore inconnus (les *Paralomis microps* A. M.-Edw.) dont la carapace était garnie de fines épines. Des *Actynometra*, Crinoïdes libres, détachés de leur tige après leur accroissement complet, flottaient au milieu des eaux ou se cramponnaient par instants par leurs cirres aux branches des Mopsées. Les *Pentacrinus Wyville Thomsoni*, les *Actynometra* étaient d'un beau vert d'herbe, les Mopsées d'une teinte orangée, les Polypiers d'un violet foncé, les Crustacés d'un blanc nacré. Cette exubérance de vie, cette débauche de couleur à 1,500 mètres de la surface de l'Océan, constituent certainement un des faits les plus merveilleux qu'il ait été réservé aux naturalistes de découvrir.

On connaît actuellement sept genres de Crinoïdes fixes vivant en divers points des mers du globe. Ces sept genres comprennent plus de trente espèces, dont les formes et les habitats sont très variés. Les Crinoïdes libres sont répartis dans six genres distincts.

L'expédition du *Challenger* a donné lieu aux observations suivantes, relatives à la distribution des espèces de Crinoïdes en profondeur :

1° 9 espèces ont été trouvées au-dessous de 100 brasses ;
2° 11 ou 12 entre 100 et 250 brasses ;
3° 12 ou 13 entre 250 et 500 brasses ;
4° 7 entre 500 et 700 brasses ;
5° 4 entre 700 et 1,200 brasses ;
6° 8 entre 1,200 et 2,000 brasses ;
7° 2 entre 2,000 et 2,500 brasses.

Il résulte de l'examen de cette liste que les espèces de Crinoïdes sont surtout variées entre 100 et 700 brasses, car sur les 55 fois où il en a été pris, on en a trouvé 32 fois, c'est-à-dire plus de la

Fond de la mer par le 45°,59'30″ de latitude et le 6°,29'30″ de longitude. Profondeur, 1,500 mètres.
(Explorations sous-marines du *Talisman*.)

moitié, à ce niveau. Quant à la limite qu'atteindraient les Crinoïdes dans les profondeurs, elle est de 4,572 mètres (*Bathycrinus*).

La distribution de certains Crinoïdes en espace est très grande, alors que quelques-unes de leurs formes n'ont été signalées jusqu'à ce jour qu'en des points limités.

Trois espèces de Pentacrines vivent dans le Pacifique, près des Kermadec et près des Philippines. Quatre autres espèces du même genre s'observent aux Antilles, et il est très probable, ainsi que le suppose M. H. Carpenter, que les dragages futurs permettront de constater une large extension de leurs espèces dans le Pacifique.

« Parmi les Comatules, l'*Antedon Eschrichti*, si connu, est universellement distribué dans l'Océan arctique et des deux côtés de l'Atlantique aussi sud que le 43° de latitude Nord, alors que l'*Antedon dentata* de la mer de Barent, du Nord-Est de l'Atlantique et des côtes de Scandinavie est abondant sur les rives de la Nouvelle-Angleterre. L'*Antedon carinata*, une autre espèce largement distribuée, se montre à la fois sur les côtes de l'Atlantique, sur les côtes du Pacifique de l'Amérique du Sud, à Maurice, aux Seychelles, et autres parts. L'*Actynometra pulchella* de la mer des Antilles a été draguée à une faible profondeur sur les côtes du Maroc (1). »

Les Crinoïdes ont été répartis, au point de vue de leur chronologie, dans deux groupes, celui des Néocrinoïdes et celui des Paléocrinoïdes. Les Paléocrinoïdes sont caractéristiques des époques primaires. Chez ces animaux les viscères étaient renfermés dans une boîte, formant dans sa partie supérieure une voûte, constituée par des ossicules calcaires, pressés les uns contre les autres. Les Néocrinoïdes ont fait généralement leur apparition plus tard, et ce sont uniquement leurs représentants que nous rencontrons dans les mers actuelles ; la partie supérieure de leur corps n'est pas protégée par une voûte d'ossicules.

La nourriture des Crinoïdes, d'après les observations faites en

____

(1) Report on the Crinoïda, by P. H. Carpenter, *Zool. Chall. Exped.*, p. xxxii, 1884.

examinant le contenu de l'appareil digestif des espèces capturées, paraît être variée et surtout en rapport avec la nature du fond sur lequel vivent ces animaux. Ainsi on a trouvé, dans l'estomac, des débris de larves de Crustacés, des débris de Diatomées et des spores d'Algues, lorsque la profondeur était peu considérable. M. H. Carpenter dit avoir reconnu dans l'intérieur des *Bathy-crinus* (pl. VII), des *Rhyzocrinus*, des *Pentacrinus*, formes vivant dans de grands fonds, des débris de coquilles de Radiolaires en quantité considérable.

Les Crinoïdes ont des parasites, et souvent des parasites cruels devant leur infliger de véritables tortures. M. H. Carpenter, qui a eu l'occasion d'observer la presque totalité des espèces de Cri-noïdes connus, a relevé à ce sujet des faits fort curieux. Ainsi l'intérieur du canal alimentaire de l'*Antedon rosacea* sert de de-meure à un petit crustacé suceur. Chez l'*Actynometra Jukesii* et chez l'*Actynometra strota* du cap York, un crustacé isopode du genre Anilocre, long de $0^m,015$, vient élire domicile dans la portion terminale de l'intestin. Il semble probable que cet ani-mal pénètre à l'état d'œuf ou de larve dans le tube digestif où il subit son développement. Les Vers sont également parasites des Crinoïdes dont on les a vus habiter le canal des bras. Des Mol-lusques, dont nous avons eu l'occasion de parler comme para-sites des Holothuries, les *Stylifer*, se creusent de véritables ca-vernes dans les bras des Crinoïdes. Mais, ce qu'il y a peut-être de plus surprenant, chez les parasites de ces êtres, c'est que cer-tains d'entre eux, d'après les observations de Willemoes Suhm, prennent la couleur de leur hôte, de manière à passer inaperçus des animaux dont ils ont à redouter les attaques.

En dehors de ces parasites, il en est un très répandu, qui paraît être absolument spécial aux Crinoïdes ; on l'a nommé le *Myzos-toma*. Cet animal s'établit sur les bras et il détermine, par suite de l'irritation causée par sa présence, des hypertrophies des tissus environnants, qui se boursouflent, s'élèvent peu à peu autour de lui, et finissent par l'envelopper presque complètement. Dans cet état le *Myzostoma* et son kyste constituent une production qu'on ne saurait mieux comparer qu'à la galle de nos arbres.

Le corps du *Myzostoma* a la forme d'un disque circulaire pourvu, le long de son bord, de dix paires de processus en forme de doigt. Sur la face ventrale il existe cinq paires de sortes de pieds, dans l'intervalle desquels on observe quatre paires de suçoirs. A l'extrémité de chaque pied se trouvent différents crochets devant servir à l'animal à se fixer et pouvant, grâce au jeu d'un système de muscles très compliqué, s'étendre et se ré-tracter. La bouche est près de l'extrémité antérieure de la sur-face ventrale.

Les *Myzostoma*, dont les espèces sont très nombreuses, sont

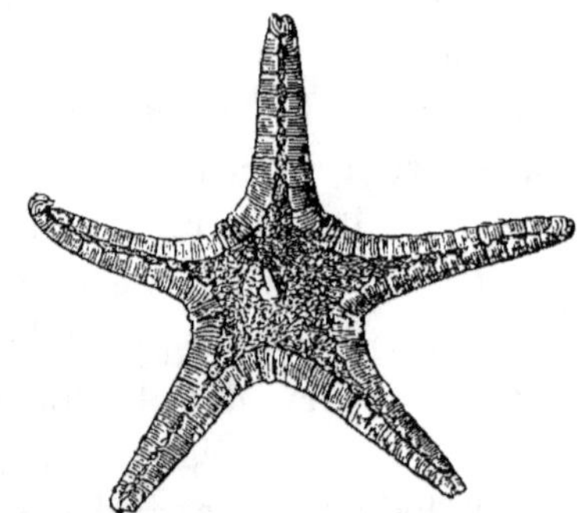

Fig. 67. — *Porcellanaster granulosus*, Ed. Perrier. Campagne du *Talisman*.
2,300 mètres de profondeur.

hermaphrodites. Le Dr Von Graff, qui en a tracé une étude très complète et très intéressante, en signale vingt-neuf espèces sur les *Antedon* et dix-sept sur les *Actinometra* (1).

Ces parasites paraissent avoir une existence bien ancienne, car M. H. Carpenter pense que certaines tiges de *Millecrinus* figurées par Loriol et provenant des terrains jurassiques de France et de Suisse présentent des altérations identiques à celles qu'il a observées sur les bras des *Pentacrinus alternicirrus* et il sup-pose alors, d'accord avec M. Von Graff, qu'il y a là la trace très

(1) *Report on the Myzostomida collected during the Voyage of H. M. S. Challenger*, by Dr L. Von Graff. 1884.

probable de l'action de *Myzostoma* ou celle d'animaux très voisins. Seulement, comme il le fait remarquer, les habitudes des parasites se seraient modifiées, car anciennement ils s'établissaient sur la tige des Crinoïdes, tandis qu'aujourd'hui ils se fixent seulement sur les bras.

Les Crinoïdes libres tels que les *Antedon*, les *Actynometra* possèdent des liens indiscutables avec d'autres Échinodermes pourvus de bras distincts, les Astéries. Ainsi dans l'Atlantique vivent jusqu'à des profondeurs de 2,650 mètres (*Chaulaster peduncula-tus*, E. P.) des Astéries, ayant un pédoncule dorsal, sorte d'ébauche de la tige fixant au sol les jeunes Comatules et les Crinoïdes adultes. Nous avons fait représenter (fig. 67) une des formes les plus intéressantes de ces Echinodermes, draguées par le *Talisman*.

Les Astéries, vulgairement connues sous le nom d'Étoiles de Mer, se retrouvent depuis les côtes jusqu'à des profondeurs extrêmes. L'*Archaster rigidus* (E. Perr.), a été pris par l'expédition du *Talisman* à 5,005 mètres (pl. VII).

L'expédition du *Challenger*, autour du monde, a permis de connaître la distribution géographique des animaux de cet ordre et d'apprécier en même temps leur répartition suivant la profondeur. J'extrais du rapport préliminaire de M. Percy Slader les conclusions les plus intéressantes concernant ce groupe d'invertébrés.

Dans tout le Grand Océan, au-dessous de mille brasses, les formes caractéristiques sont des genres appartenant aux *Pterasteridæ*, aux *Brisingidæ*, aux *Archasteridæ*, aux *Porcellanasteridæ* (1). Au-dessous de la même limite dans l'Atlantique les *Archasteridæ* prédominent, tandis que dans le Pacifique, toujours au-dessous de 1,000 brasses, les *Pterasteridæ* (2) et les *Porcellanasteridæ* sont plus largement représentés.

---

(1) Peu de genres doivent être rapportés aux *Astropectinidæ* proprement dites; les *Echinasteridæ* et les *Goniasteridæ*, d'après ce que nous apprend M. Percy Sladen, sont encore moins nombreux.

(2) Les *Pterasteridæ* sont représentés dans le Pacifique par les genres *Mar-*

Fig. 68. — *Brisinga elegans* (Ed. Perr.). Campagne du *Talisman*. 1,500 mètres de profondeur.

L'expédition du *Challenger* a dragué sur tout son parcours, à des profondeurs inférieures à 1,000 brasses, vingt-huit genres différents d'Astéries. Dix-sept de ces genres vivent dans l'Atlantique, sept dans l'Océan sud et quinze dans le Pacifique. Quatre genres (*Hymenaster*, *Brisinga*, *Pentaster* et *Parachaster*) sont communs à ces trois espaces. Quatre genres (*Zoroaster*, *Dytaster*, *Porcellanaster*, *Stycaster*) sont communs à l'Atlantique et au Pacifique, mais ne se retrouvent pas dans l'Océan sud. Un seul genre (*Hyphlaster*) est commun au Pacifique et à l'Océan sud. Sept genres (*Pythonaster*, *Glyptaster*, *Aphrodytaster*, *Platonaster*, *Lonchotaster*, *Phoxaster*, *Thoracaster*) sont particuliers à l'Atlantique. Un genre (*Chitonaster*) s'observe uniquement dans l'Océan sud, et deux genres seuls (*Marsipaster* et *Benthaster*) caractérisent la faune du Pacifique.

Les Astéries peuvent se multiplier en brisant leurs bras, dont les fragments se développent, se complètent et finissent par reconstituer des animaux identiques à ceux dont ils ont fait partie.

En dehors de ce mode de multiplication, les Astéries se reproduisent au moyen d'œufs, donnant naissance à des larves qui subissent diverses métamorphoses, au cours desquelles elles trouvent un abri en un point du corps de leurs mères. « Les œufs, dit Fredol, sont en nombre très considérable. La mère les porte dans une cavité formée par la courbure du corps et des rayons. Ils sont logés de telle manière que l'animal est obligé de fermer sa cavité digestive et de se passer de nourriture

sipaster, *Hymenaster*, *Benthaster*. Les *Marsipaster* se montrent à 2,335 brasses dans la partie moyenne du Pacifique sud, et entre Juan-Fernandez et l'Amérique sud à 2,160 brasses. Les *Hymenaster* vivent à la fois dans les parties nord et sud du Pacifique entre 1,500 et 2,900 brasses. A cette dernière profondeur (la plus considérable où le *Challenger* ait dragué des Astéries), correspondant à un point situé directement à l'ouest de Yokohama, près du 170° O. de longit., il existait des *Benthaster* et des *Brisinga*.

Dans le Pacifique sud les *Archasteridæ* sont représentés par le seul genre *Dytaster*, tandis que dans le Pacifique on rencontre avec ce dernier genre des *Pararchaster*. A 1,875 brasses (station 237 du *Challenger*) on a trouvé, associé au genre *Parachaster*, le genre *Psilaster*, le seul représentant des vrais *Astropectinidæ*, au-dessous de 1,000 brasses, dans le Pacifique.

durant tout le temps de sa gestation. On a vu une Astérie rester ainsi onze jours sans aliments. Les femelles de presque tous les animaux mangent double, quand elles sont dans une situation intéressante. »

Le *Leptychaster Kerguelensis* (E. Sm.), dragué sur les côtes de l'île de Kerguelen, au sud de l'Océan Indien, par un fond de 4,550 mètres, est une des Astéries les plus singulières, au point de vue de la disposition des organes de protection des œufs. Chez cet animal, il existe des sortes de poches incubatrices dans lesquelles les œufs se développent. Chez d'autres Astéries, qu'on nomme des *Hymenaster* et dont les espèces descendent jusqu'à plus de 4,000 mètres, on observe des organes de protection pour ces derniers éléments. Le corps de ces Échinodermes, vu par la face dorsale, paraît au premier abord complètement membraneux, mais une étude plus approfondie fait reconnaître que la membrane revêtant le corps n'est pas la peau. C'est dans son intérieur que sont déposés les œufs, qu'ils éclosent et que vivent et grandissent les jeunes *Hymenaster* jusqu'au moment où ils sont susceptibles de se suffire. La couleur de ces animaux est d'un rose pur panaché de violet, et lorsque les membranes sont gonflées par l'eau, l'Étoile de mer, comme l'a dit fort justement M. Perrier, prend les formes arrondies d'une tulipe.

Au groupe des Astéries, caractéristiques de la faune profonde, appartiennent les *Brisinga*, admirables Étoiles de mer dont les bras longs et flexibles peuvent s'élever au nombre de dix-neuf.

Ces brillantes Astéries (fig. 68) d'un beau rouge orangé, se défont généralement de leurs bras, lorsqu'elles se sentent prises et entraînées dans le mouvement d'ascension du chalut, et ce n'est que tout à fait exceptionnellement qu'il nous a été possible d'en observer d'intactes. Ch. Absjrönsen, qui le premier eut la bonne fortune de les découvrir sur les côtes de Norvège, un peu au-dessous de Bergen, par un fond de 200 brasses, ne put échapper à un sentiment d'admiration en présence des lueurs phosphorescentes qui se dégageaient du corps et des bras. « Complet et intact, ainsi que je l'ai vu une ou deux fois sous l'eau, dans la drague, cet animal est singulièrement brillant, c'est une véritable *gloria maris*, » et il lui donna alors le nom de *Brisinga*, emprunté à un bijou de la déesse Fréya. Nous

Fig. 69. — *Hymenodiscus Agassizii* (Ed. Perr.). Grandeur naturelle. 826 mètres.

avons recucilli sous les tropiques la *Brisinga coronata*, signalée jusqu'ici seulement dans les mers du Nord. L'expédition du *Porcupine* l'avait prise à 914 mètres de profondeur, nous l'avons trouvée entre 736 et 1,435 mètres. Entre 882 et 3,455 mètres, nous avons pêché la *Brisinga robusta* (E. P.), à 2,384 mètres la *Brisinga spinosa* (E. P.), à 1,435 la *Brisinga semi-coronata* (E. P.), à 2,230 mètres la *Brisinga Edwardsi* (E. P.). Toutes ces formes étaient inconnues avant l'expédition du *Talisman* et la dernière était tellement abondante, que là où nous l'avons prise, il devait en exister des milliers d'individus. Quel magnifique aspect doit posséder le fond de l'Océan là où toutes ces Astéries le recouvrent, alors qu'au milieu d'une obscurité profonde elles apparaissent comme autant d'étoiles étincelantes !

Les *Brisinga* se sont étendues de l'Océan à la Méditerranée où une de leurs espèces (*Brisinga endecacnemos*, Abs.), des côtes de Norvège, a été prise entre 550 et 2,660 mètres. L'expédition du *Challenger* a dragué des *Brisinga* dans l'Océan sud entre 1,375 et 1,950 brasses. Elle en a retrouvé au niveau de l'Archipel malais. En ce point, au nord de l'équateur, les *Brisinga* vivent entre 1,050 et 2,150 brasses, tandis qu'au-dessous de l'équateur elles descendent à 2,440 brasses. Dans le Pacifique nord, les *Brisinga* s'observent à partir de 1,875 jusqu'à 2,900 brasses. On les retrouve au sud de l'équateur, au large de Valparaiso, par 2,550 brasses.

Durant le cours des dragages exécutés dans le golfe du Mexique sous la direction de M. Alexandre Agassiz, il a été pris une Astérie qui, par la simplicité d'organisation de ses bras, tend a établir un passage entre les *Brisinga* appartenant à l'ordre des Astéries et les Échinodermes constituant l'ordre des Ophiurides (fig. 69). Chez l'*Hymenodiscus Agassizii* (E. P.), le corps a la forme d'un disque parfaitement circulaire, duquel se détachent douze bras.

Les Ophiurides sont des Étoiles de mer aux bras presque toujours cylindriques, ne renfermant pas d'appendice du tube digestif. Par suite du recouvrement des sillons ambulacraires par des plaques dermiques, les tubes ambulacraires font saillie sur les côtés des bras. Ces animaux progressent par une succession d'ondulations de leurs rayons dont les mouvements rappellent ceux accomplis par un serpent durant sa marche.

Les Ophiurides abondent dans les grands fonds. Durant le cours de la campagne du *Challenger*, il en a été dragué plus de cinq cents espèces. Comme les Astéries, elles possèdent généralement des dispositions particulières de leur corps leur permettant de mettre en sûreté leurs œufs et leurs jeunes dès qu'ils sont nés. A če point de vue, une des espèces les plus intéressantes est l'*Ophiocoma didelphis*, qui vit dans les fjords de l'île

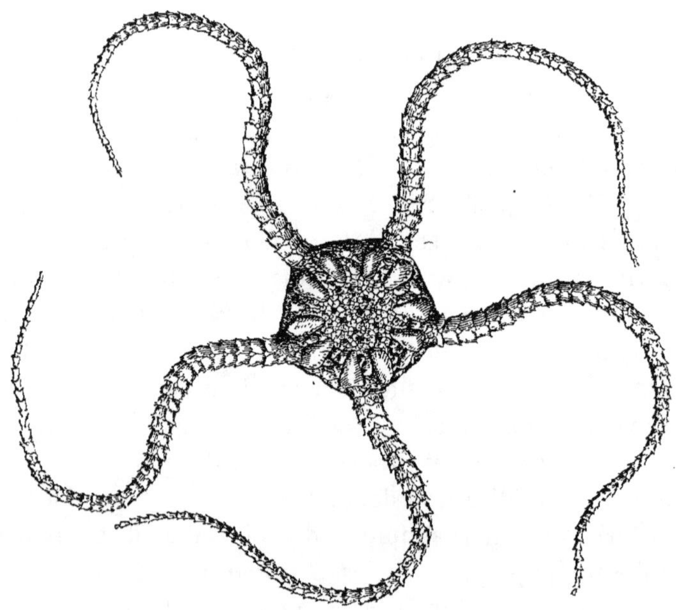

Fig. 70. — *Ophiomusium Talismani* (Ed. Per.). Expédition du *Talisman*.
1,617 mètres de profondeur.

de Kerguelen. Dans ses espaces interbrachiaux s'ouvre une cavité destinée à l'incubation des œufs. Lorsque les jeunes sont nés, la mère les transporte, durant un temps assez long, cramponnés à son dos. Wyville Thomson, d'après l'examen des ovaires et des jeunes, pense que cette espèce élève ses petits presque sans interruption ou tout au moins pendant l'espace de quelques mois. Dans l'Atlantique un des genres d'Ophiurides les plus abondants entre 750 et 3,560 mètres est celui qui porte le nom d'*Ophiomusium* (fig. 70). Nous en avons fait représenter une espèce nouvelle draguée par le *Talisman*. Chez certains de ces animaux, les plaques du disque se soudent entre elles et leur ensemble possède l'aspect d'une mosaïque.

La détermination des nombreuses formes d'Ophiures draguées par le *Challenger* a été accomplie par M. Th. Lyman, et elle a permis à ce savant zoologiste d'indiquer le mode de répartition des différents genres de ces animaux suivant les profondeurs. Seize genres ne s'observent pas au-dessous de 30 brasses, et on les trouve tous sans exception dans les mers chaudes. Cette observation rendra de très grands services au point de vue paléontologique, car elle montre que certaines formes ne peuvent exister qu'avec de hautes températures. Par conséquent, si on vient à en trouver des représentants à l'état fossile, il sera démontré que l'horizon dans lequel elles ont été ensevelies était recouvert par une nappe d'eau chaude.

D'autre part, neuf genres n'ont pas été découverts au-dessus de 1,000 brasses. Si ceux-ci viennent à être signalés à l'état fossile, on devra conclure que la mer où ils ont vécu possédait une température abaissée.

Il n'existe qu'une seule Ophiuride (*Ophiacantha bidentata*), qui s'étende de la zone littorale aux grandes profondeurs. Six genres s'observent exclusivement entre 30 et 150 brasses, cinq entre 150 et 500, quatre entre 500 et 1,000 (1).

Nous devons noter au point de vue de la distribution géographique des Ophiurides plusieurs faits intéressants.

Parmi les formes littorales, il en est qui sont répandues sur de vastes espaces comme, par exemple, des îles Sandwich jusqu'à la côte est de l'Afrique, et cela aussi sud que le cap de Bonne-Espérance. L'*Amphiura squamata* a été trouvée dans l'Atlantique nord et sud, au cap de Bonne-Espérance, en Aus-

(1) Je dois ajouter que des Ophiures, du genre *Ophiohelus*, ont été draguées, par le *Challenger*, à 82 brasses près des Barbades et à 1,350 brasses près des îles Fidji.

tralie. Mais si certaines espèces présentent une aire de distribution aussi vaste, d'autres au contraire ont des habitats limités.

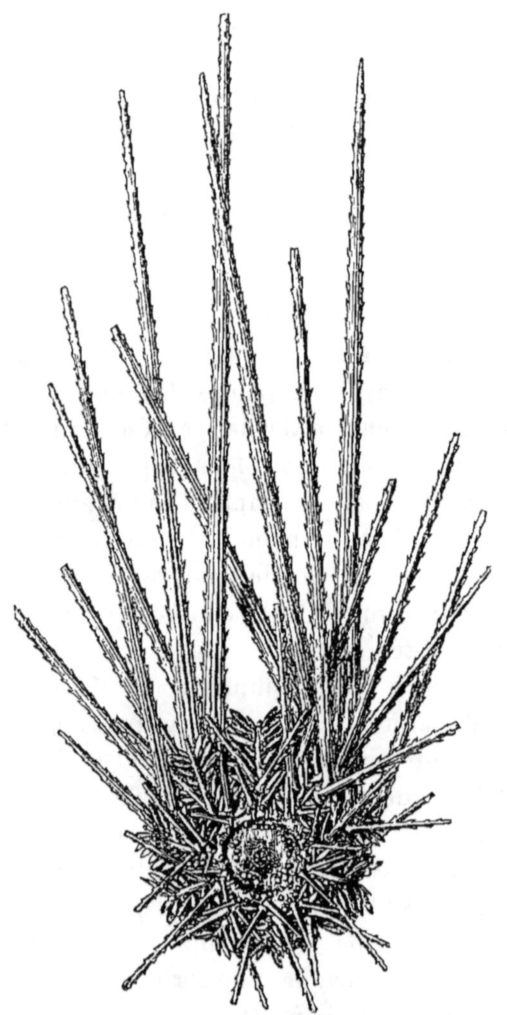

Fig. 71. — *Salenia varispina* (A. Agas.). Grossi quatre fois,
1,200 mètres de profondeur.

Ainsi la faune très abondante et très remarquable des Ophiurides des Antilles s'étend dans le sud seulement jusqu'au Brésil.

L'*Ophiacantha vivipara* et le *Gorgonocephalus Pourtalesii*, qui s'observent depuis 140 jusqu'à 600 brasses, sont remarquables par leur grande extension en longitude, car ils ont été trouvés depuis l'île de Kerguélen jusqu'à la côte est de l'Amérique du sud.

Les espèces d'Ophiures vivant à de grandes profondeurs ont, comme celles des autres animaux marins, une très grande distribution géographique. Ainsi l'*Ophiomusium Lymani*, qui apparaît dans le nord de l'Atlantique, se retrouve, dans l'extrème sud, au voisinage de la Nouvelle-Zélande, sur les côtes du Japon, sur les côtes de l'Amérique du Sud. De même l'*Ophiacantha cosmica*, signalée sur les côtes du Brésil a été recueillie au cap de Bonne-Espérance, aux environs de Kerguelen, enfin dans le voisinage des côtes de l'Amérique du Sud. A côté de ces formes cosmopolites, il en est d'autres dont l'habitat paraît être très restreint. M. Lyman mentionne à ce propos le *Pectinura heros*, l'*Ophiomusium validum*, l'*Astrochema arenosum*. La première de ces espèces vit aux Célèbes, les deux autres aux Antilles.

Le grand groupe des Échinodermes, constituant la classe des Échinides et qui comprend ces animaux vulgairement connus sous le nom d'Oursins ou de *Hérissons de mer*, est représenté sur les grands fonds par des genres très variés et spéciaux à des horizons déterminés.

Les Échinides sont des êtres possédant un corps globuleux, ovale ou discoïde, formé par l'union des plaques du squelette dermique. Des indications de la transformation du Crinoïde ou de l'Étoile de mer ont paru être fournies par des formes animales retrouvées à l'état fossile. Ainsi chez les *Platycrinus*, qui sont des Crinoïdes, les bras se rapprochent par leurs sommets, et les pinnules dont ils sont garnis s'enchevêtrent. Chez les *Periechocrinus* nous constatons un degré de transformation plus avancé; il s'est constitué, entre les bras, des plaques, qui les maintiennent dans une position fixe.

Quelques Échinides de grands fonds sont remarquables par leur coloration en même temps que par le développement et l'élégance des baguettes garnissant le test. Leur couleur est tantôt uniforme, rouge brun, ou d'un beau vert éclatant (Pl. V), tantôt, comme chez le *Salenia varispina* (fig. 71), elle est variée. Dans cette dernière espèce on voit des bandes rouges et blanches se porter d'un pôle à l'autre de l'Oursin.

Le *Salenia varispina* a été dragué par le *Challenger* près de l'île Saint-Thomas, par 1,250 mètres. Il est très abondant sur un fond composé d'un sable onctueux d'une grande finesse. Le test est globulaire, mesurant 1 centimètre de diamètre, et il

Fig. 72. — *Calveria hystrix* (W. Thomp.), 2,000 mètres de profondeur.

est recouvert de longs piquants dentelés sur les bords, ayant jusqu'à 5 centimètres d'étendue.

Les *Salenia* paraissent être très communs dans l'Atlantique. Nous les avons observés, à diverses reprises, sur les côtes d'Espagne et du Maroc, par des profondeurs variant entre 640 et 2,638 mètres. Leur présence à été constatée, d'autre part, par l'expédition du *Challenger* dans les régions tropicales du Pacifique (1). Ils représentent une famille que l'on croyait disparue et qui a eu un grand épanouissement durant la période du dépôt de la craie.

(1) *Salenia hastigera* (A. Agas.).

D'autres formes particulières aux grandes profondeurs sont
les *Pourtalesia*, Oursins en forme de cœur, qui furent découverts par Pourtalès durant ses explorations du Gulf-Stream, puis
retrouvés par le *Porcupine* au nord de l'Écosse, par le *Talisman* sur les côtes du Maroc et par le *Challenger* dans le Pacifique (1). Le test de ces Oursins est absolument différent de
celui de tous les autres Échinides. Il est très allongé, presque
cylindrique, à extrémité antérieure tronquée. La bouche se
trouve être placée à l'extrémité d'un sillon antérieur profond, et
l'ouverture terminale du tube digestif s'observe sur la face dorsale. Les piquants sont courts et, dans certaines espèces, élargis, à leur sommet, en forme de spatule. D'autres genres, très
curieux, d'Échinides sont propres aux faunes abyssales, les *Calveria* et les *Phormosoma* particulièrement. Chez ces Échinides
le test est d'une souplesse remarquable, par suite de ce fait que
les plaques ambulacraires et inter-ambulacraires, qui, chez les
autres Oursins, se rencontrent bord à bord et se joignent pour
former une paroi continue, restent indépendantes les unes
des autres, s'articulant seulement ensemble (fig. 72). A bord
du *Porcupine*, W. Thomson avait cru voir se produire sur
des *Calveria* des mouvements spontanés. Lors de la croisière
du *Talisman* nous n'avons rien observé de semblable. Les *Calveria*
ou les *Phormosoma* que nous prenions se déformaient bien à
certains moments, palpitant en quelque sorte, mais tous ces
phénomènes étaient simplement dus aux mouvements du bateau, ,
ou bien à la transmission des vibrations provenant du fonction-
nement des machines.

Les *Calveria* et les *Phormosoma* sont les Échinides les plus
abondants dans les grands fonds. Nous les avons pêchés à bord
du *Talisman* entre 608 et 4,250 mètres. Ces genres sont les représentants de formes très abondantes durant la période crétacée
et on supposait, jusqu'au moment de l'expédition du *Porcupine*,
qu'elles avaient disparu des mers actuelles.

(1) *Pourtalesia ceratopyga* (A. Agas.).

Les *Phormosoma* possèdent une immense distribution géographique. Ils s'étendent du nord de l'Angleterre presque à nos antipodes, car le *Challenger* en a dragué une espèce (*Ph. hoplacantha*, W. Th.) à 100 milles de la côte est de l'Australie, entre cette terre et la Nouvelle-Zélande.

Beaucoup d'Échinides des grandes profondeurs possèdent, comme certaines Ophiurides, une disposition spéciale d'une partie de leur organisme assurant le développement des jeunes. Ainsi, chez le *Gonocidaris canaliculata* (A. Agas.), le test est recouvert d'épines cylindriques, articulées de telle manière qu'elles peuvent s'incliner les unes sur les autres de manière à constituer un abri au fond duquel les petits sont cachés. Chez l'*Hemiaster Philippi* on observe une disposition différente, consistant dans le développement d'une poche incubatrice, au sein de laquelle les œufs éclosent et où les jeunes passent toute la première partie de leur existence.

La distribution géographique des espèces continentales et abyssales d'Échinides a été établie par M. A. Agassiz, d'après les dragages accomplis par les ordres du *Coast Survey* et par les expéditions anglaises.

« En examinant, dit ce savant zoologiste, tout d'abord les espèces continentales en elles-mêmes, nous trouvons une bien plus grande proportion d'espèces représentatives parmi les espèces continentales de l'Atlantique et du Pacifique, que nous n'en trouvons lorsque nous comparons les faunes littorales correspondantes; et si nous considérons, comme appartenant peut-être aux espèces continentales, un petit nombre d'espèces dont un unique ou de rares échantillons ont été recueillis, le caractère représentatif de la faune continentale de l'Atlantique et du Pacifique est très remarquable au point de vue géographique (1). »

(1) On trouve à la fois dans le Pacifique et l'Atlantique des espèces des genres *Porocidaris, Salenia, Podocidaris, Cœlopleurus, Aspidodiadema, Asthenosoma, Phormosoma, Trigonocidaris, Echinus, Paleopneustes, Rhinobrissus, Agassizia, Schizaster, Periaster.*

La comparaison des faunes littorales et continentales a fourni à M. A. Agassiz les résultats suivants : parmi les 22 genres de la faune continentale 14 s'observent à la fois dans le Pacifique et dans l'Atlantique, 4 sont propres au Pacifique, 4 à l'Atlantique. En ce qui concerne la faune littorale, 31 genres sont communs à l'Atlantique et au Pacifique, 31 sont particuliers à ce dernier Océan et 6 seulement caractérisent le Pacifique.

Quant à la faune abyssale, elle comprend 10 genres communs à l'Atlantique et au Pacifique. Certaines formes de *Pourtalesiæ*, telles que les *Spatagocystis*, les *Echinocrepis*, les *Genicopatagus*, quoique trouvées seulement jusqu'à ce jour dans l'Atlantique, pourraient, d'après ce que nous connaissons de la distribution des espèces du même groupe, s'étendre au Pacifique. Deux genres (*Cionobrissus* et *Argopatagus*) sont absolument propres au Pacifique, alors qu'un seul genre (*Calymne*) est confiné dans l'Atlantique (1).

M. A. Agassiz a fait remarquer que tous les genres d'Échinides possédant la plus grande distribution bathymétrique, et s'étendant de la région littorale aux abysses, remontent comme origine au delà de la période crétacée, alors que les genres qui ont une distribution plus limitée ont apparu seulement antérieurement au Tertiaire. Quant aux formes descendant un peu au-dessous de la zone littorale, elles s'observent seulement durant les dernières périodes tertiaires. Par conséquent la distribution en profondeur des Échinodermes correspond à leur ancienneté.

Un dernier groupe d'Échinodermes comprend des animaux fort étranges, les Holothuries, connus généralement sous le nom de *cornichons de mer*. La taille de ces bêtes peut être considérable. Une espèce de *Psychropotes*, que nous avons recueillie

Les *Tenmechinus*, les *Hemipedina*, les *Molampus*, les *Conoclypus*, sont caractéristiques de la faune de l'Atlantique ; les *Micropiga*, les *Catopigus*, les *Nacopatagus* et les *Moiropsis*, sont au contraire particuliers au Pacifique.

(1) Les genres communs à l'Atlantique et au Pacifique sont les suivants : *Asthenosoma*, *Phormosoma*, *Pourtalesia*, *Palæotropus*, *Homolampas*, *Hemiaster*, *Aceste*, *Aerope*, *Cystechinus* et *Urechinus*.

durant le voyage du *Talisman*, mesurait 70 centimètres de longueur.

Les Holothuries ont une peau coriace, granuleuse, remplie de corpuscules calcaires représentant les débris du test des

Fig. 73. — Holothuries des grandes profondeurs (*Psychropotes*, *Oneirophanta*), vivant entre 4,000 et 5,000 mètres. Dans le fond la *Neæra lucifuga* (Fish.), prise à 5,005 mètres. Expédition du *Talisman*.

Oursins et des autres Échinodermes. A la surface du corps existent des sortes de pieds creux, extensibles, tantôt épars, généralement symétriques portant à leur sommet des ventouses

semblables à celles des pieds des Oursins. La bouche est placée
à l'un des bouts du corps, tandis que près de la terminaison de
l'intestin, qui s'ouvre à l'autre extrémité de la bête, se remar-
quent les orifices de tubes ramifiés constituant les organes respiratoires. Quand on irrite les Holothuries, en voulant par exemple les saisir, on les voit se contracter et rejeter brusquement
leurs viscères. Mais ce qu'il y a de plus singulier et de plus
inexplicable chez ces animaux, c'est qu'au bout de quelque
temps les organes expulsés se sont reproduits de nouveau.

Quelques espèces, telles que les *Psychropotes* et les *Oneirophanta*, dont nous donnons une reproduction (fig. 74),
vivent en abondance par des fonds de 4 à 5,000 mètres. Les
premières d'entre elles ont une couleur violet foncé, les autres
sont d'un blanc mat. D'autres *Holothuries* habitant les abîmes,
les *Peniagones* (Pl. VII), possèdent une teinte d'un rose pur.
La taille est chez elles assez réduite, et l'aspect très surprenant,
car du dos s'élève une sorte de lame charnue, étalée en forme
d'éventail, dentelée sur les bords. Les genres d'Holothuries,
que je signale, donnent à la faune abyssale de certaines portions
de l'Océan une physionomie toute particulière. Les espèces qu'ils
comprennent semblent quelquefois représenter presque exclusivement la vie dans les abîmes, et on est toujours frappé de
l'extrême abondance des individus ramenés dans l'intérieur du
chalut. Ainsi, à bord du *Talisman*, nous avons pris un jour
d'un seul coup de filet, par 5,005 mètres, 50 *Peniagones*.

Les Holothuries des grands fonds ne sont pas seulement remarquables par leurs aspects bizarres, par leurs couleurs vives,
elles sont encore très intéressantes à étudier par suite de la
transformation que leur corps a subie dans sa forme. Ainsi chez
les *Psychropotes*, les *Oneirophanta*, les *Peniagone*, les *Lætmo-
gone*, les *Stichopus*, etc., la symétrie rayonnée qu'on observe
sur les Holothuries littorales disparaît et fait place à une symétrie bilatérale semblable à celle des Vers et des autres Vertébrés.
Une sorte de sole ventrale se constitue et permet à ces animaux
de ramper à la manière des Limaces. D'autre part, la bouche

cesse d'être terminale pour devenir ventrale, afin de pouvoir saisir les aliments déposés sur le fond (*Elpidia*). Chez certaines Holothuries de grands fonds (*Psychropotes*), les organes se concentrent dans la partie antérieure du corps, abandonnant la partie postérieure qui ne constitue plus alors qu'une sorte de queue (fig. 74). Par conséquent les Holothuries de grands fonds établissent un passage entre les animaux à structure rayonnée et les animaux à symétrie bilatérale.

Quelques espèces d'Holothuries méritent, comme différentes autres espèces d'Échinodermes dont nous avons déjà eu l'occasion de parler, de fixer l'attention par suite des dispositions existant dans le but d'assurer la protection des jeunes. Ainsi chez le *Cladodactyla*, les femelles portent leurs petits solidement placés dans les ambulacres dorsaux. Ces derniers sont, dit Wyville Thomson, la miniature exacte de leurs parents. Probablement, ajoute-t-il, une fois les œufs fécondés dans l'ovaire ou aussitôt après leur expulsion, ils subissent un développement des plus rapides, et alors les jeunes, portés sur le dos de la mère le long des ambulacres dorsaux, sont distribués à la place qu'ils occupent par l'action automatique des tentacules ambulacraires eux-mêmes.

Chez le *Psolus ephippifer* on observe un mode de protection différent. Il existe sur le milieu du dos de la femelle une élévation en forme de selle, composée de larges plaques irrégulières, tranchant avec les granulations du reste de la région ; ces plaques ne sont pas appliquées sur la peau, comme dans les autres parties, mais soutenues par une colonne centrale, élargie à son point de contact avec la partie inférieure de la plaque et rétrécie à son extrémité opposée, enfoncée dans les tissus. Par suite de cette disposition, il existe des espaces vides entre les colonnes, et dans ces espaces sont compris les œufs et les jeunes, qu'on aperçoit, seulement, en dérangeant la symétrie des plaques. De même que la femelle, le mâle de cette espèce possède des plaques dorsales, mais chez lui elles ne sont pas soutenues par des piliers et par conséquent le marsupium fait défaut.

Les Holothuries de la faune des grandes profondeurs ont dû être placées par suite de leurs caractères généraux dans un groupe spécial auquel les zoologistes ont donné le nom d'Élasipodes. Elles présentent au point de vue bathymétrique une distribution très variée suivant le genre auquel elles appartiennent et suivant le point du globe où on les recueille. Les *Psychropotes* apparaissent à 1,375 brasses et descendent à 2,500 brasses ; les *Peniagones* ont sensiblement la même répartition. Quant aux *Benthodytes*, ils vivent entre 1,000 et 2,700 brasses. Certaines espèces de ces différents genres possèdent une très grande extension en profondeur, fait qui ne se constate pas pour d'autres. L'*Oneirophanta mutabilis* (Pl. VII) s'observe entre 1,400 et 2,900 brasses, tandis que l'*Elpidia glacialis* vit à 50 brasses et à 2,600 brasses. Certaines espèces remontent comme diverses formes de Crustacés, de Mollusques, etc., vers les mers du Nord, où on les trouve alors à de bien plus faibles profondeurs. Ainsi l'*Elpidia glacialis*, dont nous venons de parler, vit dans les portions moyennes de l'Atlantique à 2,600 brasses et dans les mers du Nord à 50 brasses seulement (1).

(1) La figure 67, consacrée à la représentation de divers genres de Crinoïdes de grands fonds, renferme la reproduction d'un *Pentacrinus Wyville Thomsoni* non fixé par sa base. C'est dans cet état qu'ont été trouvés les divers échantillons de ce Crinoïde recueillis par l'expédition du *Porcupine*. Ils ont été pris à la surface d'un fond de vase. Tous les échantillons de *Pentacrinus Wyville Thomsoni* dragués par le *Talisman* étaient fixés et certainement adultes. On peut donc se demander si cette espèce ne devient pas libre à une époque alors très avancée de son existence, ou bien si, lorsqu'elle existe sur des fonds de vase, elle reste libre parce qu'elle ne trouve pas de point solide sur lequel elle puisse s'établir. Il se pourrait peut-être aussi que les échantillons, pris par l'expédition du *Porcupine*, eussent été détachés accidentellement de fonds rocheux et emportés par un courant profond.

CHAPITRE X

LES MÉDUSES.

Les personnes ayant séjourné au bord de la mer ont eu l'occasion d'observer, flottant à la surface des eaux ou échouées sur la plage, des cloches transparentes, parées en différents points de leur surface des couleurs les plus vives, les plus variées ou souvent décomposant la lumière comme le ferait un diamant. Ces cloches, ces globes, dont la structure paraît être d'une fragilité extrême, ne sont autre chose que des animaux vagabonds, des Méduses, dont la trame délicate est assez souple, assez élastique pour ne pas être meurtrie ou déchirée par l'action des flots.

Les Méduses progressent dans la mer en dilatant et en contractant d'une manière rythmique leur disque transparent, leur *ombrelle* (fig. 75) ainsi que l'ont appelé les naturalistes. Cette manière de nager les fait se mouvoir obliquement et de telle manière que, durant leurs pérégrinations, c'est toujours la partie convexe qui est dirigée en avant.

Au-dessous de l'*ombrelle*, on aperçoit suspendu une sorte de sac, comparé à un battant de cloche, et ouvert à son extrémité inférieure. Ce sac est l'estomac, son ouverture est la bouche. Chez certaines Méduses, les Rhizostomes (fig. 74) qui vivent sur nos côtes et dont le disque est paré d'une magnifique teinte azurée, l'estomac ne présente pas de bouche proprement dite. Il

donne naissance, à sa partie inférieure, à de nombreuses ramifications, munies chacune d'une ouverture à leur extrémité. Ces
ouvertures constituent autant de suçoirs, au moyen desquels
l'animal aspire sa nourriture. Le monstre aux cent bouches a
donc été réalisé.

L'ombrelle des Méduses revêt deux formes fort différentes ;

Fig. 74. — *Rhyzostoma Cuvierii* (Per.). Très réduit.

tantôt elle reste étalée au-dessus du sac stomacal (fig. 75), tantôt
elle se rabat sur son pourtour et le coiffe à la façon d'une cloche.
L'ouverture de la cloche est obturée par un voile membraneux,
un *velum*, percé à son centre afin de permettre à la bouche de se
projeter à l'extérieur.

Les bords de l'ombrelle sont rarement entiers ; presque toujours ils sont denticulés, ou garnis de nombreux prolongements allongés, de tentacules, utilisés pour pêcher (fig. 75).

Les Méduses pélagiques se nourrissent d'animaux marins très divers, de poissons, de crustacés, de vers, de mollusques, et quel-

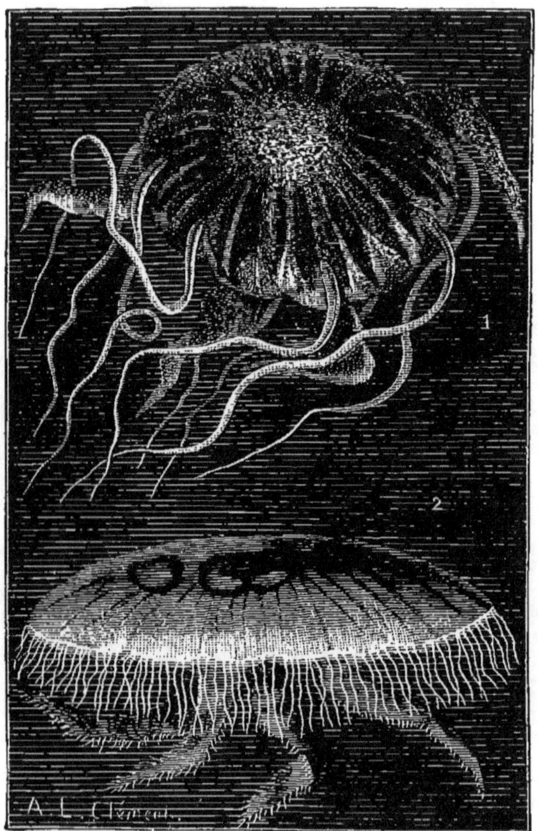

Fig. 75. — Méduses. 1, Pélagie noctiluque. 2, Aurélie oreillarde.

quefois le volume des proies saisies et dévorées est surprenant.

La gloutonnerie de ces habitants des mers est inouïe ; les bêtes capturées sont avalées entières en quelques secondes. « Des Méduses, dit Frédol, emprisonnées dans un vase avec des crustacés ou des poissons de petite taille, les dévorent fréquemment. Et cependant ces derniers, plus compliqués en organisation, sont doués d'une intelligence plus que suffisante pour apercevoir le danger. » « Apparemment, dit M. Forbes, les Méduses trouvent des jouissances *toutes démocratiques* dans la destruction des animaux *des classes élevées*. O rivalité des castes et des conditions ! Il y a donc partout de la démocratie et de l'aristocratie ? »

Les Méduses sont désignées fréquemment par le nom d'*orties de mer*, par suite de ce fait que certaines d'entre elles, lorsqu'on vient à les toucher, procurent une sensation brûlante, souvent très pénible. Tous les baigneurs connaissent la Méduse chevelue (1), dont ils s'éloignent avec crainte dès qu'ils l'aperçoivent. Quand on se laisse atteindre par les longs filaments garnissant son ombrelle et s'allongeant dans la mer comme une chevelure presque diaphane, on ne tarde pas à ressentir des douleurs atroces.

Les organes urticants des Méduses sont répartis dans l'enveloppe extérieure et principalement distribués sur les tentacules. Ils se présentent sous la forme de capsules renfermant un long fil, enroulé pendant le repos. Ce fil, lorsqu'on excite l'animal, peut être projeté, et on aperçoit alors à sa base de petites pointes aiguës, d'une extrême délicatesse, assez résistantes pour s'enfoncer sans se briser dans notre peau. C'est en utilisant ces poignards microscopiques que les Méduses se défendent ou qu'elles attaquent.

Certaines Méduses, celle de Cuvier (2) dans la Manche (fig. 74), celle d'Aldrovande (3) dans la Méditerranée, sécrètent, dit-on, une sorte de bave susceptible de causer des démangeaisons pénibles.

Les Méduses voient et entendent. Leurs yeux et leurs oreilles consistent en capsules sensitives insérées sur le bord de l'ombrelle, à la base des tentacules. Ces différents appareils sont en rapport avec un système nerveux bien défini.

La manière dont s'effectue la nutrition des diverses parties

(1) *Cyanæa capillata* (Esch.).
(2) *Rhizostoma Cuvieri* (Per.).
(3) *Rhizostoma Aldrovandi* (Per.).

de l'organisme est très simple. De l'estomac partent des canaux qui se portent vers la périphérie de l'ombrelle. Chez certaines Méduses (les Méduses à cloche) les canaux restent simples
et sont unis entre eux à leur terminaison par un canal circu-

Fig. 76. — Reproduction des Méduses. 1, Polype (scyphistome provenant de la
transformation d'une larve). 2, 3, Polypes transformés (strobiles). 4, 5, jeunes
Méduses détachées des Polypes transformés.

laire (fig. 78); sur d'autres (les Méduses en forme de champignon) les canaux se ramifient et leurs branches s'anastomosent,
constituant ainsi un vaste treillis. Cet appareil dans lequel cir-
culent, sous l'influence des contractions de l'ombrelle et par

l'action de cils vibratiles, tapissant les parois des canaux, les matières digérées par l'estomac et rendues ainsi absorbables, est en communication avec l'extérieur au moyen de diverses ouvertures. L'eau peut ainsi pénétrer dans ce qui représente chez les Méduses l'appareil circulatoire, et le sang n'est plus dès lors qu'un mélange d'eau et de matières digérées.

Ce qu'il y a de plus étrange dans la vie de ces animaux a rapport à la manière dont ils se reproduisent.

Les glandes génitales sont placées soit dans l'épaisseur du sac stomacal, soit dans différentes parties de l'ombrelle, près de son sommet ou dans le voisinage des vaisseaux. Généralement les sexes sont séparés.

Chez les Méduses dont l'ombrelle a la forme d'un champignon, les œufs deviennent libres et tombent dans la mer. Au bout de quelque temps naissent des larves au corps allongé, se mouvant avec une assez grande rapidité sous l'action de cils vibratiles répandus à leur surface. Ces larves ne tardent pas à se transformer et elles revêtent alors (fig. 76, n° 1) la forme de polypes pourvus de huit tentacules (1). A partir de ce moment chacun de ces polypes acquiert le pouvoir de se reproduire par des bourgeons apparaissant en différents points du corps. Un individu unique peut ainsi donner naissance à une colonie.

Les polypes se transforment à leur tour dès que leur développement est terminé, et cela de la manière la plus merveilleuse. Le corps semble se séparer en différentes parties, il s'articule en quelque sorte. Chacun des segments (2) ainsi formés (fig. 76, n° 2) s'élargit, se creuse à sa portion supérieure et, au bout d'un certain temps d'accroissement, l'animal représente une série d'assiettes creuses placées les unes sur les autres. Les bords de chacun de ces disques se découpent en lobes séparés par de profondes échancrures. Puis surviennent des contractions, des mouvements en quelque sorte convulsifs, qui amènent leur dé-

(1) Le scyphistome de Sars.
(2) Le strobile de Sars.

tachement. Chaque segment, ainsi rendu libre, n'est autre chose qu'une jeune Méduse (fig. 76, nᵒˢ 4 et 5).

Par conséquent, des animaux sexués « se propagent suivant les lois ordinaires, mais ils engendrent des enfants qui ne leur

Fig. 77. — Reproduction des Méduses. 1, colonie de *Bougainvillia ramosa* portant de jeunes Méduses : *a*, Polypes nourriciers; *b*, jeunes Méduses à divers états de développement. — 2, Méduse devenue libre.

ressemblent pas et qui sont neutres, c'est-à-dire non sexués (*agames*). Ceux-ci produisent, par bourgeonnement et par scissiparité, des individus semblables à eux. Ils peuvent aussi donner des individus sexués; mais, avant l'apparition de ceux-ci, l'animal, qui était simple, se transforme en animal composé, et c'est de la désagrégation des éléments de ce dernier que naissent des individus pourvus de sexe, c'est-à-dire les animaux les plus complets (1). »

Les Méduses dont l'ombrelle a la forme d'une cloche ne naissent pas de la division transversale des polypes. Elles sont le produit de l'évolution de bourgeons, apparaissant en différents points d'une colonie d'Hydres. Chez les *Bougainvillia* (fig. 77) dont les colonies sont ramifiées, les Méduses se développent sur un rameau semblable à ceux supportant les Hydres. Chez les Syncorynes, elles apparaissent parmi les tentacules (fig. 78). Dans certaines colonies d'Hydraires il y a une division du travail; quelques individus sont chargés des fonctions de nutrition, d'autres des fonctions de reproduction.

Il semblerait que les Méduses, par leur structure délicate, par leur mode de vie, fussent des animaux absolument spéciaux aux couches superficielles des Océans. Pourtant il n'en est pas ainsi, car la drague en a rapporté de nombreux exemplaires sûrement saisis au fond des abysses.

« Deux familles de Méduses, dit M. Hæckel (2), peuvent avec un grand degré de certitude être regardées comme caractéristiques des mers profondes : ce sont les *Pectillydæ* parmi les Méduses craspédotes, et les *Periphyllidæ* parmi les Méduses acraspèdes (3). »

Les *Pectyllidæ* (genres *Pectis, Pectyllis, Pectanthis*) sont remarquables par suite de l'existence de tentacules suceurs, répartis en grand nombre sur le pourtour de l'ombrelle. Ces tentacules, dit M. Hæckel, rappellent étroitement les organes de marche, les ambulacres des Oursins. Ils sont puissamment contractiles et élastiques. Les *Pectyllidæ* s'en servent pour se fixer et également-

(1) Frédol, *loc. cit.*, p. 192.

(2) Hæckel, *Report on the deep sea Medusæ, Zool. Chall. exped. par.*, XII, 1881.

(3) Les Méduses craspédotes sont celles qui sont pourvues d'un velum ; les Méduses acraspèdes sont celles dont les bords du disque, non en forme de cloche, ne présentent pas de membrane. Voy. p. 239.

ment pour se traîner sur le fond à la manière d'une Étoile de mer ou d'un Oursin (1).

Les *Periphyllidæ* (genres *Periphylla, Periphema*) possèdent

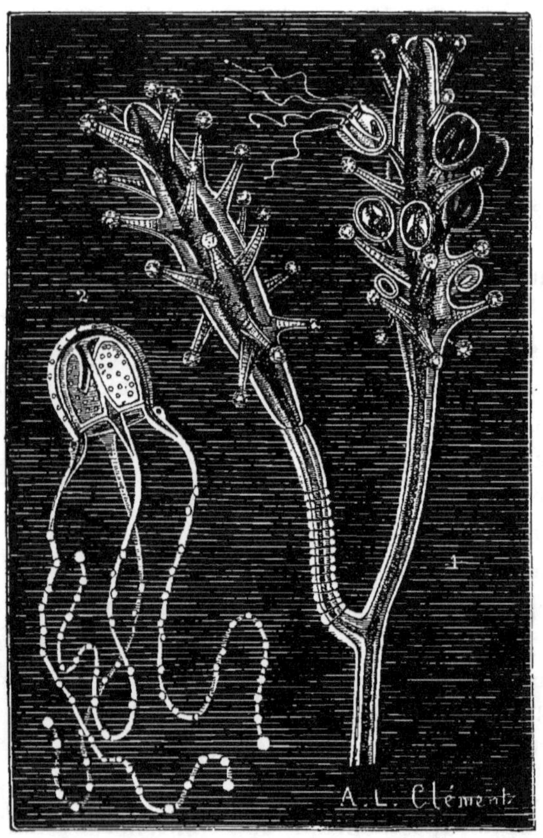

Fig. 78. — Reproduction des Méduses. 1, colonie de *Syncoryne eximia*. On voit sur un des individus de jeunes Méduses à la place de tentacules. — 2, Jeune Méduse, devenue libre et sur laquelle on aperçoit le volum, le sac stomacal et les vaisseaux qui en partent.

une ombrelle très cintrée, portant sur son bord quatre organes des sens d'une structure très remarquable. Entre chacun

(1) La disposition des organes génitaux est également spéciale chez les *Pectyllidæ*.

d'entre eux existent trois longs et puissants tentacules. On aperçoit à la partie interne du bord de l'ombrelle un large muscle,
disposé en forme de couronne. La bouche est grande et elle porte
sur son pourtour huit tentacules.

Le *Periphylla mirabilis* (Hæck.), qu imesure 160 millimètres de
hauteur et 120 millimètres de largeur, a été pris sur la côte est
de la Nouvelle-Zélande, à 1,100 brasses, et le *Periphema regina*
a été remonté dans l'Océan austral d'un fond de 1,975 brasses.
L'expédition du *Challenger* a d'autre part capturé deux autres
formes remarquables de Méduses de grands fonds, le *Nau-
phanta Challengeri* (Hæck.) aux environs de Tristan d'Acunha,
par 1,425 brasses, et l'*Atolla Wyvillii* (Hæck.) dans l'Océan
antarctique par 2,040 brasses (1). Les *Atolla* sont répandues au
fond des mers, sur de vastes espaces, car indépendamment de la
localité qui vient d'être signalée, on les a trouvées dans l'Atlantique sud et dans l'Atlantique nord au niveau du canal des
Faröer.

Les Méduses doivent puissamment contribuer par leur pouvoir
phosphorescent à éclairer les abysses. Quiconque a navigué a pu
admirer le soir, flottant près de la surface de la mer et ballot-
tées par les flots ou tourbillonnant dans le remous du bateau, de
délicates Méduses projetant tout autour d'elles de belles lueurs
d'un blanc verdâtre. Spallanzani, qui le premier a tenté des
expériences pour arriver à connaître la nature de la lumière des
Méduses, constata que, sur l'*Aurélie phosphorique*, les foyers
correspondaient à la base des tentacules et aux organes internes.
L'origine de la phosphorescence lui parut due à la sécrétion d'une
humeur particulière qui, mélangé à d'autres liquides, rendait
ceux-ci plus ou moins lumineux.

D'après les récentes observations de M. Panceri, certaines
Méduses sont dépourvues de pouvoir phosphorescent alors que
d'autres émettent de la lumière, soit spontanément, soit lors-

(1) Ces deux formes animales appartiennent au groupe des *Ephyridæ* qui
est le plus ancien parmi les Discoméduses et qui est très voisin de celui des
Nausithoe. (Hæckel, *loc. cit.*)

qu'on vient à les irriter. Le siège de la phosphorescence réside
dans des cellules revêtant la surface externe de l'animal ou les
parois de ses organes internes. Ces cellules sont remplies par
une sorte de graisse, mode de structure, qui leur donne la plus
grande ressemblance avec les cellules adipeuses.

CHAPITRE XI

CORALLIAIRES.

Les zoologistes ont placé dans une classe particulière, celle
des Coralliaires, de très nombreux animaux, possédant des analogies avec les êtres auxquels est due la production de ce brillant polypier, qu'on appelle le Corail rouge.

Les Coralliaires sont répandus dans toutes les mers, dont ils
peuplent les rivages et les abysses. Leur apparition remonte aux
temps géologiques les plus anciens, et à partir du moment où
ils ont été constitués, certaines de leurs espèces n'ont cessé
de contribuer en différents points du globe à la formation de
puissants dépôts.

Les Coralliaires sont des animaux aux formes gracieuses, revêtus des plus vives couleurs. On les répartit dans deux grands
groupes, celui des Zoanthaires et celui des Alcyonaires.

Les Zoanthaires (animaux fleurs) sont distribués dans des
groupes différents suivant que leur corps est mou ou suivant qu'il
se développe dans son intérieur un axe solide, une sorte de squelette, un *polypier*.

Parmi les Zoanthaires au corps mou, nous trouvons tout
d'abord les Actinies ou Anémones de mer dont de nombreuses
espèces, d'une riche élégance de formes et de colorations, habitent nos rivages.

Les Anémones de mer, comme tous les Coralliaires, ne sont

autre chose que des Polypes, c'est-à-dire des animaux ayant la forme d'un sac dont l'ouverture est garnie de tentacules. Le sac c'est le corps, la cavité qu'il limite l'estomac, l'ouverture la bouche, les tentacules les bras servant à la défense ou à la capture d'animaux à dévorer (1).

Les Anémones de mer possèdent des goûts sédentaires ou nomades. Chez les premières, leur base s'élargit pour permettre à l'animal d'adhérer aux corps solides, tandis que chez les secondes elle se rétrécit de telle manière que la fixation devient impossible. Dans l'Atlantique nord, sous les tropiques, nous avons dragué a bord du *Talisman*, jusque par des fonds de 4,000 mètres, de nombreuses Actinies errantes sur des fonds de vase d'une étendue immense, ou bien fixées sur des débris de roches.

Les Anémones, qui s'immobilisent, peuvent pourtant se mouvoir sur la surface où elles se sont établies et rien n'est curieux comme de les voir progresser en avançant tout doucement une partie de leur base et retirant à mesure celle qui lui est opposée.

« Lorsqu'une vive lumière, dit Frédol, éclaire une Anémone, elle épanouit ses tentacules, comme un capitule de Pâquerette qui étale ses demi-fleurons. Ces organes s'allongent ou se raccourcissent, vont et viennent, se balancent et se tordent autour de sa bouche dilatée. Touchez l'animal avec le bout d'une baguette, ou bien agitez l'eau qui l'environne, et soudain tout se rapproche, se ferme, se contracte et s'amoindrit.

« Pendant que l'Anémone étale sa brillante collerette, si un petit ver, un jeune crustacé, un poisson nouvellement éclos, viennent s'y heurter étourdiment, aussitôt, par un brusque mouvement, l'animal vorace pousse l'imprudente victime vers sa gueule béante, et la précipite dans sa bourse, c'est-à-dire dans son estomac.... et *consummatum est!* La vie des Anémones est un affût continuel.

« Les tentacules filamenteux de certaines espèces semblent être de véritables armes offensives. M. Gosse a surpris un de ces

(1) Les produits sexuels naissent de replis mésentéroïdes, existant sur la face interne de la cavité du corps, dont ils se détachent à leur maturité.

filaments au moment où il s'attachait à un petit poisson. La pauvre bête fit quelques efforts pour fuir, et ne tarda pas à succomber. M. Hollard a vu de jeunes Maquereaux se coucher sur le flanc et mourir au simple contact d'une Actinie. »

Le pouvoir meurtrier des tentacules est dû à la présence de petits organes rappelant les nématocystes des Méduses. Comme sur ces animaux, ce sont encore des capsules microscopiques qui renferment dans leur intérieur un fil, garni de dents aiguës, susceptible d'être projeté au dehors. Ce fil, ces dents sont enduits d'un fluide venimeux sécrété dans l'intérieur de la poche où ils sont contenus.

Chez les Anémones de mer la reproduction sexuelle est la règle, et ce n'est qu'exceptionnellement qu'elles se multiplient par bourgeonnement ou scission. Les embryons sont renfermés dans l'intérieur des tentacules, qu'ils abandonnent, à un certain moment, pour descendre dans l'intérieur de la cavité stomacale, d'où plus tard ils sont rejetés au dehors par la bouche. Si, comme chez la *Sagartia viduata* (Gos.), la reproduction se fait par bourgeonnement, on voit apparaître, à une certaine période de l'année, sur le pourtour de la base du corps des élévations isolées, qui s'accroissent, se transforment en autant de petites Anémones ne devant pas tarder à se séparer de leur mère pour jouir d'une vie indépendante.

Quand on arrache violemment une Anémone du rocher sur lequel elle est fixée, il arrive quelquefois qu'on déchire sa base et que des parties de son corps restent adhérentes. Il s'accomplit alors des phénomènes surprenants. L'Anémone mutilée reconstitue en peu de jours les morceaux qui lui ont été enlevés, alors que ces derniers conservant leur vitalité ne cessent de s'accroître pour finir par donner naissance à autant de jeunes Actinies.

Si on coupe transversalement une Anémone en deux, la partie inférieure se complète en transformant son ouverture supérieure en une bouche autour de laquelle se développent des tentacules. Quant à la partie supérieure, elle éprouve tout d'abord

les surprises les plus grandes, résultant de son nouveau mode de
constitution. Elle veut continuer comme par le passé à engloutir
des proies saisies par les tentacules ; mais alors, à mesure qu'elle
les avale, elle les sent s'échapper par sa partie inférieure. Cet
état de choses, qui fait de l'Anémone un tonneau vivant des
Danaïdes, ne persiste pas longtemps. L'ouverture inférieure se
resserre et se ferme, ou bien elle se transforme en une bouche.
Grâce à ce dernier arrangement, l'Anémone après une capture
ferme ses deux orifices buccaux, et elle est ainsi assurée de
conserver son repas. Il semblerait que ce nouveau mode de constitution, grâce auquel l'Anémone possède pour pêcher deux cou-
ronnes de tentacules au lieu d'une, dût la satisfaire. Il n'en est
pourtant rien, et son seul désir consiste à reprendre sa forme
primitive. Aussi voit-on se produire, au bout de quelque temps,
un étranglement au milieu du corps, étranglement qui s'ac-
centue peu à peu et qui finit par entraîner la division de l'animal
primitif en deux êtres indépendants et parfaitement constitués.

Par conséquent, comme l'a dit l'abbé Dicquemare, qui avait
entrepris de nombreuses expériences sur la vitalité des diverses
parties du corps des Anémones, mutiler ces animaux n'est pas
un acte de cruauté, car non seulement on augmente la durée de
leur vie, mais encore on les rajeunit.

Quelques genres d'Anémones vivant sur nos côtes se retrouvent sur les plus grands fonds, pourtant ce n'est là qu'une exception, car les formes abyssales de ces animaux possèdent
presque toutes des caractères génériques très particuliers.
Comme genre littoral descendant très bas, je citerai les *Sagartia*, dont à bord du *Talisman* nous avons pris de nombreux
exemplaires par 4,000 mètres de profondeur (1).

Un des genres les plus remarquables d'Anémones de grands
fonds est celui comprenant des animaux dont la bouche, au lieu
de rester circulaire, se fend en quelque sorte de manière à

(1) *Sagartia abyssorum* (E. Perr.) et *Sagartia Antoinii* (E. Perr.), 4,165 mètres.

constituer deux énormes lèvres portant à leur base les tentacules. Nous avons pêché durant la campagne du *Talisman* ces singulières Actinies bivalves (Pl. 1) par des fonds de 900 mètres (1), et elles étaient tellement nombreuses, là où nous les avons rencontrées, qu'un seul coup de chalut en a rapporté deux cent cinquante à bord (*Actinotheca pellucida*, Mar.).

L'expédition du *Challenger* a également trouvé des Anémones dans les plus grandes profondeurs (2,300 brasses); elle a observé que les espèces et les genres étaient presque tous nouveaux, et que même communément ils appartenaient à des familles encore inconnues.

Certaines formes littorales, qui se sont étendues aux grands fonds, ont conservé leur structure et elles diffèrent considérablement par ce fait d'autres formes ayant gagné les abysses, probablement depuis longtemps et s'y étant modifiées sous l'influence de conditions différentes de vie. Un des caractères particuliers aux Actinies profondes consiste dans la disparition des tentacules, qui dans certains genres ont la forme de tubes très courts, et qui dans d'autres sont représentés par de toutes petites élévations perforées à leur centre et entourant la bouche. Cette atrophie peut être suivie, en quelque sorte, pas à pas (2). Sur le *Paractis tubulifera* pêché à 1,875 brasses, les tentacules sont bien développés et ressembleraient à ceux des Actinies normales, sauf une modification de leur sommet, qui s'élargit et porte un large orifice bâillant. Dans le *Polysiphonia tuberosa* (565 brasses), les tentacules largement ouverts sont raccourcis et très élargis à leur base. Chez le *Polystomidium patens* (1,825 brasses), et le *Polyopis striata* (2,160 brasses), un petit rebord annulaire surmonte seulement les orifices, alors que chez les *Liponema* (1,875 brasses), ce dernier vestige des tentacules disparaît complètement. La place de ces appendices est marquée seulement par les ori-

(1) *Actinotheca pellucida* (Mar.).

(2) Voir à ce sujet les observations de M. R. Hertwig, dans son rapport sur les *Actinies* draguées par l'expédition du *Challenger. Rep. on the sci. res. of the vog. of H. M. S. Challenger*, part. XV, 1882.

fices qui leur correspondent. A cette transformation des organes
préhenseurs des Anémones se lie bien évidemment un mode
tout différent de nourriture. Les Actinies de grands fonds,
au lieu de capturer des crustacés et des poissons, doivent trouver
dans l'eau qui les baigne et qu'elles avalent une foule de petits
organismes suffisamment nombreux pour assurer leur existence.

Certaines Actinies, au lieu de posséder une vie indépendante
comme celles dont nous venons de parler, constituent par leur
groupement des colonies animales. Parmi ces Polypes agrégés il
en est de très remarquables, les Épizoanthes (Pl. V), qui vivent

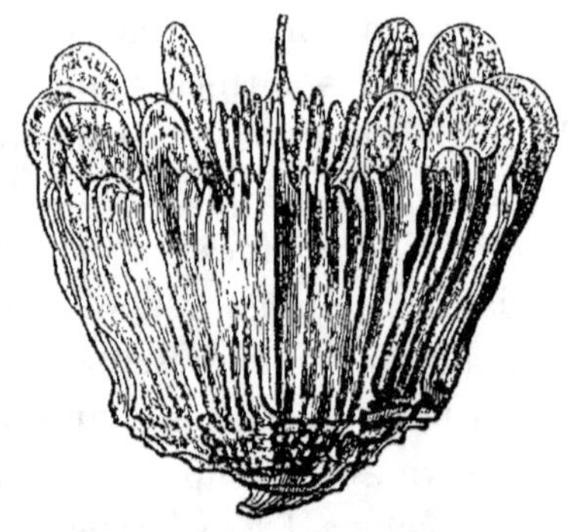

Fig. 79. — *Stephanotrochus nobilis* (Mos.), 2,000 mètres de profondeur.

au loin au fond des mers. J'ai déjà eu l'occasion d'en parler en
retraçant l'histoire d'une espèce de Pagure, qui s'installe au
centre de leur colonie (p. 130). Les Épizoanthes, dont la coloration est d'un beau violet, s'établissent sur une coquille dont le
test est peu à peu résorbé, et c'est dans la cavité lui correspondant que vient habiter un Bernard-l'Ermite particulier. La colonie d'Épizoanthes s'accroissant par bourgeonnement finit par
prendre un aspect circulaire et représente alors une roue dentée,
dont chaque saillie est un polype.

Dans un second groupe d'Actinies, celui des Madréporaires, il
se constitue un squelette au fond de chaque polype. Les Madré-

poraires vivent solitaires ou bien ils forment de volumineuses colonies.

C'est parmi les Madréporaires isolés qu'on rencontre les formes les plus belles, les plus élégantes de polypiers. Nous en avons fait représenter deux très remarquables pêchées à 2,000 mètres de profondeur. Les *Stephanotrochus* dont on voit le squelette sur notre figure 79 ont leurs tentacules disposés autour de la bouche comme chez les Actinies. Les *Flabellum* ou éventails sont comprimés dans le sens latéral (fig. 80). Tout autour de leur bouche sont disposés cinq cercles de petits bras immobiles, correspondant chacun à une division longitudinale de la cavité du corps. Cette dernière est parcourue par des cloisons très minces disposées suivant le système du développement binaire : 3 au premier cycle ; 6 au second ; 12 au troisième ; 24 au quatrième et 48 au cinquième. De chaque espace compris entre deux cloisons s'élève un tentacule, dont le nombre est par conséquent finalement de 96. Les tentacules du cinquième et du sixième cycle sont les plus nombreux, et ils sont en outre garnis de petits tentacules supplémentaires n'émanant point des cloisons intérieures. Les *Flabellum* sont vivaces, et lorsqu'après les avoir capturés on les place dans un bassin rempli d'eau de mer, on ne tarde pas à les voir étaler leurs tentacules d'une teinte légèrement rougeâtre, parés près de leur base de bandes de gris ou de jaune tirant un peu sur le rouge.

Avec les *Stephanotrochus*, les *Flabellum*, nous devons citer comme Madréporaires isolés, vivant sur les grands fonds, les *Deltocyathus*, les *Ceratotrochus*, les *Bathyactis*, les admirables *Leptopenus*, dont une espèce (1) se présente sous la forme d'une coupe renversée, criblée de mille petits orifices, disposés en cercles, qui en font une vraie dentelle ; des cloisons s'élèvent au milieu des séries rayonnantes que constituent ces ouvertures et présentent un bord libre garni de longues pointes se projetant au dehors comme de puissantes épines. Toutes ces ravissantes bêtes vivent

(1) *Leptopenus hypocœlus* (Mos.).

légèrement enfoncées dans la vase, à la surface de laquelle elles épanouissent leurs tentacules diaprés.

Certaines formes de Madréporaires solitaires présentent de l'intérêt par leur ancienneté ou par leurs distributions bathymétrique et géographique. Ainsi le *Deltocyathus italicus* (Pourt.), commun aux Antilles et dragué aux Bermudes par le *Challenger*, avait été trouvé antérieurement à l'état fossile dans des couches tertiaires de l'Italie. Les *Stephanotrochus*, si abondants dans l'Atlantique par des fonds de 500 à 1,500 brasses, ont été recueil-

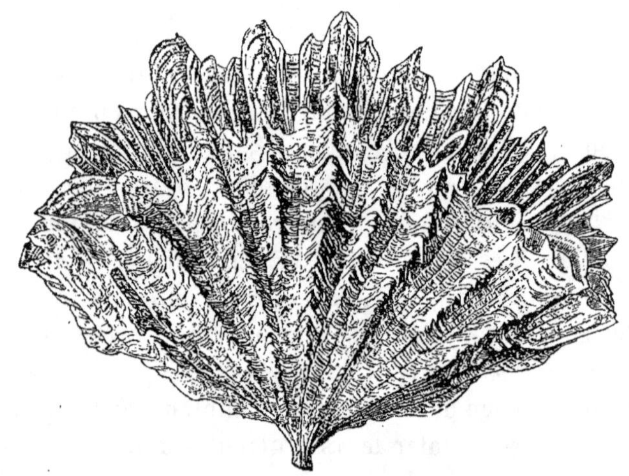

Fig. 80. — *Flabellum alabastrum* (Mos.), 2,000 mètres de profondeur.

lis, sur les côtes d'Australie, aux environs de Sydney. Les *Flabellum*, également très communs dans l'Atlantique par 1,000 brasses, ont été trouvés par le *Challenger* jusqu'à l'île du Prince-Édouard, par conséquent dans l'Océan Indien, plus au sud que le cap de Bonne-Espérance. Une espèce de *Bathyactis* (*B. symetrica*, Mos.), vit depuis 30 brasses (aux environs des Bermudes) jusqu'à 2,900 brasses (dans la portion est du Pacifique).

M. Moseley, qui a pu examiner une grande série de ce dernier Madréporaire, a constaté que la nature du fond, la profondeur, la température, n'entraînaient aucun changement dans ses formes

extérieures. Cette espèce possède, d'autre part, une vaste distribution géographique. Elle existe dans l'Atlantique (nord et sud),
dans la partie sud de l'Océan Indien, dans l'archipel malais, dans
les parties est et ouest du Pacifique, sur les côtes du Japon.

La forme de Madréporaire isolé peut-être la plus intéressante
au point de vue paléontologique est le *Stephanophyllia compli-
cata* (Mos.) pris par 129 brasses, aux îles Ki, par l'expédition du
Challenger. Elle est très voisine des *Stephanophyllia* fossiles
dans des couches de la craie et du tertiaire. Elle se rapproche
beaucoup, dit M. Moseley, du *Stephanophyllia discoïdes* de l'ar-
gile de Londres et il est singulier de la rencontrer dans un point
si éloigné de celui où elle existait antérieurement, sans que ces
deux habitats soient reliés l'un à l'autre par des stations intermédiaires (1).

Avant les expéditions de dragages sous-marins, les Madréporaires isolés étaient considérés comme très rares, et nos connaissances étaient surtout relatives aux Madréporaires constituant de volumineuses colonies. Parmi ces derniers, il en est un
assez voisin, comme organisation de ses polypes, de ceux dont
nous venons de parler et qui habite des profondeurs variant
entre 300 et 2,000 mètres. Le *Lophohelia prolifera* (H. M.-Edw.)
dont on voit une reproduction surnotre planche VIII couvre en
certains points de ses épais buissons de vastes espaces au fond des
mers. On le trouve au nord de l'Angleterre, sur les côtes de la
Norvège et dans tout l'Atlantique, où il a été dragué jusqu'au
niveau de l'île de Tristan d'Acunha dans le sud. Il est représenté
dans les mers baignant la portion est de l'Asie par quelques espèces très voisines.

Dans certains Madréporaires agrégés, les polypes sont quelquefois complètement isolés et d'autres fois assez pressés les uns
contre les autres pour que l'ouverture de leur polypier perde sa
forme circulaire, qui est remplacée alors par un contour polygo-
nal (fig. 81). Enfin, chez certains Madréporaires tels que les *Den-*

(1) M. Moseley, *Narrative of the voy of the « Challenger »*, p. 797.

drogyra, les *Diploria*, etc., les polypes se fusionnent latéralement
à un tel point, qu'il devient presque impossible de découvrir,
dans le polypier auquel ils donnent naissance, la part à accorder
à chacun de ces constructeurs.

Les Madréporaires agrégés forment des bancs et des récifs

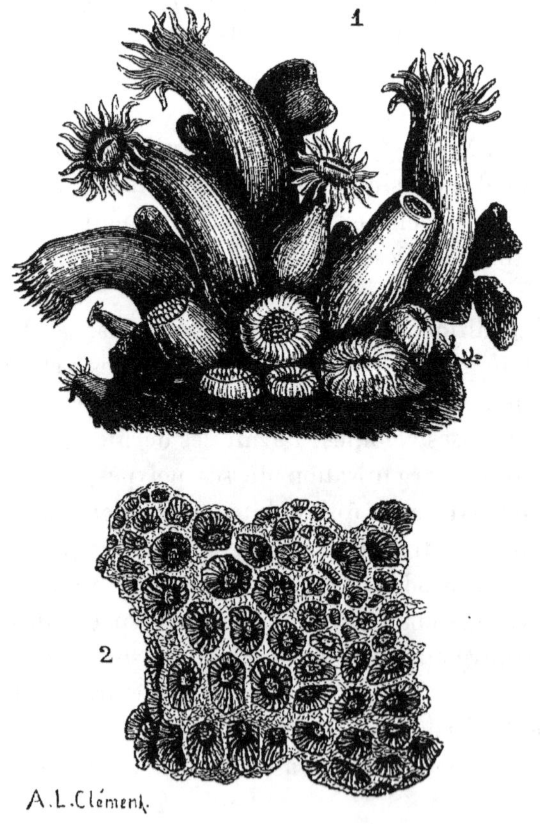

Fig. 81. — Madréporaires agrégés. — *Astroïdes calycularis*. — 1, polypes rétractés
et épanouis. — 2, polypier dont les polypes ont été enlevés.

d'une très grande importance, qu'on rencontre en certains points
d'une zone circulaire comprise entre le vingt-huitième degré de
latitude de chaque côté de l'équateur. Ils s'établissent, soit dans
le voisinage des côtes, soit au milieu des océans, là où un fond

surélevé leur permet de se fixer ; ils donnent naissance par le dépôt de leur squelette calcaire à des récifs soit longitudinaux, soit circulaires (1).

Les vagues qui viennent se briser contre les amas de polypiers circulaires, les atolls, en détachent des quartiers, qu'elles réduisent peu à peu en une sorte de gravier, puis en un sable plus ou moins fin recouvrant la partie supérieure du récif. Alors sur ces nouvelles terres germent des graines apportées, et au bout de quelque temps, le récif a donné naissance à une île revêtue d'une belle végétation.

Les espèces produisant ces puissantes assises de coraux vivent dans des conditions physiques toutes particulières. La température de l'eau de mer ne doit jamais descendre au-dessous de 20° au-dessus de zéro, et la dernière profondeur qu'elles atteignent est 40 mètres au-dessous de la surface. Le choc violent des vagues ne fait qu'accroître leur activité, car on voit toujours le côté extérieur du récif, celui sur lequel la lame vient se briser, être plus développé que le bord intérieur.

Darwin, durant son voyage en Océanie, avait étudié le profil des récifs, et il avait été très surpris de constater une forme abrupte, et de reconnaître, d'autre part, que certains d'entre eux devaient avoir 2 à 300 mètres de hauteur. Étant acquis que les organismes constructeurs ne descendent pas à plus de 40 mètres, il devenait dès lors difficile de s'expliquer cette épaisseur énorme. Darwin crut trouver l'explication du fait qu'il observait en admettant que le fond du Pacifique subissait un affaissement lent et que les coraux, pour se maintenir dans leur zone d'existence, ne cessaient, afin de contrebalancer ce mouvement d'immersion, d'élever leurs colonies. Cette explication, qui rendait un compte satisfaisant de la disposition observée en même temps que de la variété des formes de récifs, fut généralement acceptée. « En effet, imaginons une île située dans la

(1) Les récifs *frangeants* bordent étroitement la côte, tandis que les récifs *barrières* s'élèvent à une certaine distance d'elle, et constituent comme autant d'ouvrages avancés sous-marins.

région de la mer où les espèces coralligènes peuvent prospérer,
et offrant, dans sa partie émergée, une pente convenable pour
que les coraux y trouvent leur assiette. Une plantation coralliaire
s'y développera tout près du bord, et quand elle atteindra le
niveau de la basse mer, donnera naissance à un *récif frangeant*.
Comme d'ailleurs le récif s'accroît mieux du côté du large, et
que, tout contre le rivage de l'île, le ruissellement des eaux
pluviales peut entraîner des sédiments nuisibles aux coraux, il
subsistera généralement, entre l'île et le récif, un petit espace
formant une ligne d'étroites lagunes. Si maintenant l'île s'affaisse
lentement, le récif continuera à croître en épaisseur, en même
temps que la largeur de la lagune augmentera. Un jour viendra
où la distance du récif à la côte sera devenue assez grande pour

Fig. 82. — Atoll.

que la digue corallienne forme un *récif barrière*. Mais que le
mouvement continue à se prononcer, ou bien l'île disparaîtra
tout entière, ou elle se réduira à quelques îlots insignifiants,
autour desquels s'étendra une barrière annulaire interrompue
ou non par d'étroits passages. Cette barrière pourra, d'ailleurs,
être totalement ou partiellement émergée. En effet, les vagues
des grandes tempêtes en dégradent constamment le bord extérieur ; tandis que la plupart des blocs ainsi arrachés tombent
dans la mer, au pied du récif, quelques-uns viennent s'entasser
sur la plate-forme, et dépassent définitivement le niveau des plus
hautes mers. Les vents et les oiseaux y apportent des semences,
et ainsi peut se constituer un anneau de verdure entourant un
lac intérieur, dont la tranquillité contraste avec l'agitation des
flots au dehors.

« A cet état de perfection, le récif est devenu un atoll. Sa forme, plus ou moins irrégulière, n'est que le reflet des contours de l'île à laquelle il était originairement accolé, d'abord en qualité de frange, puis sous forme de barrière. L'île a disparu, pendant que l'atoll élevait sans cesse de nouvelles assises sur sa base primitive, et le mouvement d'affaissement ayant un jour cessé de se produire, l'anneau corallien, d'ordinaire immergé à marée haute, a été définitivement conquis à la terre ferme. Un jour peut-être sa lagune intérieure elle-même se comblera, soit par le progrès de la végétation de l'atoll ou par des accumulations de déjections d'oiseaux.

« En résumé, pour employer une ingénieuse expression de Dana, chaque atoll serait une sorte de monument funéraire marquant la place d'une île engloutie, en même temps qu'il attesterait la mobilité du fond de l'Océan au point en question (1). »

Cette théorie, très séduisante, appuyée sur des faits habilement groupés, ainsi que sur quelques preuves indiscutables d'immersion, fut acceptée tout d'abord par la presque unanimité des géologistes et des zoologistes. Peu à peu cependant quelques arguments de grande valeur vinrent faire douter de son exactitude générale.

Ainsi en 1851 L. Agassiz montra qu'elle ne pouvait servir à expliquer la formation des récifs de la Floride, et en 1870 M. Rein déclara que les Bermudes n'avaient été primitivement qu'un plateau sous-marin, sur lequel s'était fait à la longue un amoncellement assez considérable de débris de polypiers, de mollusques, d'échinodermes, etc., pour que sa partie supérieure atteignît la zone dans laquelle peuvent vivre et se développer à l'infini les coraux constructeurs. En 1880, M. Murray, à la suite de la croisière du *Challenger*, fit connaître de son côté diverses observations, qui sont venues enlever à la théorie de Darwin beaucoup de sa valeur générale (2).

(1) A. de Lapparent, *Théorie des récifs coralliens*, (*Revue scientifique*, 1er sem. 1885, p. 556).

(2) *Proced. of the royal Society of Edinburg*, t. X, p. 505.

Les îles possédant des récifs coralliens sont presque toujours
d'origine volcanique, par conséquent il semble très juste d'admettre que les inégalités existant sur le fond des mers à récifs
sont dues a des phénomènes éruptifs. « Mais, parmi les accumulations de débris édifiées au sein du Pacifique par l'action
volcanique, beaucoup ont dû s'arrêter à une distance de la surface supérieure à 20 brasses. Étaient-elles pour cela condamnées
à ne jamais servir d'assiette aux coraux? En aucune façon. En

Fig. 83. — Branche de corail rouge avec ses polypes.

effet, c'est un des résultats les plus saillants des dernières explorations maritimes, que la constatation de l'extrême richesse, en
organismes calcaires, des fonds situés sous la zone tropicale. Les
eaux de la surface, dans les mers largement ouvertes, nourrissent
en abondance des foraminifères calcaires, surtout de globigérines, dont les menues enveloppes s'entassent sur le fond, partout où la hauteur de l'eau ne dépasse pas 4,000 mètres. Déjà
l'accumulation de ces débris peut faire naître des dépôts cal-

caires ; mais surtout la matière organique de ces protozoaires fournit un aliment à des êtres beaucoup plus élevés, polypiers, rayonnés, mollusques, lesquels se développent sur le fond. Le phénomène est surtout remarquable sous le parcours des grands courants chauds, tels que le Gulf-Stream. Les récents sondages du *Blake* ont montré qu'au-dessous de ce fleuve d'eau chaude, qui charrie de la matière organique en grande abondance, il s'est constitué une véritable plate-forme d'un calcaire très dur, résultant de l'agglomération des coquilles. Nulle part, d'après A. Agassiz (1), ce résultat n'est mieux marqué que dans la mer des Antilles et dans le golfe du Mexique, entre 500 et 2,000 mètres de profondeur. Les mollusques, les échinodermes, les polypiers, les alcyonnaires, les annélides, les crustacés se développent en nombre incroyable sur les plateaux sous-marins qui bordent la côte de la Floride, et les recouvrent, par l'accumulation de leurs enveloppes, d'une couche de calcaire répandue sur plusieurs milliers de kilomètres carrés. M. Agassiz n'hésite pas à attribuer cette abondance aux matières organiques charriées par les courants tropicaux et qui, venant s'ajouter à celles que contiennent toujours les eaux littorales, assurent aux êtres marins une nourriture copieuse. De même une riche faune, sans doute explicable par la même cause, a été constatée par le *Challenger* au-dessous du courant chaud de la côte japonaise. Par contraste, les côtes occidentales des continents, le long desquels les courants issus des tropiques font défaut, manifestent une moins grande richesse biologique.

« Cela posé, un grand nombre de protubérances volcaniques qui, dans l'origine, n'atteignaient pas la zone bathymétrique des coraux, ont pu s'exhausser peu à peu par des accumulations d'organismes calcaires, sous l'influence des conditions tropicales, et arriver assez près de la surface pour que les espèces coralligènes pussent s'y établir (2). »

Ces nouvelles vues sur la formation, dans certains cas, des

(1) *Trans. of the American Academy*, t. XI, p. 1883.
(2) A. de Lapparent, *loc. cit.*, p. 559.

îlots madréporiques ont été confirmées par les observations faites par M. Guppy aux îles Salomon, où il existe d'anciens récifs soulevés de 30 jusqu'à 300 et même 600 mètres, dans lesquels le couronnement corallien est de peu d'importance, alors que le reste de la masse se compose d'un calcaire pétri d'organismes pélagiques, tels que des foraminifères ou des ptéropodes.

Par conséquent les récifs, les atolls, peuvent quelquefois s'accroître d'une manière continue et acquérir une grande épaisseur, lorsqu'un affaissement vient à se produire; mais dans la plupart des cas ils sont établis sur des cônes volcaniques ou sur des plates-formes constituées de débris d'êtres divers, qui se sont progressivement élevées jusqu'à une vingtaine de brasses de la

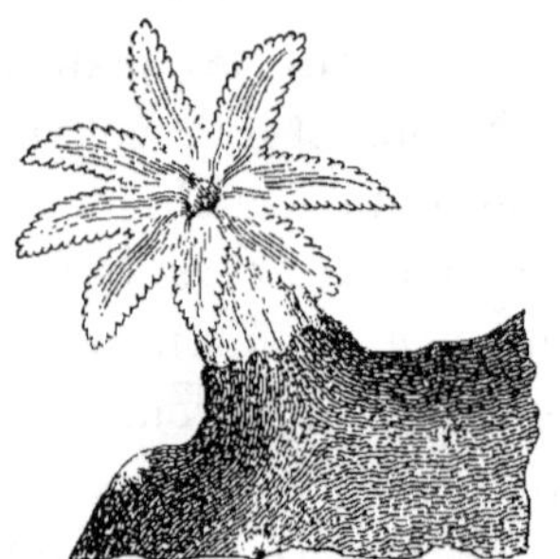

Fig. 84. — Polype du corail.

surface. Les organismes constructeurs ne contribuent alors que pour une faible part à donner son épaisseur au récif. Cette disposition, a fait remarquer M. de Lapparent, doit faire plutôt penser à un soulèvement qu'à un affaissement, car, ainsi que Darwin l'avait indiqué le premier, les lignes de volcans marquent toujours des rides en voie d'exhaussement.

La seconde division de la classe des Coralliaires, celle des Alcyonaires, comprend des animaux pourvus de huit tentacules bipinnés (fig. 84), vivant en colonies plus ou moins nombreuses. C'est dans ce groupe qu'est compris le Corail (fig. 83 et 84).

Dès les temps les plus anciens on a utilisé le Corail comme bijou et on s'est alors préoccupé de connaître sa nature et son mode de formation. « Orphée a dit en vers ses propriétés et son origine. Par une fiction ingénieuse et poétique, il a donné la raison de sa forme, de sa couleur et de sa dureté.

« Chacun a conservé dans ses souvenirs l'histoire mythologique de Persée débarrassant le monde de la Gorgone Méduse, ce monstre dont le regard métamorphosait en pierre tout ce qui l'approchait. La fiction s'aidant de cette fable trouva dans le Corail une plante rougie par le sang et pétrifiée par le contact de la tête de Méduse, que Persée avait posée sur le rivage quand, après son triomphe, il vint purifier ses mains du sang qui les souillait (1). »

Ovide pensait que le Corail était mou sous l'eau et se durcissait au contact de l'air. En 1700, Tournefort, admettant une idée ancienne défendue tour à tour par Théophraste, Dioscoride, Pline, regardait le Corail comme un végétal. En 1706 le comte Marsigli annonça qu'il venait de voir les fleurs du Corail, et ce ne fut que plusieurs années après qu'un jeune médecin de Marseille, Peyssonnel, releva cette erreur et montra que « le calice de la prétendue fleur était le corps même de l'animal avancé et sorti hors de la cellule. » Cette découverte ne fut admise qu'avec beaucoup de difficultés et qu'après un temps assez long.

M. Lacaze-Duthiers, dans une très belle étude qu'il a faite du Corail, a montré que les polypes constituant la colonie sont tantôt mâles, tantôt femelles, tantôt hermaphrodites, et que généralement sur un même rameau les individus d'un sexe sont plus nombreux que ceux d'un autre sexe. Les œufs donnent naissance à des larves ovoïdes, se creusant d'une cavité qui s'ouvre au dehors par un orifice représentant la bouche et qui, couvertes de cils vibratiles, nagent à reculons, c'est-à-dire l'extrémité buccale en arrière, la grosse extrémité en avant. Au bout d'un temps assez long, les larves se fixent, et alors se produit une métamorphose. L'animal quitte sa forme de ver et devient, en s'étalant, en quelque sorte discoïde. La partie qui portait la bouche rentre

(1) Lacaze-Duthiers, *Histoire naturelle du Corail*, 1864, p. 2.

dans l'intérieur du corps et, en s'enfonçant, s'entoure d'un bourrelet circulaire sur lequel apparaîtront les huit tentacules bipinnés. Le polype ainsi constitué donne naissance à une grande colonie ramifiée par suite de la production successive de bourgeons d'où naissent autant de nouveaux polypes. L'axe de la colonie, c'est-à-dire cette matière pierreuse, qui pour le public est le Corail, se trouve recouverte d'une sorte d'écorce vivante (1), et chacune des petites cavités qu'il présente est la loge d'un polype.

Le Corail rouge vit dans la Méditerranée et dans l'Atlantique nord par des fonds qui, dit-on, pourraient n'être que de 10 mètres, mais qui sont généralement de 50 à 60 brasses. On a, dans quelques cas, pêché du Corail à plus de 100 brasses. Très abondant dans la première de ces mers, il paraît être extrêmement rare dans la seconde, où on ne l'a encore rencontré qu'aux îles du Cap-Vert. Durant le voyage du *Talisman*, nous nous sommes rendus sur les points de cette dernière localité dans lesquels s'est pratiquée pendant un certain temps la pêche du Corail, et nous avons été assez heureux pour obtenir quelques spécimens vivants, qui nous ont permis de bien constater l'identité absolue d'espèce entre le Corail de la Méditerranée et celui de l'Atlantique nord. En un autre point de l'Atlantique nord (2), nous avons recueilli par 500 à 600 mètres une forme d'Alcyonaire encore inconnue et voisine du Corail (Pl. 1), le *Coralliopsis Perrieri* (Mar.) qui a des affinités avec un autre Corail (*Pleurocorallium secundum*), vivant au Japon et probablement, d'après les dragages du *Challenger*, près des îles Ki. Le *Coralliopsis Perrieri* (Pl. 1) vivant a ses tiges d'un beau blanc et ses polypes d'un beau rouge. A l'île

(1) Les Polypes sont enfoncés en quelque sorte dans une masse de tissu (sarcosome) qui leur est commune et dans l'intérieur de laquelle existent des vaisseaux. M. Lacaze-Duthiers distingue dans le Corail des vaisseaux profonds longitudinaux et donnant à l'axe solide son aspect cannelé, et des vaisseaux superficiels à mailles étroites établissant des communications entre les cavités gastro-vasculaires des Polypes. Par suite de cette dernière disposition, ce que mange un Polype profite à toute la colonie.

(2) Long. 19°,49. Lat. 22°,55′,30.

Maurice on trouve un vrai Corail, mais d'une espèce différente de celle du Corail rouge.

Il est parmi les Alcyonaires des polypes qui, par l'élégance de leurs formes, leur coloris brillant, les lueurs éclatantes qu'ils dégagent au fond des mers, sont des êtres vraiment merveilleux.

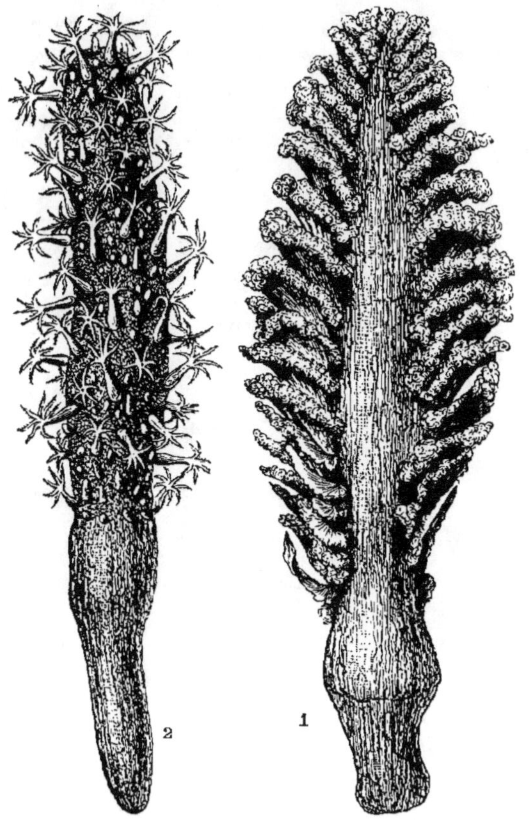

Fig. 85. — 1, *Pterocides griseum.* — 2, *Veretillum cynomorium.*

C'est parmi eux qu'on rencontre les *Pennatules* ou *Plumes de mer*, agglomération animale composée d'un axe garni sur ses côtés de barbes supportant des polypes (fig. 85). La coloration de certaines espèces prises à bord du *Talisman* par 500 mètres de profondeur était d'un beau rouge mélangé de jaune. L'extrémité inférieure

Bathynectes crassus (L. Vail.)

Macrurus gigas (L. Vail.)

Bathycrinus gracilis (W. Tho.)

Acanthephyra abyssorum (A. M. Edw.)

Psychropotes buglossa (E. Perr.)

Peniagone rosea (E. Perr.)

Oneirophanta mutabilis (Th.)

Chitonactis Richardi (Mar.)

Hymenaster Bourgeti (E. Perr.)

Archaster rigidus (E. Perr.)

Elasmonotus Parfaiti (A. M. Edw.)

Craspedotus mirandus (Fish.)

Bela gravida (Fish.)

... espèce différente

... quoi ... trop ...

Il est ... A le
... l'ai ...

dé... ... à fond ...

Bathycrinus gracilis (W. Tho.)

Acanthophyra abyssorum (A. M. Edw.)

Psychropotes longicauda (E. Perr.)

Pentagone rosea (E. Perr.)

Oneirophanta mutabilis (Théel)

Chiroteuthis Richardi (Mar.)

Hymenaster Bourgeti (E. Perr.)

Archaster rigidus (E. Perr.)

Bathynectes crassus (L. Vail.)

Macrurus gigas (L. Vail.)

Elasmonotus Faxini (A. M. Edw.)

Crangopsis minutus (Fisch.)

Bela gracilis (Fisch.)

... par l'élégance
... leurs éclatantes qu'ils
... vraiment merveilleux.

... unes de mer.
... sur ses côtés de
... ion de certaines
... es de profondeur
... l'extrémité inférieure

... à 1000 mètres de profondeur

Imp Lemercier & Cie, Paris.

de l'axe, qui est dégarni de polypes, est enfoncée dans la vase. Les *Vérétilles*, qu'on rencontre par les mêmes fonds que les *Pennatules*, ont une couleur orangée ; leur axe, garni de polypes sur tout son pourtour dans sa partie supérieure, a la forme d'une massue allongée (fig. 85).

A de plus grandes profondeurs et jusqu'à 2,440 brasses on trouve de ravissantes colonies d'Alcyonaires, les *Umbellulaires*, chez lesquelles les polypes groupés au bout d'un long axe apparaissent comme autant de fleurs vivantes (Pl. III) d'une belle teinte violette. Les Umbellulaires appartiennent à la forme la plus simple, la plus primitive des Pennatulides ; leurs polypes sont sessiles sur la tige. Avant les campagnes de dragages sousmarins on ne les connaissait que dans les mers du Groënland.

M. le professeur V. Kölliker, qui a examiné les Pennatulides dragués par le *Challenger*, dit qu'au point de vue géographique les Umbellulaires ont la distribution la plus étendue. On les rencontre dans les mers arctiques, dans l'Atlantique, dans les mers antarctiques, dans l'Océan du sud à l'ouest de Kerguélen, dans le nord et le sud du Pacifique (1).

(1) « Les *Stachyptilidæ*, les *Protocaulidæ* et les *Protoptilidæ* possèdent deux centres, un dans l'Océan Pacifique, sur les côtes de la Nouvelle-Zélande, de la Nouvelle-Guinée et du Japon, un autre dans l'Atlantique nord et la mer du Nord. Dans le Pacifique, l'Atlantique, et les mers du Sud, dans des points éloignés des côtes, des représentants de l'ordre sont très rares, et ils apparaissent d'autant plus nombreux qu'on s'avance vers des eaux peu profondes et vers la terre. Les *Anthoptilidæ* ont seulement été trouvés sur la côte est de l'Amérique, et s'étendent depuis Halifax au nord jusqu'aussi sud que Buenos-Ayres et Tristan d'Acunha. Les *Kophobelemnonidæ* et les *Veretillidæ*, d'autre part, paraissent avoir une distribution limitée, mais les investigations du *Challenger* ont très peu accru nos connaissances sur la distribution de ces deux familles.

« Parmi les formes plus complexes, les Virgulaires et les Pennatules sont plus largement distribuées ; ces dernières se rencontrent sur les côtes d'Europe, de Chine, du Japon, de l'Australie, de la Nouvelle-Guinée, sur la côte ouest de l'Amérique du Nord, sur la côte est de l'Afrique. Les *Pteroeididæ* ont un centre bien défini sur les côtes sud-ouest de l'Asie ; il s'étend au nord jusqu'aux côtes du Japon, à l'ouest jusqu'à la mer Rouge et la côte est de l'Afrique ; une espèce (*Pteroeides griseum*) vit dans la Méditerranée. » (*Narr. of the voy. of the « Challenger »*, p. 51.)

En certains points des mers, le fond est recouvert de véritables forêts d'Alcyonaires dont les polypiers ramifiés à l'infini
apparaissent comme d'épaisses broussailles vivantes. On trouve là
les Gorgones à axe corné ou calcaire dont les rameaux de la
colonie se soudent souvent à leurs points de contact et les Isis à
axe articulé, formé d'une série alterne de cylindres calcaires
et de rondelles de tissu corné.

Les phénomènes de la phosphorescence sont extrêmement actifs
chez la plupart des Alcyonaires. Suivant M. Panceri, les Polypes
des Pennatulides émettent de la lumière dont la production est
localisée dans huit cordons, qui adhèrent à la face externe du
tube œsophagien. « Ces cordons lumineux sont composés principalement d'une substance de nature grasse, contenue dans des
cellules, avec des noyaux multipolaires et des granulations albu-
minoïdes. Ils sont tellement mous et fragiles, qu'il est impossible
de les soumettre à un examen microscopique. Quand on vient à
toucher, même légèrement, un polype, les cordons se désagrè-
gent ; la substance grasse tombe dans l'intérieur des tentacules
ou dans la cavité viscérale, d'après le sens suivant lequel la pression a été exercée ; c'est ce qui explique comment Spallanzani a
vu sortir un jet lumineux par le pore situé à l'extrémité de la tige,
et comment della Chiage a vu le bulbe d'un Funiculaire briller
comme un tissu enflammé. La matière photogénique des cordons
peut devenir phosphorescente sous l'influence d'excitations exer-
cées non seulement d'une manière directe sur le polype, mais
encore sur un point éloigné du polypier. Enfin elle peut encore
donner de la lumière en dehors du polype, par suite soit de chocs,
soit de frottements, non seulement quand on vient de l'enlever du corps du polype, mais encore après la décomposition de
celui-ci (1). »

Durant une des croisières du *Porcupine* W. Thomson eut l'occasion d'étudier la splendide lumière se dégageant du corps des
Plumes de mer (fig. 85, 1). « En descendant le détroit de Skye, a ra-

(1) Claus. *Zool.*, note du traducteur, p. 179.

conté ce savant zoologiste, depuis le Loch Torridan, pendant notre
voyage de retour, nous draguions par une profondeur de 100 brasses, et la drague revenait tout enchevêtrée de longues tiges roses,
de la singulière *Plume de mer* (*Pavonaria quadrangularis*). A cha-

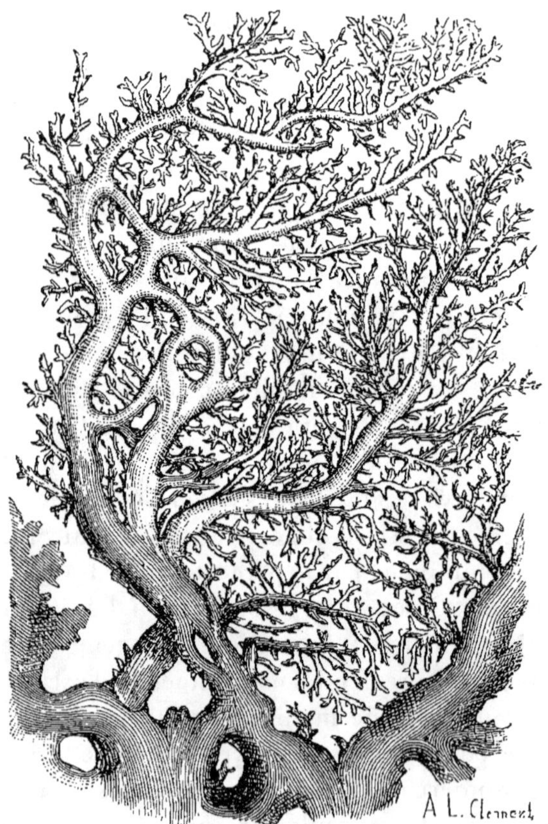

Fig. 86. — *Stylaster flabelfiformis*, vivant à 250 mètres de profondeur.

cune de ces tiges se cramponnaient par leurs longs bras des *Astero-
nyx Loveni*, dont les corps mous et sphériques ressemblaient à des
fruits mûrs et charnus suspendus aux branches d'un arbre. Les
Pavonaria resplendissaient d'une phosphorescence lilas pâle,
semblable à la flamme du gaz cyanogène. La lueur n'était pas

scintillante, comme la lumière verte de l'*Ophiacantha*, mais elle était presque continue, éclatant plus brillamment sur un point, puis s'effaçant presque entièrement, mais demeurant cependant toujours assez vive pour éclairer parfaitement toutes les parties d'une tige accrochée dans des houppes ou adhérant aux cordes. D'après le nombre de *Pavonaria* qu'un seul dragage a ramenés, il est évident que nous avons passé au-dessus d'une forêt. Les tiges avaient 1 mètre de longueur, et elles étaient frangées de centaines de polypes. »

A bord du *Talisman*, nous avons à maintes reprises joui du merveilleux spectacle de la phosphorescence des polypes des Gorgones et des Isis, et nous avons cherché, par notre planche V, à donner une idée de l'aspect admirable que doit posséder le fond de la mer sur lequel scintillent ces innombrables foyers de lumière.

Les campagnes de dragages sous-marins nous ont fait connaître, en dehors de ces faits généraux, diverses particularités de structure très remarquables, offertes par des animaux que l'on considérait, à tort, comme de vrais Coralliaires. Ainsi les Millepores, dont le squelette est criblé d'une multitude de petits trous correspondant aux polypes, sont, d'après les études faites à bord du *Challenger*, par M. N. Moseley, des Hydraires qui, au lieu de produire des polypiers cornés comme tous les animaux connus de ce groupe, fabriquent des polypiers calcaires. D'autre part, d'après le même observateur, des Polypiers placés presque en tête des Madréporaires (les Oculaires), tels que les *Stylaster* (fig. 86), les *Allopora*, le *Cryptohelia* (pl. I), dont différentes formes sont très élégantes, ne sont nullement des Coralliaires, mais bien des Polypes hydraires.

Les *Stylaster* fabriquent de ravissants polypiers aux branches flexueuses, quelquefois anastomosées les unes avec les autres et garnies de nombreux rameaux. La coloration de leur axe est d'un beau blanc chez le *Stylaster flabelliformis* (fig. 86), vivant dans les parages de l'île Bourbon jusqu'à des profondeurs de 160 brasses, et d'un rose tendre sur le *Stylaster roseus* des îles Sandwich. Les *Allopora* descendent dans les grands fonds de l'Atlantique et du Pacifique. Quant aux *Cryptohelia*, dont nous avons fait représenter (pl. I) un ravissant polypier pris pendant l'expédition du *Talisman* par 800 mètres de profondeur, ils ont un axe blanc dont chacun des calices est surmonté par une lame fixée en un point de son contour (1).

(1) H. N. Moseley, *On the structure of the Stylasteridæ, a family of the Hydroid stony Corals.* (Phil. Trans. of the R. S. L. 1878.)

CHAPITRE XII

ÉPONGES.

Le nom d'Éponges a été donné à un très grand ensemble
d'êtres, vivant soit à l'état isolé, soit à l'état de colonies.

Le Spongiaire isolé, l'*individu éponge*, si je puis m'exprimer
ainsi, s'offre à nous avec ses caractères les plus nets, dans la forme
décrite par Hæckel sous le nom d'*Olynthus primordialis* (fig. 87).
Qu'on se figure une urne au pied élancé, dont la paroi est percée
de trous, de *pores*, livrant passage à de l'eau qui s'échappe par
l'ouverture supérieure (l'*oscule*), et on aura une première idée
de l'*Olynthus*. Les parois sont formées par deux couches de
cellules superposées dont l'interne est due à des cellules munies
chacune d'un flagellum, dont l'agitation continue et dans un
sens déterminé règle le courant de l'eau traversant la cavité.

Maintenant, si on veut bien se représenter une série d'individus semblables, accolés les uns aux autres, fusionnés et portés
par une sorte de squelette formé soit d'un réseau fibreux, soit
de baguettes (de *spicules*) aux formes les plus variées, de nature
calcaire ou siliceuse, on aura réalisé aux dépens d'Éponges
simples une Éponge composée.

Dans les Éponges fibreuses, les Éponges de toilette, on recon-
naît au premier examen deux sortes d'orifices, les uns très
nombreux, de diamètres réduits, les autres plus rares et plus
largement ouverts. Aux premiers, qui correspondent aux orifices

extérieurs, dont nous avons vu la paroi de l'*Olynthus* être criblée, font suite des canaux venant s'ouvrir dans une cavité correspondant à un des seconds orifices qui représentent l'ouverture supérieure de l'*Olynthus*. Les canaux offrent sur leur trajet des élargissements, des sortes d'ampoules, tapissées par des cellules munies de flagellum (1) dont le mouvement produit un courant d'eau.

Le passage de l'eau au travers des canaux est très facile à observer sur des éponges placées dans un aquarium, si on a le soin de laisser tomber dans le liquide qui les baigne des particules d'une substance colorée. Ces petits éléments d'une grande légèreté restent en suspension, et on les voit être aspirés par les petits orifices, les *pores inhalants*, et rejetés par les grands, les *oscules*. Ce mode de structure des Éponges, qui paraît si simple, a été ignoré pendant bien longtemps. Les anciens regardaient ces êtres, tantôt comme des végétaux, tantôt comme des animaux, parmi lesquels ils prétendaient découvrir des mâles et des femelles. Il n'est pas d'idée étrange qui n'ait été émise à propos de ces bêtes, et Érasme a eu bien raison de dire qu'on devait passer l'éponge sur tout ce qui avait été avancé à leur sujet.

On ne trouve pas chez quelques Éponges de squelette supportant les diverses parties des individus ou de leurs colonies (Myxosponges), tandis que chez d'autres cette charpente est très développée et de nature fort différente suivant les formes observées. Ainsi, tantôt il est de nature fibreuse (Éponge de toilette), tantôt il est formé par des spicules calcaires ou des spicules siliceux (fig. 88). A chacun de ces modes divers de structure correspondent des divisions zoologiques particulières.

Le rôle rempli par les spicules est très varié. Certains de ces éléments sont répandus dans les tissus de l'Éponge et servent de points de soutien ; d'autres réunissent entre eux diverses parties de l'animal ou de ses colonies ; il en est quelques-uns qui se projettent au dehors ou font saillie dans l'intérieur des ca-

(1) Corbeilles vibratiles.

naux, devenant ainsi des moyens de défense. Dans quelques
Éponges siliceuses une portion des spicules prend un très grand
développement, et elle constitue alors soit une sorte de longue
chevelure, comme dans les *Holtenia* (fig. 91), soit une torsade
comme dans les *Hyalonema* (pl. I) et elle sert alors à l'Éponge

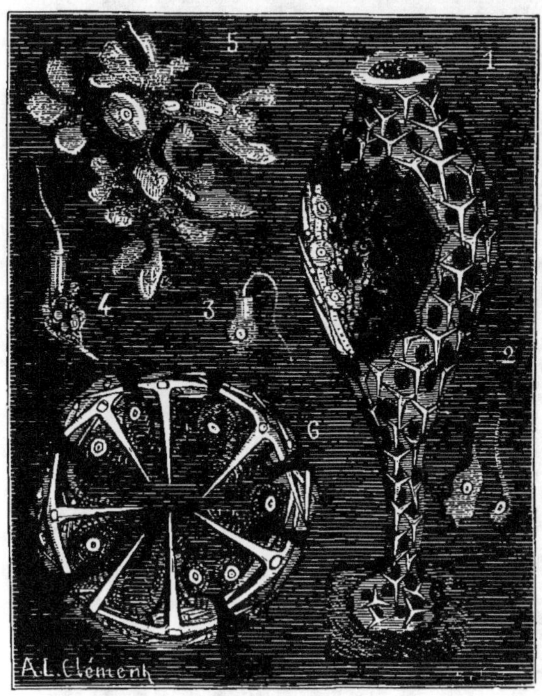

Fig. 87. — 1, *Olynthus primordialis* (Hæck.). — 2, éléments mâles. — 3, 4, cellules
flagellifères. — 5, cellule amiboïde considérée comme un œuf. — 6, coupe d'*Ascaltis
Gegenbauri* montrant les spicules, la couche amiboïde, les cellules flagellifères,
les œufs.

à se fixer, à s'ancrer en quelque sorte dans le fond de vase sur
lequel elle vit.

La nature des spicules est toujours la même dans une Éponge
déterminée, c'est-à-dire qu'on ne trouve jamais associés des
spicules calcaires à des spicules siliceux. C'est en se basant sur
la forme, l'agencement des spicules, la forme des oscules, que

les naturalistes sont arrivés à reconnaître dans les Éponges des
formes génériques ou spécifiques différentes.

L'étude des Spongiaires est des plus intéressantes, mais elle
est en même temps des plus difficiles ; car à peine est-on arrivé
à délimiter des genres, des espèces, qu'on découvre des formes

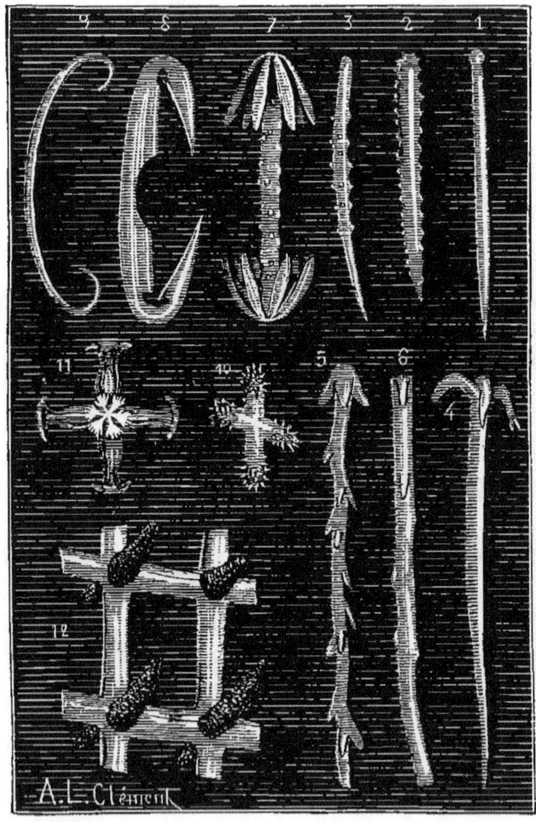

Fig. 88. — Spicules d'éponges. — 1, *Hymeniacidon carnosa*. — 2, 3, *Halychondria
incrustans*. — 4, *Tethea Collingsii*. — 5, 6, *Euplectella aspergillum*. — 7, 10,
11, *Hyalonema mirabilis*. — 8, *Hymenodesmia Johnsoni*. — 9, *Halichondria va-
riantia*. — 12. Réseau siliceux de *Farrea*.

intermédiaires venant les réunir. Aussi certains naturalistes
(Hæckel, Os. Schmidt) ont-ils fini par déclarer que l'espèce,
chez les Éponges, n'existait pas.

La reproduction s'effectue de manières diverses. Chez quelques Éponges, il se constitue des sphérules protoplasmiques renfermées dans un kyste dont la rupture permet à leur contenu de s'échapper. Celui-ci rampe pendant un certain temps, puis s'immobilise et se transforme en Éponge. Dans d'autres spongiaires il s'accomplit un phénomène, beaucoup plus complexe, dû primitivement à l'apparition des grosses cellules (fig. 87) dépourvues d'enveloppe. Ces cellules à l'état de liberté jouissent de mouvement, d'expansion et de concentration. On les considère comme des œufs, ayant peut-être été fécondés par d'autres cellules garnies d'un long filament, d'un *flagellum* (cellules flagellifères, fig. 87).

En se plaçant à un point de vue général, on pourrait considérer les diverses parties de l'Éponge, les oscules, les corbeilles vibratiles, les canaux, comme les organes d'une colonie. Enfin la masse entière, ainsi que l'a dit M. E. Perrier, ressent des impressions et peut exécuter des mouvements d'ensemble. « Une Éponge ouvre et ferme à volonté ses oscules, elle peut se contracter plus ou moins sur elle-même, toutes choses qui supposent une coordination de volonté des éléments constituants, et, si on peut parler ainsi à ce degré de la vie animale, une sorte de conscience commune. L'individualité des éléments cellulaires, si indépendants les uns des autres chez l'*Olynthus* et chez beaucoup d'autres Éponges calcaires, est donc subordonnée, chez les Éponges plus élevées, à une individualité plus générale, celle de l'Éponge elle-même. Mais c'est là le point essentiel, ce phénomène s'accomplit graduellement (1). »

Les Éponges cornées et calcaires paraissent faire uniquement partie de la faune littorale, car jusqu'à ce jour aucun de leurs représentants n'a été remonté de fonds excédant 450 brasses (2).

---

(1) Perrier, *Colonies animales*, p. 158.

(2) Le Dr Poléjjaef cite les formes suivantes, comme ayant été draguées par le *Challenger*, à la plus grande profondeur : *Leucosolenia blanca*, var. *bathybia*; *Leuconia crucifera*; *Cacospongia levis*; *Stelospongos longispinus*; *Verongia tenuissima*.

Les Éponges dont nous nous servons pour nos usages domestiques proviennent en grande partie de la Méditerranée, où elles sont surtout pêchées entre Beyrouth et Alexandrie. Elles vivent peu profondément, et c'est en se servant de plongeurs qu'on procède à leur récolte. Dans le golfe du Mexique, où elles sont également abondantes, on les arrache du fond au moyen de sortes de longs râteaux.

Fig. 89. — Éponge calcaire, *Ascandra pinnus* (Hæck.).

Le Dr Poléjjaef, auquel ont été remises les Éponges cornées et calcaires pêchées par l'expédition du *Challenger*, déclare (1) qu'on doit remarquer, « relativement à la distribution géographique de ces deux groupes, que la plupart de leurs représentants dans

(1) *Report on the sc. res. of the voyage of H. M. S. «Challenger»*, t. I, p. 639.

les collections rapportées par ce navire sont des formes nouvelles ; mais que, comme la plupart d'entre elles correspondent
à d'uniques échantillons, il est impossible d'arriver à des conclusions ou des généralisations. »

Les Éponges siliceuses, contrairement aux précédentes, font
partie de la faune profonde dont elles constituent un des éléments les plus importants. Certains genres s'observent jusqu'à
5,000 mètres. Leurs formes sont très variées et leurs squelettes
possèdent dans plusieurs genres une extrême élégance. Suivant la
forme des spicules, simples ou radiés, on les a distribués dans différents groupes, les Monaxonides, les Tétractinellides, les Hexactinellides.

Les Monaxonides (1) (Éponges dont le squelette est formé de
spicules en formes d'aiguilles) sont répandues dans toutes les
mers ; on les a pêchés au-dessus de 100 brasses et à 3,000 brasses.
Deux de leurs formes les plus remarquables sont celles qui portent le nom de *Cladorhiza* et de *Condrochladia* (pl. IV).

Les *Cladorhiza* forment au fond des mers d'épais buissons « qui, dans certaines parties, recouvrent des espaces considérables, comme la bruyère revêt une lande (2). » Dans
certaines espèces les branches sont raides, tandis que dans
d'autres elles sont plus souples. Les rameaux latéraux sont
quelquefois insérés sur un rachis central, comme des barbes
sur l'axe d'une plume. La tige, les branches, sont composées
dans leur partie centrale de longs spicules aiguillés, disposés en
faisceaux allongés. Les *Cladorhiza* vivent sur des fonds de vase,
dans lesquels la partie inférieure de leur colonie est profondément enfoncée. Leurs rameaux peuvent atteindre jusqu'à 80 centimètres de longueur.

Quelques Éponges monaxonides possèdent une vaste distribution géographique. Ainsi l'*Esperia rotalis* (Bow.) qui vit sur les
côtes d'Angleterre se retrouve en Australie, à Port-Jackson ;
l'*Amphilectus Challengeri* diffère très peu, dit M. O. Ridley, de

(1) Les Monaxonides correspondent aux Monactinellides de M. Zittel.
(2) W. Thompson, *loc. cit.*, p. 25.

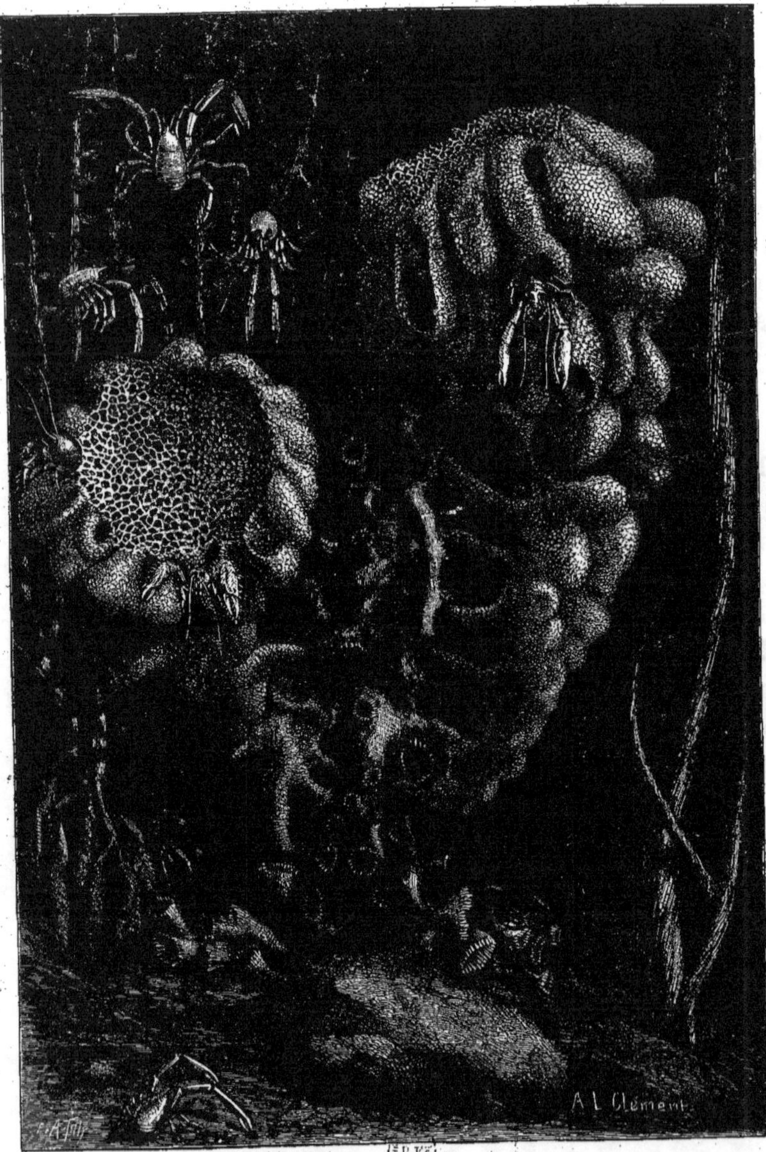

Fond de l'Atlantique nord, à 1,200 mètres de profondeur, en un point où il est peuplé par des Mopsées, aux rameaux
desquelles grimpent des Galathées, et par des éponges siliceuses (*Aphrocallistes*) fixées sur des Coraux (*Lophohelia*)
ou ancrées dans la vase (*Condrochladia*). (Expédition du *Talisman*.)

l'*Amphilectus Edwardi* des mers de la Grande-Bretagne. Quant au genre *Rhizochalina*, il semble être cosmopolite.

Durant le voyage du *Challenger*, dans la partie de l'Océan Indien comprise entre le Cap de Bonne-Espérance et l'île de Kerguélen, on a remarqué que les Monaxonides recueillies constituaient une faune ayant au plus haut degré un caractère européen.

Les localités où on trouve, en plus grande abondance, des formes de ces spongiaires, sont les environs de Bahia, les portions sud et ouest des côtes de la Patagonie (1), les îles Philippines, le détroit de Torrès, les environs de l'île de Kerguélen (2). Dans les portions profondes du Pacifique, le *Challenger* a dragué des *Cladorhiza* et des *Chondrochladia*, genres représentés dans l'Atlantique et dans les mers du nord par de nombreuses espèces (3).

Les Tétractinellides (Éponges dont les spicules ont quatre rayons) vivent presque toutes dans des eaux peu profondes, et ce n'est qu'exceptionnellement qu'on les rencontre dans les abysses. Leur forme la plus intéressante, au point de vue bathymétrique, est celle qui porte le nom de *Thenea ;* elle s'étend de 95 à 1,800 brasses.

Les genres de ces spongiaires possèdent une large extension

(1) Surtout des *Alebion* et des *Tedania*.
(2) Plus particulièrement des *Renieridæ* et des *Suberitidæ*.
(3) D'après l'examen des collections rapportées par le *Challenger*, M. S. O. Ridley a pu établir le tableau suivant indiquant la distribution des Monaxonides, suivant la profondeur :

Profondeurs.	Nombre de stations correspondant à cette profondeur dans lesquelles a été pris des éponges monaxonides.
3000 brasses	1
2900 —	1
2000-2600 brasses	7
1000-2000 —	5
200-1000 —	11
100-200 —	17
Au-dessous de 100 brasses	31

géographique. Nous devons pourtant faire remarquer que certains de leurs groupes occupent des espaces assez limités. Ainsi les *Stellina* ont été trouvées seulement en quelques points du parcours effectué par le *Challenger* entre l'Australie et le Japon.

Les Hexactinellides (Éponges dont les spicules ont six branches) peuvent être considérées comme de véritables habitants des grands fonds. Leurs formes, dont un très petit nombre était connu avant les dragages sous-marins, sont extrêmement nombreuses, et toutes possèdent de magnifiques squelettes aux formes les plus variées. La distribution géographique de certains de leurs genres est immense. Ainsi les *Hyalonema* (Pl. I) des mers du Japon se retrouvent dans l'Atlantique, en même temps que les *Euplectelles* (Pl. III), qui pendant longtemps ont paru caractériser la faune des mers baignant les Philippines.

Les *Hyalonema* (pl. I) sont constituées par deux parties : une inférieure, une supérieure. La partie inférieure, formée de longs spicules de silice au nombre de 2 ou 3 centimètres, a l'aspect d'une torsade, de 40 à 50 centimètres de longueur ; les spicules, qui ont le volume d'une aiguille à tricoter, se terminent à chacune de leurs extrémités en une pointe fine. Les parties moyenne et supérieure « sont soudées, enroulées en hélice par le fait de la torsion des fils dont elles sont composées. La partie inférieure de la torsade, lorsque l'animal est vivant, plonge dans le limon et est éraillée de façon que chaque fil se trouve isolé des autres, comme les poils d'une brosse luisante ; la partie supérieure, serrée et compacte, est assujettie perpendiculairement dans une Éponge conique ou cylindrique (1) ». Par conséquent la partie inférieure des *Hyalonema* joue le rôle d'un câble résistant, destiné à maintenir fixée, au fond de la mer, une colonie animale.

Ce mode de structure, si simple, a été longtemps ignoré et cela par suite de circonstances fort singulières.

Les *Hyalonema* ont été primitivement connues en Europe par un échantillon que Siebold rapporta du Japon en 1835. Seule-

______

(1) M. W. J. Sollas, *Rep. on the scient. res. of the voy. H. M. S. « Challenger »*, t. I, p. 452.

ment, au lieu de considérer la torsade de spicules comme la base
de l'Éponge, on la regarda comme s'échappant de son intérieur et
comme devant s'étaler au-dessus d'elle en éventail. D'autre part,
la présence d'une espèce d'Alcyonaire, établi en parasite sur les
tiges des *Hyalonema*, fit absolument méconnaître leur origine. Les
naturalistes se posèrent cette question : les *Hyalonema* sont-ils un
unique organisme, ou bien ne correspondent-ils pas à l'assem-
blage de deux ou de trois êtres distincts? Ce fut cette dernière
opinion qui fut admise. Gray supposa que la tige des *Hyalonema*
était due à une colonie d'Alcyonaires vivant sur elle, colonie
dont il faisait un parasite de l'Éponge. Cette même opinion fut
défendue par le Dr Brandt en 1859, après l'examen d'une nouvelle série de spécimens rapportés également du Japon. Ce fut
seulement en 1857 que H. M. Edwards, en se basant sur ce que
les Alcyonaires ne forment jamais de polypier siliceux, fit de
l'Éponge et de la torsade un seul organisme. Il déclara en
même temps que les polypes étaient de simples parasites de
l'Éponge. Cette opinion fut confirmée plus tard par les recherches de Max Schultze, de Bonn, qui montra que les polypes (les
Palythoa) étaient des êtres entièrement distincts de l'Éponge sur
lesquels ils s'établissaient en commensaux, afin de prendre dans
les courants déterminés par l'appareil ciliaire de leur hôte
l'oxygène et les matières organiques nécessaires à leur vie. Ce
genre d'association a été retrouvé depuis, par Os. Schmidt, sur
deux Éponges (*Axinella cinnamomea* et *verrucosa*) vivant dans
l'Adriatique (1).

En 1864 M. Barboza du Bocage, directeur du Muséum d'histoire naturelle de Lisbonne, annonça qu'il venait de découvrir
sur les côtes du Portugal des *Hyalonema* appartenant à une
espèce différente de celle du Japon. Il proposait de nommer
cette Éponge nouvelle *Hyalonema lusitanicum* (Pl. I). Les
échantillons dont il avait pu disposer avaient été recueillis par
les pêcheurs de Sétubal et ramenés des grands fonds où

(1) *Palythoa axinellæ* (Schm.).

ils vont prendre des Requins par 1,200 ou 1,500 mètres (voy. p. 113). Les *Hyalonema* sont quelquefois accrochés par les hameçons traînant sur la vase et remontés avec les lignes. Connues depuis très longtemps des pêcheurs, qui les désignaient par l'appellation de *fouets de mer*, elles étaient considérées comme des objets devant porter malheur à celui qui les capturait ; aussi dès qu'elles étaient prises s'empressait-on de les rejeter dans la mer, ce qui a fait que pendant fort longtemps elles nous sont restées inconnues.

Les *Hyalonema lusitanicum* sont répandues, dans l'Atlantique, sur de vastes espaces. Wyville Thomson les a draguées durant la croisière du *Porcupine* au niveau de la pointe de Lews, et nous les avons retrouvées durant l'expédition du *Talisman* en divers points de la côte du Maroc, jusqu'aux îles du Cap-Vert et enfin entre les Açores et le golfe de Gascogne. Nous les avons draguées par des fonds de 800, 2,210, 3,200 et 3,655 mètres. Aux Açores, entre Pico et Saint-Georges, nous les avons pêchées par 1,257 mètres, et lors de notre retour nous en avons recueilli des débris, en même temps que des portions d'une autre Éponge siliceuse (*Pharonema?*), par 4,789 mètres.

A 1,257 mètres la faune, dont les *Hyalonema lusitanicum* faisaient partie, était extrêmement riche. Parmi les Poissons, je citerai des *Macrurus*, des *Bathypteroïs* aux rayons des nageoires pectorales transformés en organes d'exploration (fig. 31, p. 93), et les singulières Chimères, si abondantes au niveau du détroit de Magellan. Les Crustacés étaient d'énormes Aristés (p. 139) d'un rouge éclatant, des Pénés et des Pagures. Les Échinodermes apparaissaient, particulièrement, en grand nombre (*Archaster, Pentagonaster, Sticaster, Ophyurus, Cribrelles, Comatules*), ainsi que les Mollusques (Dentales, Bulles, Pleurotomes, Scalaires). Au milieu de tout ce monde animal on trouvait des polypiers isolés (*Flabellum* (fig. 80) ou branchus (*Lophohelia*, pl. VIII), de belles Actinies bivalves (Pl. 1) et des Pennatules d'une couleur rouge orangée. A 3,655 mètres la faune accompagnant les *Hyalonema* était moins riche. Elle comprenait seulement des Aristés d'espèce inconnue, des Pénés ; les Mollusques

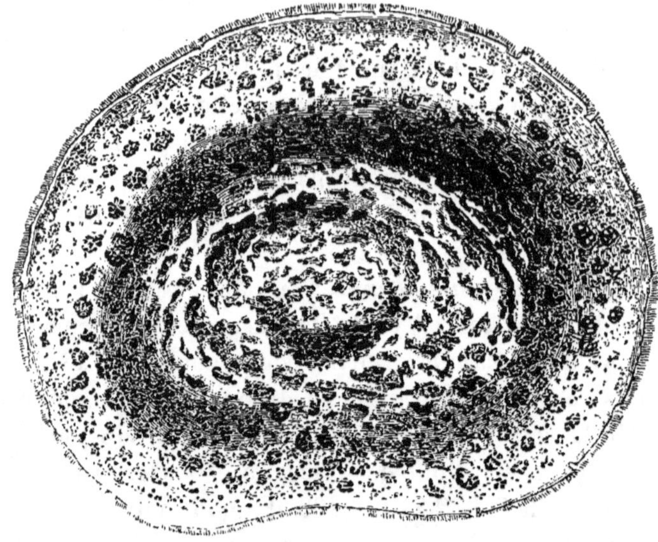

Hyalonema toxeres (partie supérieure). — Grandeur naturelle.

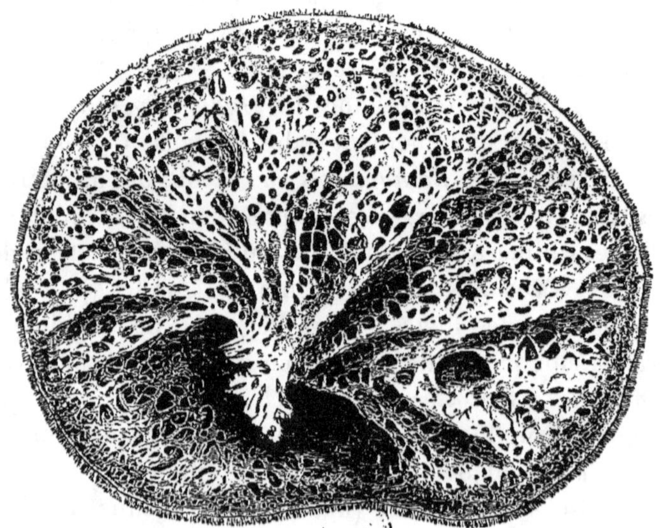

Fig. 90. — *Hyalonema toxeres* (partie inférieure). 2,400 mètres de profondeur.

étaient des Limopsis et des Dentales, et les Échinodermes se rapportaient aux genres *Zoroaster*, *Pentagonaster*, *Ophiomusium*. Le coup de chalut, qui nous a ramené de 4,789 mètres des fragments de tiges mutilées de *Hyalonema*, avait exploré un fond sur lequel vivaient le *Melanocetus Jonhstoni* (fig. 27), des *Dentales* (fig. 53), des *Fuseaux*, des *Archaster* (Pl. VII) et des *Oneirophanta* (fig. 73).

Aux environs de l'île Saint-Thomas, Wyville Thomson a dragué par 1,250 brasses, sur les fonds où exitsent les *Salenia varispina* dont nous avons parlé (p. 225, fig. 71), une belle *Hyalonema*, différente des espèces du Japon et des côtes du Portugal. Malheureusement l'unique échantillon de *Hyalonema toxeres*, qui a été recueilli, est brisé au niveau du point où la torsade de spicules pénètre dans l'intérieur de l'Éponge (fig. 90).

On trouve fréquemment, associées aux *Hyalonema*, d'autres belles Éponges siliceuses, les *Euplectelles*, dont le corps cylindrique et treillagé d'une manière charmante est fixé dans la vase par une longue touffe de spicules siliceux (Pl. III). L'ouverture supérieure, l'oscule est fermé par une lame en forme de crible et soutenu par une ruche de spicules, qui se redressent, a-t-on pu dire, autour de lui à la manière de la fraise que portait la reine Élisabeth. Les Euplectelles ont été primitivement connues par des échantillons pris aux environs des îles Philippines. Durant une des campagnes de dragage du *Lightning*, W. Thomson pêcha au nord de l'Écosse une espèce nouvelle de ce beau Spongiaire, qu'il appela du nom d'*Euplectella suberea*.

Les *Euplectella suberea* sont largement répandues dans l'Atlantique nord. Pendant la croisière du *Talisman* nous les avons draguées à diverses reprises par des fonds variant entre 900 et 2,300 mètres. En certains points elles étaient d'une extrême abondance et devaient couvrir d'assez vastes espaces (Pl. III).

La lame criblée, fermant l'ouverture de l'oscule, est destinée évidemment à mettre les Euplectelles à l'abri des ennuis que pourrait leur causer l'arrivée de quelque visiteur se risquant à pénétrer dans leur cavité. Cependant la porte de la demeure n'est pas assez close pour que quelques commensaux audacieux n'arrivent à s'y glisser et, trouvant ce palais de cristal tout à fait de leur goût, ne s'y installent d'une manière définitive. Aussi voit-on commu-

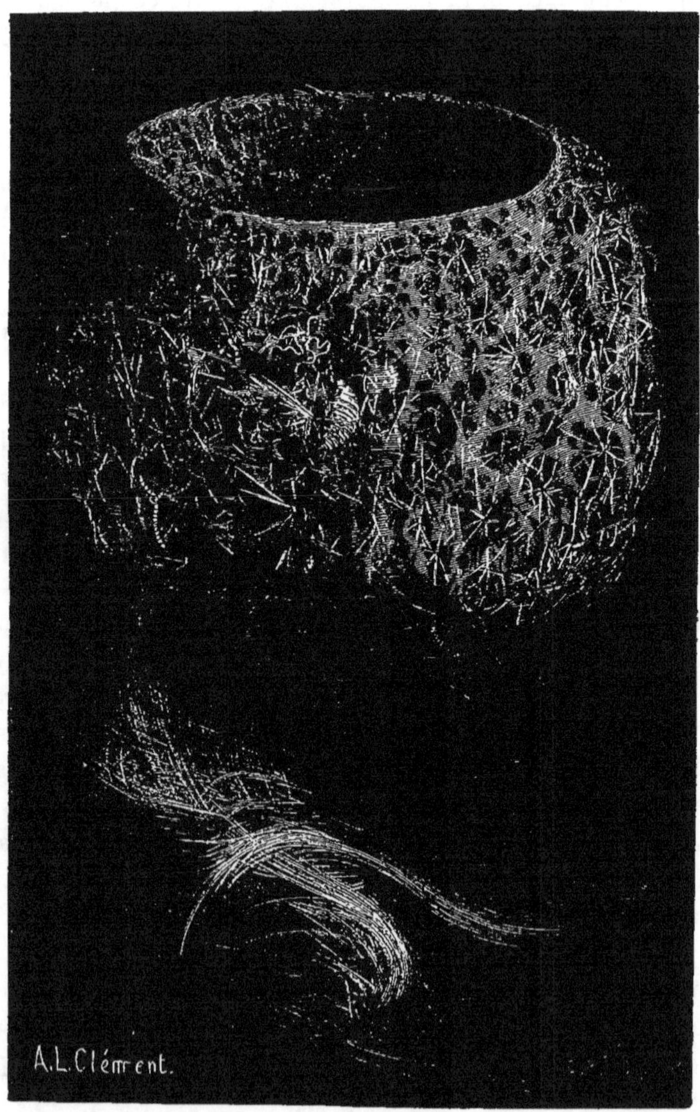

Fig. 91. — *Pheronema Parfaiti* (H. Filh.). 1,200 mètres de profondeur.
Expédition du *Talisman*.

nément, dans l'*Euplectella aspergillum* (Pl. VI) des Philippines, une Crevette, un Palémon, y vivre à l'état de commensal.

Aux Euplectelles se rattache une ravissante forme de Sponcure, l'*Alcyoncellum speciosum* (Pl. VI, n° 1) recueilli pour la première fois par Quoy et Gaymard durant le voyage de l'*Astrolabe*.

C'est encore dans le même groupe que doit être placée une Éponge de toute beauté (Pl. VIII) que nous avons prise sur les côtes du Maroc par 865 mètres de profondeur. Le *Thrycaptella elegans* vit fixé sur des Coraux (*Lophohelia*). Sa base est formée de spicules siliceux agglutinés les uns avec les autres et formant ainsi un réseau d'une grande solidité. Le restant du corps de l'Éponge, qui s'élargit dans sa partie moyenne, est souple comme chez les Euplectelles. L'oscule, fermé par un treillage à mailles grandes et irrégulières, est entouré par une collerette de longs spicules d'une extrême délicatesse.

On trouve souvent, sur les fonds où vivent les Euplectelles, d'autres Éponges siliceuses, les *Pheronema*, dont l'aspect rappelle un nid d'oiseau (fig. 91). L'espèce la plus commune est le *Pheronema Carpenteri* découvert par W. Thomson lors de la croisière du *Lightning*. « Le *Pheronema Carpenteri*, a écrit ce savant naturaliste, est une sphère de 90 à 100 millimètres de longueur. A sa partie supérieure se trouve un oscule d'environ 30 millimètres de diamètre ; de cette ouverture part un conduit cylindrique qui se termine en forme de coupe, après avoir traversé verticalement la substance de l'Éponge jusqu'à la profondeur de 55 millimètres. La paroi extérieure de l'Éponge est faite d'un treillis compliqué de spicules à cinq pointes. Une des pointes de chaque spicule plonge dans le corps de l'Éponge, et les quatre autres, plantées à angles droits, forment une sorte de croix à la surface ; cette disposition donne à l'animal un bel aspect étoilé. Les pointes siliceuses de chaque étoile se recourbent dans la direction des pointes de l'étoile voisine, elles se rencontrent et se prolongent en lignes parallèles. Toutes les pointes de tous les spicules sont enduites d'une matière épaisse,

Éponges siliceuses (squelette). — 1. *Alcyoncellum speciosum* (Quoy et Gaimard). — 2. *Euplectella aspergillum* (Owen.)

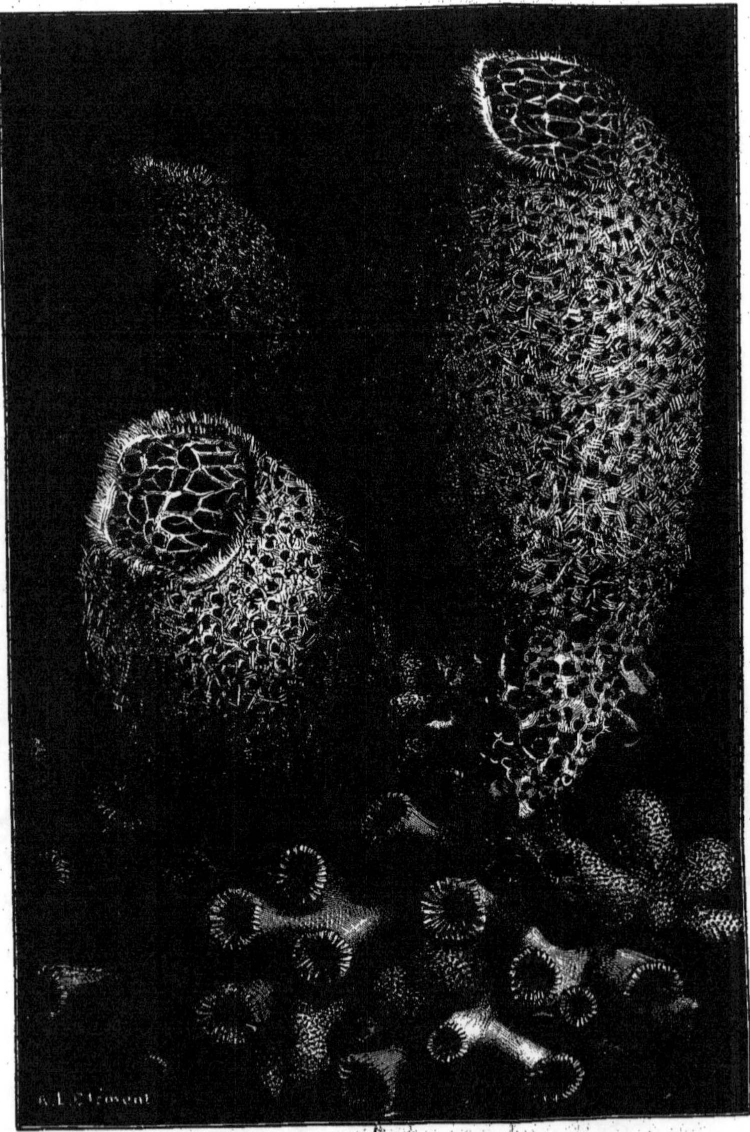

Éponge siliceuse. — *Trichaptella elegans* (H. Filh.). Expédition du *Talisman*. Profondeur, 882 mètres.

gélatineuse, demi-transparente, qui unit les pointes voisines par un lien élastique et garnit les angles de chaque maille d'une substance visqueuse. Cet arrangement des spicules, qui, bien qu'indépendants, adhèrent pourtant les uns aux autres par des liens élastiques, produit un tissu flexible, extensible et d'une grande résistance. La cavité cylindrique de l'intérieur de l'Éponge est doublée d'un réseau à peu près semblable.

« Quand l'Éponge est vivante, les intervalles du filet siliceux sont garnis à l'intérieur et à l'extérieur d'une membrane fenestrée très mince, formée d'un liquide glaireux semblable à du blanc d'œuf, et qui est constamment en mouvement, étendant ou contractant les ouvertures des mailles, et glissant sur la surface des spicules. Cette substance (sarcode), qui est la chair vivante de l'Éponge, renferme un nombre infini de spicules presque imperceptibles, dont les formes élégantes et originales caractérisent chaque espèce d'Éponges. Un courant d'eau continuel, provoqué par l'action des cils, s'introduit par les ouvertures de la paroi extérieure, traverse les mailles de la subtance intermédiaire, déposant dans les interstices des matières organiques en solution et des particules nutritives, et s'échappe par l'ouverture supérieure. Sur un tiers environ du volume de l'Éponge et à sa partie supérieure, rayonne, semblable à une collerette, une masse de spicules siliceux et hérissés, pendant que du tiers inférieur s'échappe une masse de filaments déliés et semblables à du verre filé ou de fins cheveux blancs, qui pénètrent dans le limon à demi fluide, soutiennent l'Éponge sur cette espèce de pied, en élargissant indéfiniment sa surface, sans augmenter son poids d'une manière appréciable (1). »

Les *Pheronema* paraissent être répandus dans tout l'Atlantique, dont elles habitent en certains points de très grandes profondeurs. Communes sur la côte du Portugal, elles apparaissent encore plus nombreuses au large des côtes du Maroc et du Sénégal. Nous les avons prises à partir de 600 mètres

---

(1) W. Tompson, *loc. cit.*, p. 59.

jusqu'à 2,200 mètres. Dans un dragage exécuté à 4,789 mètres le chalut a rapporté des débris d'une Éponge brisée, qui semblait avoir dû être un *Pheronema*. Les espèces nous ont paru devoir être variées. Certaines d'entre elles sont remarquables par un énorme développement, alors que d'autres, telles que le *Pheronema Parfaiti* (fig. 92), se font remarquer par leur transparence et l'absence de collerette de spicules autour de l'oscule. La coloration des *Pheronema*, que nous avons capturés, était brunâtre, et nous n'avons jamais eu l'occasion d'observer la belle coloration d'un rouge orangé, dont M. Saville Kent a fait mention, à propos d'une espèce de *Pheronema* qu'il avait capturé dans les environs de Gibraltar.

De même que les Euplectelles, les *Pheronema* sont envahis par des commensaux divers. Chez presque tous, on aperçoit soit sous le vélum qui les enveloppe, soit dans l'intérieur des canaux, de petites Étoiles de mer (des Cribelles) ou des Crustacés. Sur le dessin que nous donnons du *Pheronema Parfaiti*, on distinguera diverses Cribelles et un Crustacé isopode d'assez grande taille.

En 1870, M. Gwyn Jeffreys, en draguant au sud du Portugal, au niveau du cap Saint-Vincent, ramena par 374 brasses de profondeur une Éponge des plus curieuses et d'une très grande taille, car elle mesurait 90 centimètres de diamètre et 60 centimètres de hauteur (fig. 92). Elle avait l'apparence d'un morceau d'étoffe grossière, d'un blanc grisâtre, et sa forme rappelait celle d'un chapeau à larges bords dont la calotte aurait été en forme de cône tronqué. Des fragments de cette Éponge faisaient partie depuis longtemps des collections du Muséum de Lisbonne et leur apparence était si singulière, qu'un très savant naturaliste, qui eut l'occasion de les examiner durant quelques instants, fut trompé sur leur nature et déclara qu'ils provenaient d'un végétal. M. Saville Kent décrivit en 1870 cet étrange Spongiaire, et il montra que sa trame était constituée par des spicules 6-radiés semblables à ceux des *Holtenia*, des *Hyalonema*. L'*Askonema setubalense* n'avait été trouvé, jusqu'au voyage du *Talisman*, que sur

les côtes du Portugal. Lors de la campagne de ce dernier bateau, nous l'avons recueilli sur les côtes du Maroc, au voisinage
du cap Bojador, par 410 mètres. Les deux exemplaires que nous
en avons obtenus vivaient fixés par leur base sur des roches ou
sur des Coraux (*Lophohelia*) dont le chalut contenait de nombreux
débris. Ce dragage nous fournit, en même temps, un exemplaire
de ce singulier poisson, le *Malacosteus niger*, qui porte des plaques phosphorescentes sur les parties latérales de la tête (fig. 28).

Dans toutes les formes d'Éponges dont nous venons de parler
les spicules sont indépendants les uns des autres. Ces éléments
dans certains genres ne conservent pas cette liberté, ils se
réunissent, se soudent les uns aux autres par leurs extrémités. Il
résulte de cette union la production d'un tissu élégant et léger
qu'on ne saurait mieux comparer qu'à une fine dentelle. Parmi
les Éponges présentant ce remarquable mode de structure, on
doit particulièrement remarquer les *Aphrocallistes* (pl. IV), communes sur les côtes du Portugal, du Maroc, du Sénégal et s'étendant aux parages des îles du Cap-Vert, des Canaries, des Açores.

Les *Aphrocallistes* (Pl. IV), au lieu d'avoir un aspect très
défini comme les Éponges précédentes, possèdent une structure
tourmentée. Elles nous apparaissent sous la forme de masses
irrégulièrement arrondies à leur ouverture, bosselées et rétré-
cies vers leur partie terminale. En divers points de la surface
se détachent, sans ordre déterminé, des prolongements, plus ou
moins longs, en forme de doigts de gant, qui se terminent en
culs-de-sac arrondis ou qui se soudent à la paroi d'*Aphrocallistes*
voisines ou à la tige des Coralliaires.

Les *Aphrocallistes Bocagei*, qu'on voit se montrer sur la côte
du Portugal et qui se sont étendues à la Méditerranée, vivent
généralement sur des fonds rocheux ou de Coraux (*Lophohelia*)
où elles trouvent des points de fixation nécessaires. Leur ouverture (pl. IV) est fermée par un treillage à mailles beaucoup plus
étroites que ne le sont celles des réseaux des *Euplectella*, des
Alcyoncellum, des *Trychaptella*. Elles sont abondantes en des
points très nombreux et, comme toutes les Éponges dont je viens

de parler, elles constituent, au fond de certaines portions de l'Atlantique nord, des colonies quelquefois assez distantes les

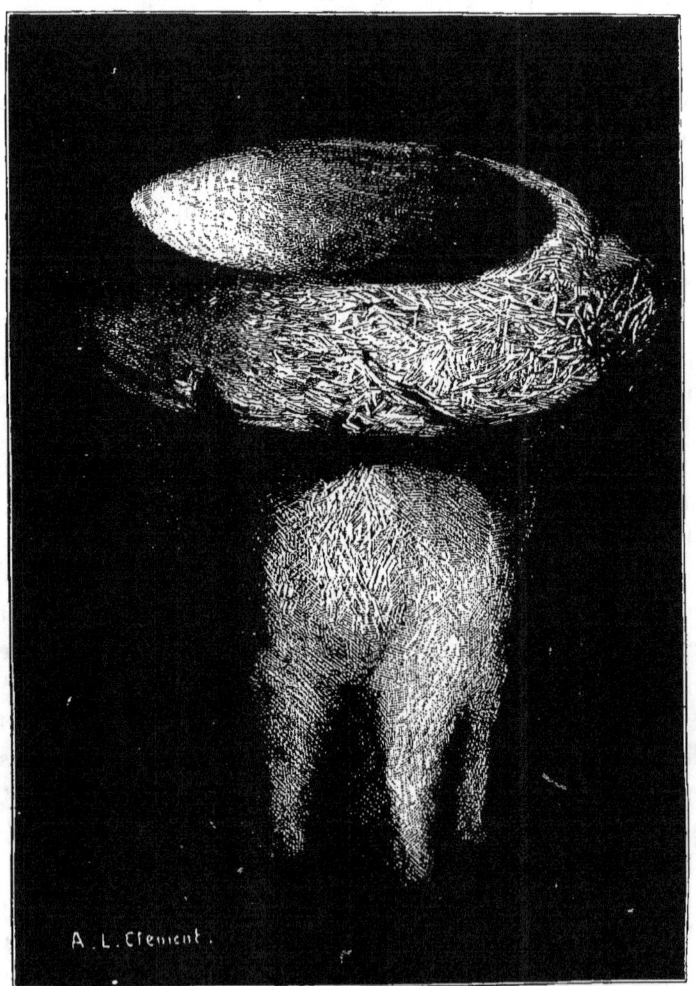

Fig. 92. — *Askonema setubalense* (Sav. Kent.). D'après un échantillon pris par l'expédition du *Talisman* à 410 mètres.

unes des autres. Nous les avons observées à des profondeurs bien définies, et cela à partir de 860 mètres jusqu'à 2,200 mètres.

La cavité interne de ces Éponges est assez vaste ; aussi offre-t-elle un asile très confortable à diverses espèces animales. On y rencontre des Annélides, des Ophyures et surtout une petite espèce de Crustacé, la *Galathea spongicaula* (A. M.-Edw.) qui s'y établit en troupes nombreuses (Pl. IV).

La distribution générale des Hexactinellides sur le fond des mers nous est actuellement connue par les dragages effectués à bord du *Challenger*. Durant la croisière de ce bateau, il a été pris des Hexactynellides dans cinquante-deux localités différentes et, d'après les observations de M. Franz Eilhard Schulze, le nombre des espèces draguées à chaque station a été le suivant :

Nombre des stations.	Nombre des espèces.
32	1
3	3
3	4
1	5
2	6
1	18

Il résulte de ce tableau que, dans plus de la moitié des cas, les espèces d'Hexactinellides ont été trouvées isolées. Cette observation ne concorde pas avec celles que nous avons pu faire dans la partie de l'Atlantique nord parcourue avec le *Talisman*, où les chaluts n'ont rapporté qu'exceptionnellement une seule espèce. Les *Askonema* ont été trouvées avec les *Aphrocallistes*; les *Hyalonema*, les *Euplectelles* étaient presque toujours associées. La station, dans laquelle le *Challenger* a pris dix-huit espèces d'Hexactinellides en une seule fois, est voisine des îles Ki, au sud-ouest de la Nouvelle-Guinée.

Les cinquante-trois localités dans lesquelles le *Challenger* a pris des Hexactinellides étaient réparties de la manière suivante : dix-sept appartenaient à l'Atlantique, vingt-sept au Pacifique, neuf aux mers du Sud. C'est sur les fonds à Coraux, à Diatomées, à Radiolaires ou sur les vases bleues qu'on capture presque toujours ces Éponges. On ne les voit jamais vivre sur les fonds de sable ou de gravier.

CHAPITRE XIII

PROTOZOAIRES.

Blerzi a dit « que plus un animalcule était petit, plus sa dépouille occupait de place dans l'univers. » Les grandes nécropoles du fond des Océans ne sont pas, en effet, constituées par l'accumulation de débris de Cétacés gigantesques (Baleines, Cachalots, etc.), mais bien par celle de coquilles microscopiques, ayant abrité des êtres infiniment petits et en même temps d'une organisation très simple, des Protozoaires.

Beccaria en examinant du sable, recueilli auprès de Ravenne, signala la multiplicité de ces organismes. Ehrenberg, d'autre part, en étudiant les dépôts vaseux des sources de Carlsbad et de Franzenbald, en Allemagne, fut surpris de les trouver composés de corpuscules très réduits, souvent fort élégants de structure et de formes toujours parfaitement définies. Il reconnut dans ces corps des parties solides ayant fait partie d'animaux de taille très minime, et en poursuivant ses recherches, il signala plus tard d'autres dépôts semblables, qui dataient soit de notre époque, soit d'époques géologiques assez anciennes.

Les Protozoaires, découverts dans les circonstances que nous venons de rappeler, sont des animaux vivant dans les eaux douces et dans la mer; ils sont dépourvus d'organes et ils peuvent sécréter une enveloppe ou bien une sorte de charpente intérieure, de squelette. Certaines de leurs espèces agglutinent divers petits corps, des grains de sable, des particules de vase, des spicules d'éponges et constituent ainsi des sortes de fourreaux dans lesquels elles peuvent s'enfermer.

Les coquilles de ces organismes si simples, vivant soit près de la surface de la mer, soit sur ses plus grands fonds, s'accumulent en nombre incalculable sur les côtes et dans les abysses. Max Schultze a calculé qu'une once de sable, recueilli auprès du môle de

Fig. 93. — Radiolaires : 1. *Arachnocorys circumtexta* (Hæck.) ; 2. *Amphilonche heteracantha* (Hæck.); 3. *Acanthometra elastica* (Hæck.).

Gaëte, en contenait un million et demi, et d'Orbigny en a compté 3,840,000 dans une quantité semblable de sable rapportée des Antilles. Par conséquent, « 1 mètre cube de ce dernier dépôt en renferme un nombre qui dépasse tout ce que nous pouvons imaginer (1). »

(1) Frédol, *loc. cit.*, p. 86.

Les Protozoaires ont vécu durant les époques géologiques les plus reculées. On a cru, un moment, qu'une de leurs formes (*Eozoon canadense*), celle des Foraminifères, avait existé lors du dépôt du terrain laurentien, mais on a reconnu, par la suite, qu'on avait été trompé par une structure toute particulière des roches observées. Les premiers Foraminifères se rencontrent dans les assises siluriennes et dévoniennes, qui contiennent des noyaux siliceux formés par des Polythalames. Les formes fossiles, les plus remarquables de ces animaux, sont enfouies au milieu de couches puissantes du tertiaire (Nummulites, Milioles). On a calculé qu'un mètre cube de certaines assises du calcaire grossier des environs de Paris, fournissant une excellente pierre à bâtir, en renfermait 20 milliards.

Les Radiolaires, les plus élevés en organisation des Protozoaires, sont composés d'une masse sarcodique enveloppant une vésicule membraneuse. La masse sarcodique envoie de tous côtés des prolongements simples ou ramifiés (*Pseudopodes*) dont elle se sert soit pour progresser, soit pour saisir des proies (fig. 93, 1). Il semble que ces pieds, ces mains, susceptibles de disparaître en quelques instants en rentrant dans la masse dont ils ont émergés, soient doués d'un pouvoir vénéneux, car, comme l'a remarqué le docteur Schultze, lorsqu'ils viennent à atteindre un Infusoire, dont les mouvements sont très vifs, ils le paralysent instantanément.

Certaines espèces de Radiolaires vivent isolées, d'autres sont groupées en colonies. Il en est qui sont nues; mais la plupart d'entre elles ont un squelette tantôt situé en dehors de la vésicule centrale (1), tantôt pénétrant dans son intérieur (2).

Les squelettes des Radiolaires possèdent les formes les plus variées, les plus délicates, les plus surprenantes par leur architecture.

Dans certaines espèces ils sont dus à des spicules isolés, tantôt lisses, tantôt barbelés, formant une sorte de réseau rappelant celui des Éponges. Dans d'autres formes, les spicules sont plus forts et

(1) *Ectolithiens.*
(2) *Entolithiens.*

disposés très régulièrement à partir du centre; il peut s'ajouter
à ces éléments, qui deviennent alors des points de soutien, des
aiguilles accessoires restant libres ou se soudant entre elles de
manière à composer une ou plusieurs sphères emboîtées les unes
dans les autres à la manière de certains objets d'ivoire chinois ou
japonais (fig. 94, 1). Les spicules, généralement très résistants,
sont pourtant dans quelques espèces d'une grande flexibilité, ce

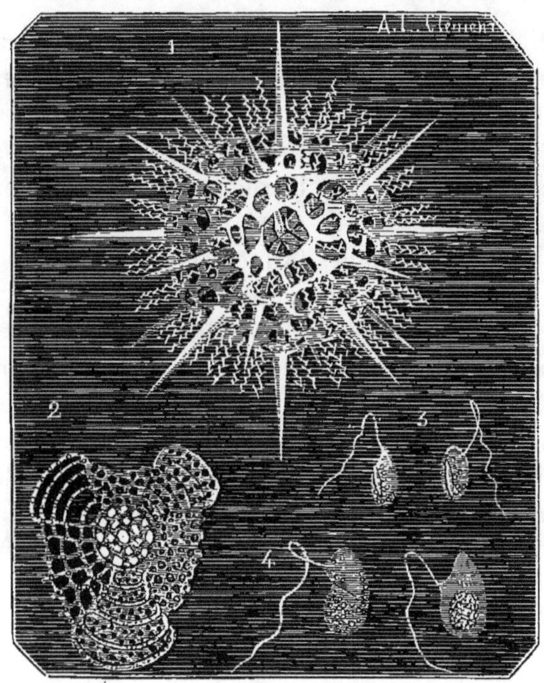

Fig. 94. — Radiolaires : 1. *Dorataspis polyancistra* (Hæck.); 2. *Euchitonia Berckmanni*
(Hæck.); 3. Spores spiculifères; 4. Spores sans spicules.

qui les a fait comparer à des filaments de verre filé (fig. 93, 3).
Chez quelques Radiolaires on trouve un grand spicule en
forme de double glaive, constituant une sorte d'axe dont la
partie moyenne est occupée par la masse sarcodique traversée de
toutes parts par des épines plus petites et rayonnant dans tous
les sens (fig. 93, 2). Dans certains types on découvre une partie

centrale (fig. 94, 2) en forme de disque, constituée par des anneaux concentriques reliés les uns aux autres par des barres transversales. Sur ce disque sont insérés trois ailes, formées d'arcs de cercles concentriques également réunis entre eux. Une sorte de dentelle, due à un réseau siliceux, remplit l'intervalle de ces trois sections. Enfin le squelette de certains Radiolaires revêt les formes les plus inattendues, celle d'un casque ou d'une cage par exemple.

Les Radiolaires se multiplient par la scission de la capsule centrale de l'intérieur de laquelle s'échappent des germes qui s'entourent d'une membrane.

Avant la croisière du *Challenger* on connaissait six cents espèces de Radiolaires; actuellement, à la suite de l'expédition anglaise, il y en a deux mille de signalées.

La plus grande partie des formes si variées de ces animaux vit près de la surface où on les observe, principalement au large, sur de vastes étendues et en quantité considérable. Quelques espèces sont pourtant de vrais habitants du fond des mers.

« Ce qu'il y a de' plus étonnant relativement à ces animaux, dit M. Hæckel, c'est le nombre élevé de leurs squelettes, de leurs coquilles, qu'on trouve dans les dépôts marins à de grandes profondeurs, et souvent aux plus grandes profondeurs connues. L'aire de leur plus riche distribution est la zone tropicale du Pacifique, comprise entre les latitudes 20° N. et 10° S. et les longitudes 140° O. et 140° E. Dans beaucoup de stations de dragages du *Challenger* (1) la principale partie du dépôt couvrant le fond était composée de débris de Radiolaires et ces dépôts ont été par la suite appelés vase à Radiolaires.

Le calcaire si connu de l'île des Barbades et celui de l'île de Nicobar rappellent à plusieurs égards la vase à Radiolaires, alors que des formations en quelque sorte similaires s'observent en cer-

---

(1) Plus particulièrement aux stations 224, 226, 266 à 274. Les stations 225, 226 sont un peu au large et à l'ouest de la partie sud de l'archipel des Mariannes; les stations 266 à 274 correspondent à la partie moyenne de l'espace séparant les îles Sandwich de l'archipel de Pomotou.

taines parties de la Grèce, de la Sicile et en d'autres lieux (1). »

Un second groupe de Protozoaires, celui des Foraminifères, concourt aussi, par ses débris, à constituer des dépôts marins d'une grande étendue et d'une grande importance.

Les Foraminifères sont pourvus d'une coquille généralement calcaire et percée de trous pour livrer passage aux expansions de la matière sarcodique renfermée dans son intérieur, aux pseudopodes (fig. 95 et 96).

Les coquilles comprennent, suivant les genres, une ou plusieurs loges disposées dans un ordre déterminé et communiquant entre elles par des orifices percés dans leurs cloisons de séparation. Les chambres forment tantôt des séries alternatives, tantôt elles sont superposées les unes aux autres. Elles sont quelquefois rassemblées en pelotons, ou groupées en spirales. Dans certains cas, comme chez des Foraminifères, actuellement disparus (les Nummulites), ayant puissamment contribué par leurs débris à la constitution de dépôts marins, la substance de la coquille est traversée par un système compliqué de canaux ramifiés.

Certaines espèces de Foraminifères possèdent une particularité très remarquable, à laquelle on donne le nom de dimorphisme. Chacune d'entre elles est représentée par deux formes, se distinguant par un certain nombre de caractères internes, mais ne paraissant différer extérieurement l'une de l'autre que par la taille relative des individus (2).

Les Foraminifères habitant les grandes profondeurs se fixent à des corps étrangers, des Coraux, des Éponges, etc. « Dans les espaces chauds du Nord de l'Atlantique, dit W. Thomson, et partout où le fond se compose de limon, les formes calcaires dominent, ainsi que les gros Cristellaires recouverts de sable durci par un ciment calcaire, qui fait ressortir chaque grain en sombre sur la surface

(1) *Report on Sc. res. of the voy. of H. M. S. Challenger*, t. I, p. 226.

(2) A la suite de la campagne de dragages exécutée par le *Travailleur* en 1881, M. Schlumberger a d'autre part appelé l'attention sur une espèce de Foraminifère (*Amphicorina Edwardsi*, Sch.) qui présente un fait très remarquable. Dans le jeune âge, elle revêt les formes d'une *Crystellaria* et plus tard celle d'une *Nodosaria*.

blanche de la coquille. Les Milliolines abondent et les spécimens
de *Cornuspira* et de *Biloculina* dépassent de beaucoup pour la
taille tout ce qu'on avait trouvé jusque-là dans les régions tempérées ; elles rappellent les formes tropicales qui abondent au
milieu du Pacifique. Dans la région froide les Foraminifères
dont le test est garni de sable sont très nombreux ; quelques-uns
de ceux qui appartiennent aux genres *Astrorrhiza* et *Botellina*
sont gigantesques et fournissent des exemplaires de 30 millimètres de longueur sur 8 millimètres de diamètre (1). »

Certaines espèces sont réparties dans toutes les parties
tropicales de l'Atlantique, du Pacifique, de l'Océan Indien ;
d'autres seraient plus abondantes, d'après les observations de
M. H. B. Brady, dans un océan que dans un autre. Ainsi le
Pallenia obliquilocula est plus commun dans le Pacifique que
dans l'Atlantique, alors que les *Pulvinulina Menardii* et le
Sphæroidina dehiscens prédominent dans ce dernier océan.

La coloration du sarcode des Foraminifères est très variée ;
dans les formes pélagiques, il est quelquefois d'un rouge éclatant
(*Hastizerina*, *Pullenia*) ; dans les Globigérines, il est jaune, orange,
ou d'une délicate teinte rose ; dans les Foraminifères vivant sur
le fond, il est d'un brun noirâtre, chez les formes arénacées, telles
que les *Reophax*, les *Hysperamnina*, tandis que chez les *Bilocu-
lines*, les *Truncatulines* et les *Discorbina* il est d'une coloration
jaunâtre, rappelant celle de certaines espèces de la surface.

Les coquilles de certains Foraminifères pélagiques, les Globigérines (fig. 96, 2), les Orbulines, les Pulvinulines, etc., tombent
au fond de la mer après la mort de l'animal auquel elles ont
appartenu, et par leur entassement continuel forment des dépôts
très puissants qu'elles caractérisent et qui portent le nom de
vases à Globigérines.

Les vases à Globigérines s'observent dans les régions tropicales et subtropicales à des profondeurs de 500 à 2,800 brasses.
Leurs dépôts, comme celui de la vase à Ptéropodes, occupent

---

(1) W. Thomson, *loc. cit.*, p. 350.

environ 110° de latitude entre les deux zones polaires. « Ces sédiments, disent MM. Muray et Renard, pourraient être appelés
dépôts des profondeurs moyennes des mers chaudes, parce qu'ils
diminuent vers les grandes profondeurs et qu'ils disparaissent
vers les pôles. Ce fait est évidemment en relation avec la température de surface de l'Océan, et montre que les Foraminifères

Fig. 95. — 1. *Miliola tenera* (M. Sch.); 2. *Rotalia veneta* (M. Sch.); 3. *Cornuspira*
planorbis (M. Sch.).

pélagiques et les Mollusques vivent principalement dans les
eaux chaudes superficielles, alors que leurs coquilles tombent au
fond après leur mort. On ne trouve pas de boue à Globigérines
dans les mers fermées, ni sous les latitudes polaires. Dans l'hémisphère sud elle ne s'étend pas au-dessous du cinquantième
parallèle. Dans l'Atlantique, cette boue est déposée sur le fond à

une très haute latitude au-dessous des eaux chaudes du Gulf stream, mais elle ne s'observe pas sous le courant polaire froid qui court vers le sud dans les mêmes latitudes. Ce fait est facile à expliquer si on se souvient que ce dépôt est formé particulièrement de coquilles d'organismes de surface, qui réclament une température élevée. Tant que les conditions de surface resteront les mêmes, les dépôts conserveront leurs caractères. La boue à Globigérines s'observe rarement dans la zone tropicale à des profondeurs dépassant 2,400 brasses; lorsqu'on explore des profondeurs de 3,000 brasses, dans cette même zone, dans l'Atlantique et le Pacifique, on trouve un dépôt argileux dans la plupart des cas sans traces d'organismes calcaires. En descendant des plateaux sous-marins à des profondeurs excédant 2,250 brasses, la boue à Globigérines disparaît graduellement, passant à une marne grise et finalement elle est complètement remplacée par une matière argileuse qui recouvre tout le fond à des profondeurs supérieures à 2,900 brasses (1). »

A la suite des premières explorations sous-marines (2), en présence de la quantité considérable de Foraminifères dont la drague rapportait les coquilles du fond des mers et d'après l'identification, qu'on avait cru pouvoir faire, de certaines de leurs formes avec des formes ayant vécu durant la période crétacée, on a dit que le limon de l'Atlantique était la craie moderne (3). Cette opinion fut défendue, dans de certaines limites, par W. Thomson, qui appuya son argumentation sur une liste de Foraminifères dont les espèces auraient été communes à la craie sénonienne et aux mers actuelles (4). Ces premières appréciations n'étaient pas exactes, car, comme l'ont fait remarquer MM. Munier Chalmas et Schlumberger, « la craie blanche des environs de Paris est constituée par des carbonates de chaux pulvérulents se présentant en petits grains irréguliers,

---

(1) *Report on sc. res. of the voy. of H. M. S. « Challenger »*, t. 1, p. 923.
(2) Expéditions du *Lygtning* et du *Porcupine*.
(3) Huxley.
(4) W. Thomson, *loc. cit.*, p. 399 et suivantes.

spongieux et plus ou moins agglutinés entre eux, qui résultent
en général soit de la précipitation du carbonate de chaux, soit
de la destruction des Bryozoaires ou des Coraux, etc. Les Foraminifères sont très disséminés dans la masse crayeuse et les
différentes figures, représentant une section mince vue au microscope, sont de pure imagination. Les lits de la craie blanche,

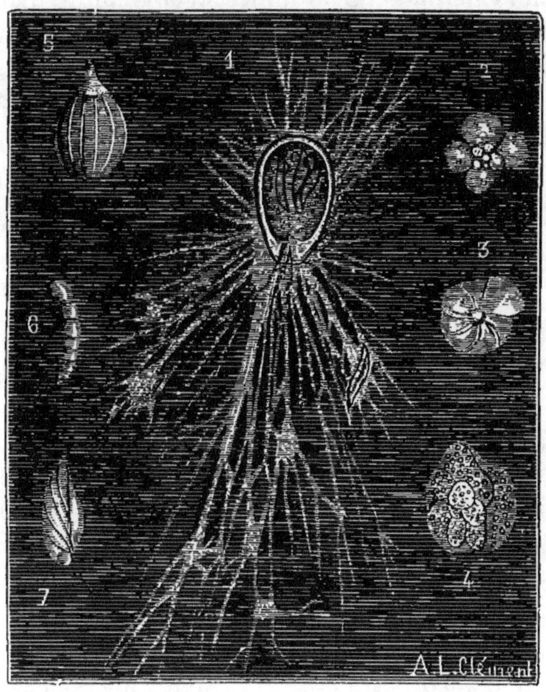

Fig. 96. — Foraminifères : 1. *Gromia oviformis* (Diy.) ; 2. *Globigerina bulloïdes*
(D'Orb.) ; 3. *Anomalina hemisphærica* (Terq.) ; 4. *Rosalina anomala* (Terq.) ; 5. *La-
genulina costata* (Wil.) ; 6. *Dentalina punctata* (D'Orb.) ; 7. *Cristellaria triangu-
laris* (Terq.).

où les Foraminifères sont plus abondants, peuvent être considérés comme de véritables exceptions ; les Bryozoaires y pullulent
souvent, comme dans les localités de Meudon, Villedieu, Sens, etc.

« Mais lorsque le caractère crayeux tend à disparaître et que
les couches sont formées par des calcaires plus ou moins mar-

neux ou compacts, ainsi que cela a lieu dans les couches céno-
maniennes de l'île Madame, dans les bancs supérieurs à *Hippu-
rites cornu-vaccinum* et *bioculatus* des Martigues et des Pyrénées,
ou bien encore dans les couches daniennes et sénoniennes de
l'Istrie, les Foraminifères se présentent souvent en quantités
considérables (1). »

MM. Munier Chalmas et Schlumberger ont montré d'autre part,
au moyen de diverses sections, que l'identification faite entre des
espèces de Foraminifères actuels et des espèces fossiles éocènes
n'était pas exacte. « Il faut donc, concluent ces auteurs, abandonner cette conception d'une mer Crétacée se continuant de nos
jours dans les abîmes de l'Océan, car on ne peut établir de
points de comparaison certains qu'entre les Foraminifères actuels
et les espèces du Pliocène et du Miocène moyen. »

En 1868, durant une croisière du *Porcupine*, Carpenter et
Wyville-Thompson aperçurent, entre des particules du limon
ramené par la drague, une sorte de gelée animée de mouvements très lents. Dans son intérieur il existait des corpuscules calcaires de formes particulières, dans lesquels certains
naturalistes voulaient voir des produits de la substance sarcodique elle-même, d'autres des débris d'algues calcaires. Cette
sorte de gelée vivante, rencontrée sur de vastes étendues au fond
de l'Atlantique, fut nommée, par Huxley, *Bathybius Hæckeli*.
Cette découverte causa une profonde sensation et on se demanda
si ce limon vivant n'avait pas subi à certains moments des évo-
lutions et s'il n'avait pas donné alors naissance à des êtres nouveaux. Quelques naturalistes soutenaient cette manière de voir et
ils étaient portés à reconnaître en lui l'ancêtre du monde animal,
lorsque l'expédition accomplie par le *Challenger* vint nous ren-
seigner d'une manière définitive à ce sujet. Wyville-Thompson
ne put retrouver le *Bathybius* et on reconnut qu'on avait été
trompé par une réaction chimique. La prétendue monère n'était
autre chose qu'un simple précipité gélatineux de sulfate de

____

(1) *Bull. de la Soc. géol. de France*, t. XIII, p. 274, 1885.

chaux, comme il s'en forme lorsqu'on verse de l'alcool concentré dans de l'eau de mer. Le mode de préservation du limon avait créé le *Bathybius*.

Durant les campagnes du *Travailleur* et du *Talisman* et durant le cours de ses patientes recherches dans le golfe de Gascogne, M. de Folin a cru avoir rencontré une glaire ayant les caractères que devait posséder le *Bathybius;* il lui a donné le nom de *Bathybiopsis simplicissimus*. Voici comment il s'exprime à l'égard de ses transformations : «Nous l'apercevons progressant peu à peu en passant d'un genre à un autre pour arriver à une situation telle qu'elle permet d'opérer sa soudure avec la catégorie qui doit succéder à ce premier groupe. Ces progrès résultent d'une faculté qui devient, presque immédiatement après le début, le propre de l'ordre. Elle consiste dans la production d'une sécrétion dont nous voyons l'efficacité devenir de plus en plus utilisée, en même temps que les résultats qui lui sont dus se perfectionnent, car, grâce à son secours, l'animal le plus faible et le plus misérable de tous, le *Bathybiopsis* parvient d'abord à acquérir plus de consistance, plus de force, puis finit par s'abriter en se créant des demeures. Elles sont d'abord composées d'éléments étrangers, qu'il sait réunir, mais ce système est abandonné quand la sécrétion est devenue suffisamment puissante pour être employée presque exclusivement à la formation d'un véritable test, celui que l'on trouve chez les Foraminifères vitreux et porcellanés. »

Les vues de M. de Folin sur les premières organisations animales sont très intéressantes, mais pour le moment elles nous paraissent être surtout théoriques, ce qui nous oblige à rester dans une grande réserve au sujet de la découverte d'une monère primordiale, ayant donné naissance dans la série des temps, par des perfectionnements graduels, à des êtres de plus en plus complexes.

FIN.

ERRATA

Page 179, *lire* Oocorys *au lieu de* Oochoris.

TABLE DES MATIÈRES

3074-85. — Corbeil. Typ. et Stér. Crété.

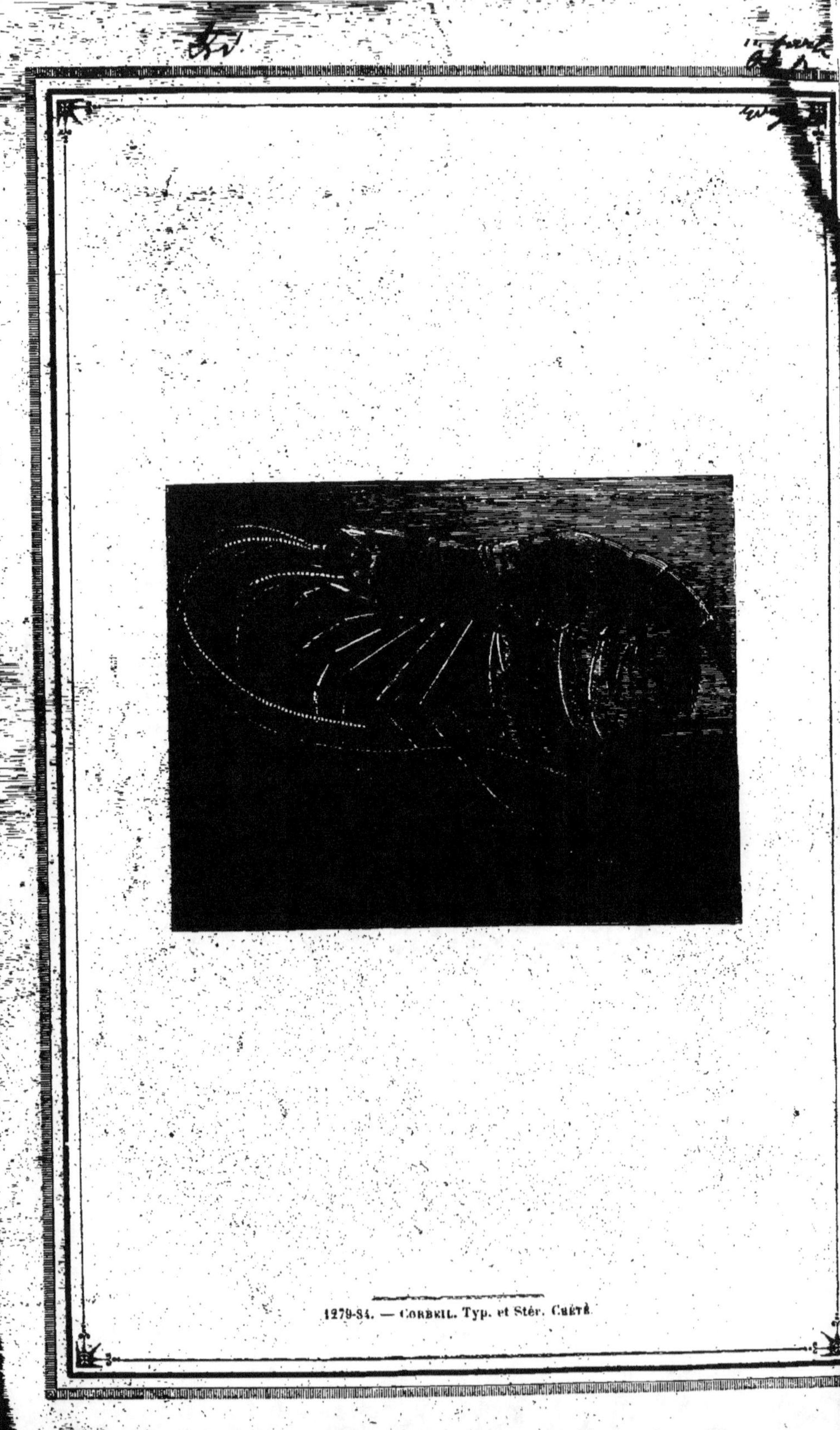

1279-84. — CORBEIL. Typ. et Stér. Crété.